人物叢書

新装版

間《ま》宮《みや》林《りん》蔵《ぞう》

洞　富雄

JN082824

日本歴史学会編集

吉川弘文館

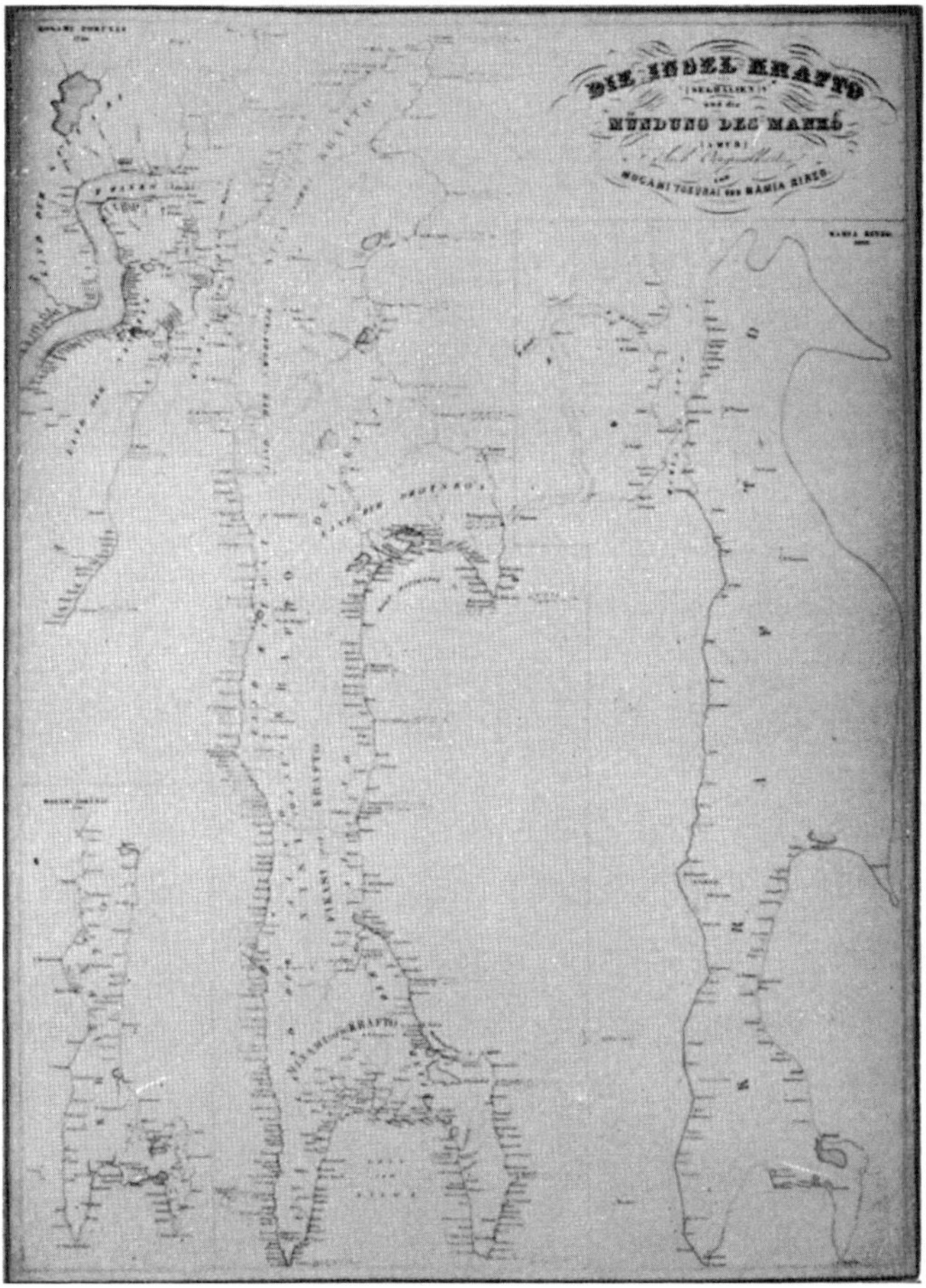

間宮林蔵・最上徳内のカラフト図（右，間宮図）
（シーボルト『日本陸海図帖』・『日本』）

デ　レ　ン　風　景

（マアク『黒竜江地方踏査報告』図版）

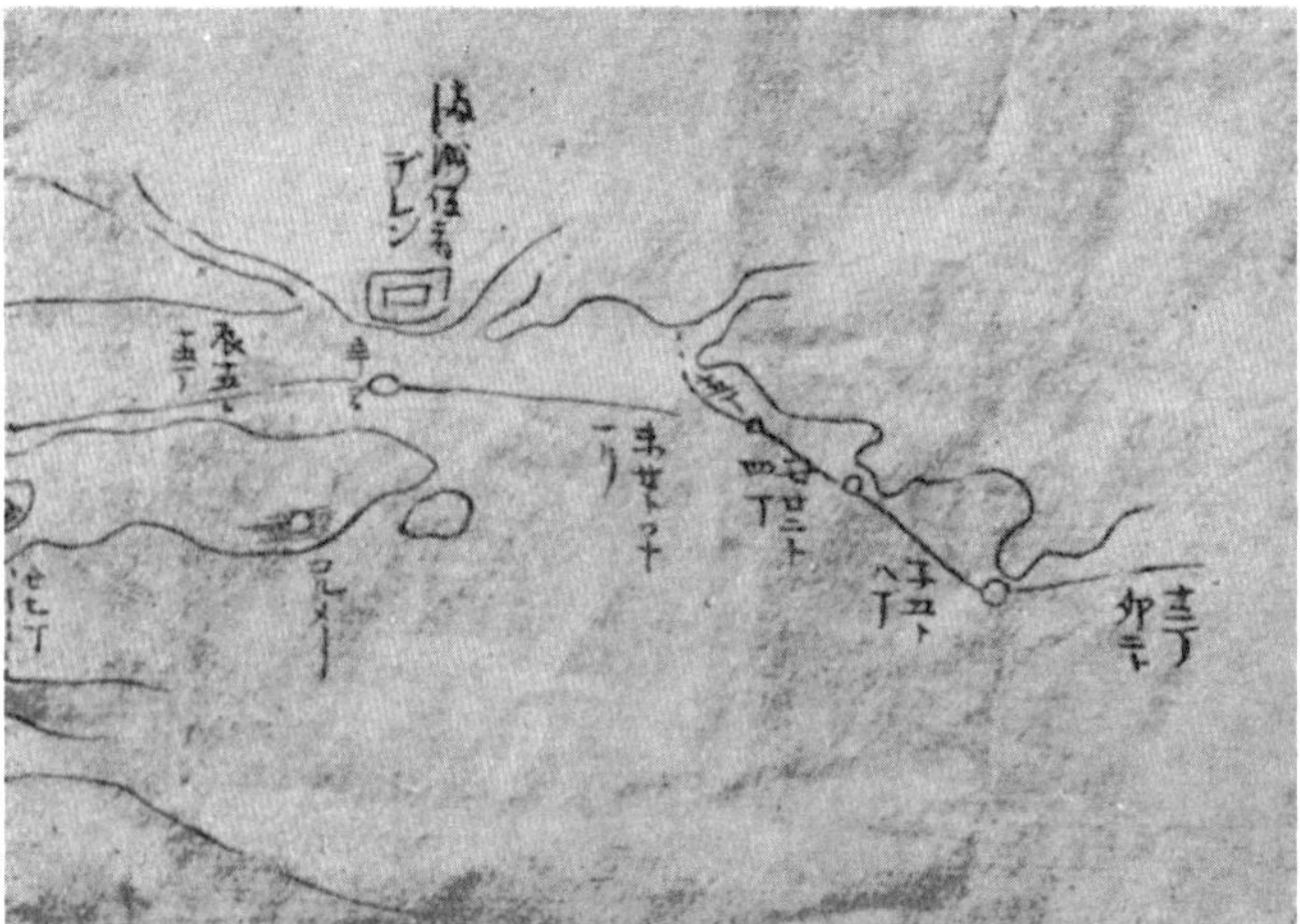

デ　レ　ン　付　近　図

（北海道庁蔵『間宮林蔵満江分図書』）

はしがき

寛政から文化にかけては、ロシアの南下に刺戟されて、日本人の士気が緊張し、まことに覇気《はき》に満ちた時代であった。新しい動きはあらゆる方面にあらわれていたが、特に識者は世界の事情を知ろうとする意欲にあふれていた。間宮林蔵のカラフト島・韃靼《だったん》(シベリア)大陸間の海峡発見は、そうした気運の一頂点をなすものであったといえる。

しかるに、文政十一年、林蔵のうごきからシーボルト事件が発覚して、祖法にしばられた幕府がこの事件に対してとった苛酷な処置は、外国の事情を学ぼうとする学者の情熱を冷却させ、それはまた、ロシアの平和政策への転換と相まって、国民に外国の存在を忘れさせ、彼らの緊張した気分を挫《くじ》いてしまった。この事件は、林蔵がつねに心にかけていた国民の士気作興、敵愾心《てきがいしん》の鼓舞《こぶ》という点では、むしろ逆効果を生んでしまったわけである。それはかりではない、シーボルト事件の後、林蔵は隠密《おんみつ》となって、その生涯をおわっている。過去にあれほどの功業をたてた林蔵がである。彼は二重に悲劇的宿命を背負う人物であったといえよう。

林蔵は百姓出身の身分の低い幕臣であったが、時代の頂点と時代の断層とに、あざやかな姿で浮びあがっている歴史的人物であったことを、改めて認識しなおしてみる必要があろう。

私は、林蔵の前半生の輝かしい業績よりも、むしろシーボルト事件の密告者として世間から白い眼で見られ、隠密となって生き抜いた晩年の生活に心をひかれたので、ここに焦点をあてて、人間林蔵の姿を思う存分に描いてみたい欲望にかられたが、筆はつたなく、また歴史家としての制約にもしばられて、それはじゅうぶんに果すことができなかった。

本書の執筆にあたっては、森銑三・皆川新作・赤羽《あかば》壮造諸氏の研究に負うところがはなはだ多い。心から感謝申上げる。赤羽氏は本叢書に『高橋景保《かげやす》』伝を執筆される予定であるが、これまでの氏はむしろ林蔵伝の専門家ともいうべき研究家で、林蔵の蝦夷地実測を中心としてこくめいな研究をとげ、巻末の参考文献に掲げたように「伝記」誌上に多くの論文を発表されている。氏の研究がなかったならば、私の林蔵伝はおそらく間違いだらけのものになってしまったであろう。重ねて謝意を表したい。

　三氏以外にもおかげを蒙った方々は少なくない。本文を記述するにあたり、それら先学の考説に拠るところは、できるだけそのことを明記しておいた。ただし、繁をさけるため、巻末の参考文献に掲げたものは、その番号によって〔参一四〕という風に示すことにした。なお、林蔵の生家の当主間宮林蔵氏、また林蔵の墓のある本立院の住職石井勝賢氏には、研究上いろいろと便宜をおはかりねがった。お礼申上げたい。

一九六〇年三月七日

洞　富　雄

目次

口絵

挿図

第一　間宮海峡発見の国際的環境

一　間宮海峡発見の意義

世界地図上の間宮海峡

間《ま》宮《みや》海峡——これは、外国人が描いた世界地図の上に、日本人がその発見者として示されているただひとつの地点の名である。

間宮の瀬戸《せと》という日本側の、おそらくは高橋景保《かげやす》（幕府天文方）の命名を採用して、これを世界に拡めたのはドイツ人シーボルト(Siebold, Philip Franz von)であった。彼の雄著『日本《にっぽん》』(Nippon)は、一八三二年（天保三年）に刊行をはじめてから二〇年の歳月をかけて完成されたが、その第一回配本（といっても未製本で、畳紙《たとう》入れ）にはいっていた景保の手になる『日《に》本辺界略図《ほんへんかいりゃくず》』（一八〇九年刊）の翻訳図には、この海峡

ストレート＝マミヤ

のところに、その発見者である間宮林蔵を記念して、"Str. Mamia (seto) 1808"と書きこまれている。

間宮海峡と松田伝十郎

もっとも海峡の発見を一八〇八年（文化五年）、発見者を間宮林蔵とするのにはいくぶん問題がある。一八〇八年は林蔵の第一回カラフト探検の年で、このとき彼は、松田伝十郎《でんじゅうろう》と東西にわかれて、沿岸の踏査をおこなったが、北緯五一度五〇分のラッカまで北進して、そこが海峡の南端にあたり、「からふと離島に相違御座ある間敷《まじく》」と最初に推測したのは、西岸を担当した伝十郎であった。途中から引きかえして西岸に廻った林蔵も、伝十郎に三日おくれて同所に赴《おもむ》き、同様に「離島に相違これなき様子」と認定した。景保はこの報告にもとづいて、西洋人のいうサハリン島はカラフトと同一の大島であると確信するにいたり、翌一八〇九年に刊行した『日本辺界略図』で、そのように描図《びょうず》したのである。それで、一八〇八年説をとるとすれば、発見者はむしろ松田伝十郎とすべきであろう。

間宮林蔵の海峡確認

しかし、このときの探検では、一〇〇マイルにわたる海峡地帯の踏査はおこなわれなかった。この地域を踏査することなくては、カラフトがほんとうに島であるかどうかということは、確められなかったはずである。ところが、間宮林蔵は翌一八〇九年に再征を敢行して、実際に海峡地域を突破し、さらに対岸の大陸にまで渡って、カラフトの地理的位置を確認したのである。とすれば、海峡の発見者はやはり林蔵であり、したがって発見年次は一八〇九年とすべきである。

世界探検史上の間宮林蔵

白瀬《しらせ》中尉の南極探検や、戦後のマナスル登高など、日本が世界にほこるべき探検も数々あるが、日本の探検家としての世界的存在をあげるならば、まず江戸時代の間宮林蔵に指を屈しなければなるまい。

林蔵のカラフトおよび黒竜江下流域の探検は、日本探検史における空前の壮挙であったが、世界探検史から見れば、それほどたいした事業とはいえないかもしれない。にもかかわらず、林蔵の探検は、国内的にばかりでなく、国際的にも大きな意義をもっている。それを林蔵自身がはっきり意識していたかどうかはともかく、彼の仕事がはなはだタイムリーであったということは事実である。

林蔵のカラフト探検の意義

その国内的意義とは、ロシアの南下が最高潮に達し、北方の防衛と開発に重大な関心がはらわれていたときに果した、彼の役割である。またその国際的意義とは、当時、世界地図の上で、両極を除いて最後まで不明であったのは、カラフトの北部、とくにカラフトと韃靼《だったん》(シベリア)大陸との関係であって、その地の調査は、地理学的にも国際政局の上でも、世界的関心がはらわれていた問題であるが、これが林蔵によって解決されたということである。

国際的舞台での仕事

林蔵の探検について、それを国内的意義と国際的意義の二つにわけて考えてみたが、いずれにしても、林蔵の仕事が国際的舞台でおこなわれたというところに彼の姿が大きくクローズアップされてくるわけである。それで、林蔵の活動を語るには、その背景として、彼が登場するにいたるまでの、日・中・露三国をめぐる北方情勢の変転を素描しておくことが、別して必要になってくる。で、それについて次項で述べることにした。ただし、カラフトに関する国際的な地理学上の問題については、後節で林蔵がカラフト探検の担当者として選ばれた事情を述べる際、推薦者高橋景保《かげやす》との関係で触れることにしたい。

二　ロシア人の千島南下

蝦夷地

私たちの祖先は、アイヌの住んでいた北海道を蝦夷《えぞ》と呼んでいた。アイヌを蝦夷と言ったことから、彼らの居住地をも蝦夷または蝦夷地と呼んだわけである。やがて、北海道の北方に、島であるか、それとも韃靼《だったん》(シベリア)大陸の一半島であるかは不明ながらも、そこから中国製品が蝦夷地へはいってくることから、カラフトと呼ばれる土地があって、そこもまたアイヌの居住地であることが知られた。

カラフト

カラは唐《から》、フトは東北方言で人のこと。高橋景保(幕府天文方)はその『北夷考証《ほくいこうしょう》』

で「カラフトノ名ヲ新訳セバ、外人来市《らいし》国トイハンガ如シ」と言っている。江戸時代の人は、この北方よりする中国品の流入を山靼《さんたん》(丹)交易と呼んでいたが、文献の示すところでは、平安末期すでに、中国の錦《にしき》が蝦夷地を通じて、京都へはいってきている〔参四〇〕。カラフトははじめ奥蝦夷とも言ったが、後に幕府の直轄領となったとき、北蝦夷と呼ばれることになった。

千島

千島も北海道・カラフトと同様に、アイヌの原住地で、彼らはこれをチュプカと呼んでいた。ロシア名はクリル(Kuril)である。「蝦夷が千島」という言葉は古くからあったが、「千島」がこの蝦夷島の属島に対する名称として固定したのは、文化(一八〇四—一七)ごろからであるという。

これら蝦夷地の全域は、むかしから松前《まつまえ》藩の所領とみなされていた。

史料の示すかぎりでは、千島にその足跡を印した最初の外来者は、日本人でも

フリースの千島・カラフト探航

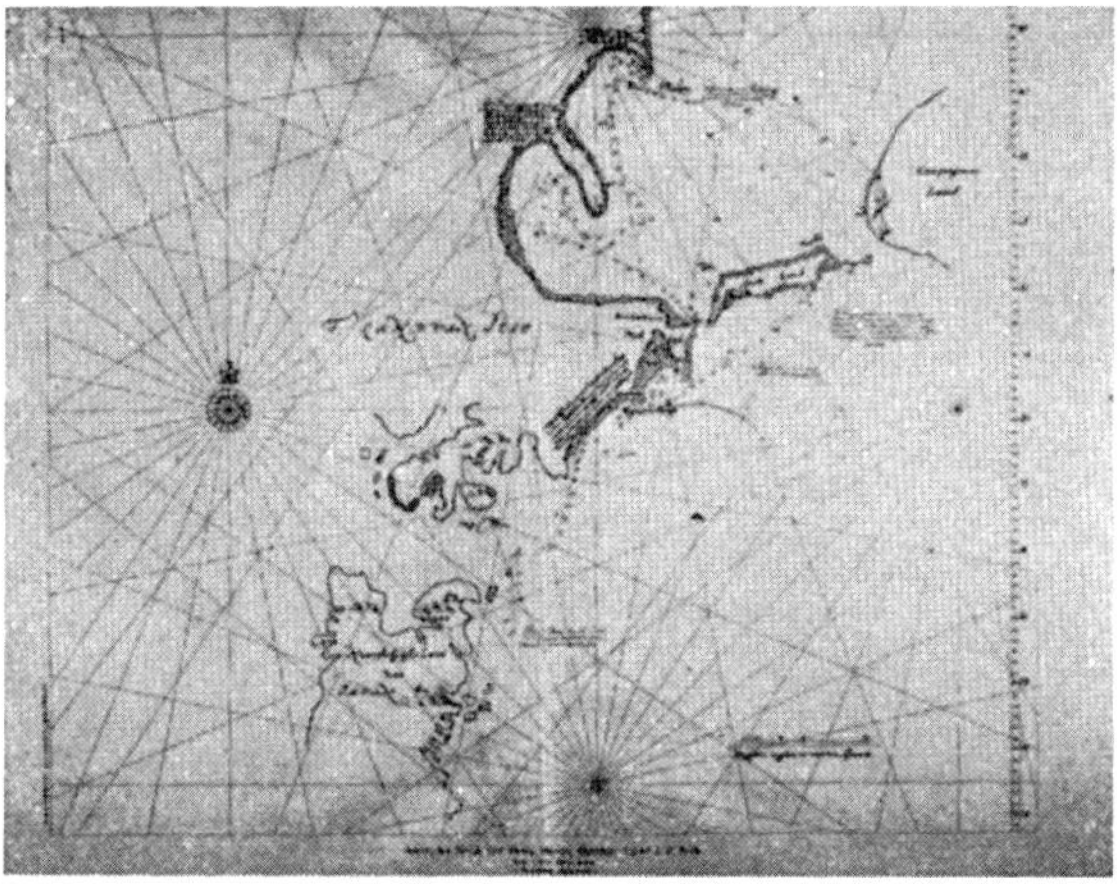

フリースの北海道・千島・カラフト図
（1643年）（テレキ『日本古地図誌』）

ロシア人でもなく、オランダ人であった。一六四三年（寛永二十年）、船長フリース（Vries, M. G. de）のひきいるオランダ東インド会社の探検船カストリクーム号は、日本の北辺およびアジア東北部の探検を目的に北上して、エトロフ島およびウルップ島を発見し、前者をステート＝ランド、後者をカムパニー＝ランドと命名した。このとき同船は、さらにオホーツク海に出て、北海道の東北岸からカラフトの東岸を探検し、北シ

忍耐岬

レトコ岬まで到達した。ヨーロッパ人は北シレトコ岬を忍耐岬《にんたい》(Cape Patientie)と呼んでいるが、これはフリースが命名したものである。

フリースは、クナシリ島と北海道のあいだに水道のあることに気づかなかったが、カラフトと北海道とのあいだにある宗谷《そうや》海峡も、濃霧のため確認できなかったので、この二地は地つづきの地域であると誤認した。

日本人の千島に関する知識

日本人は、千島アイヌと交易関係をもっていた北海道のアイヌを通じて、古くから千島の存在を知っていたらしい。また日本船の千島漂流もそうとう昔からのことと思われるが、帰還者がなかったらしく、延宝元年(一六七三)以前の漂流事実は知られていない。延宝元年の千島漂流というのは、伊勢の国松阪の七郎兵衛というものの船がエトロフに漂着したが、危く助かって国にかえることができた事件で、これに関しては、『勢州船《せいしゅうせん》北海漂着記』・『蝦夷島《えぞとう》漂着記』・『蝦夷島漂着』・

『蝦夷島に漂着せしものの話』などと呼ばれる記録が残っている。

千島の存在を示す最古の日本地図

千島の存在を示す日本最古の地図は、正保《しょうほう》元年（一六四四）に松前藩が幕府へ呈出した蝦夷図を、その一部の資料としてつくった日本図である。この地図では、千島は縦長にえがかれた北海道の東方、やや北よりに三六島を数えうる一塊の群島としてあらわされている。正保の蝦夷図は、寛永十二年（一六三五）の第一回の島巡《めぐ》りの際につくられた地図によったものといわれるが、いずれもいまは失われている。松前藩による第二回の島巡りは、寛文元年（一六六一）におこなわれたが、同七年に調製されたことの確証ある地図が、いま市立函館《はこだて》図書館に収蔵されている。この寛文図には、正保図同様に、千島は群島として三八島がえがかれ、うち二三島には島名が記されている。元祿十三年（一七〇〇）に松前藩が幕府へ呈出した蝦夷図も、千島のえがきかたは、前図同様にはなはだ不正確である。このことは、当時におよんでも、まだ同藩がこの列島に実際に手をつけていなかったことを示している。

松前郷帳

なお、元禄図に添えられた『松前郷帳《まつまえごうちょう》』は、クルミセの方《かた》(クルミセは千島またはカムチャツカ)として三六島の名をあげているが、これも、アイヌから聞いて知っていた島名を、仮りに領土の一部として列挙したものにすぎない。このやりかたは、ロシア人が千島の探検に乗りだした当初、はやくも全列島の地図(一七二一—六年頃つくられたいわゆるシェスタコフの地図)をつくり、それにいちいち島名を書きいれているのと同様である。この方がまだ形はととのっている。

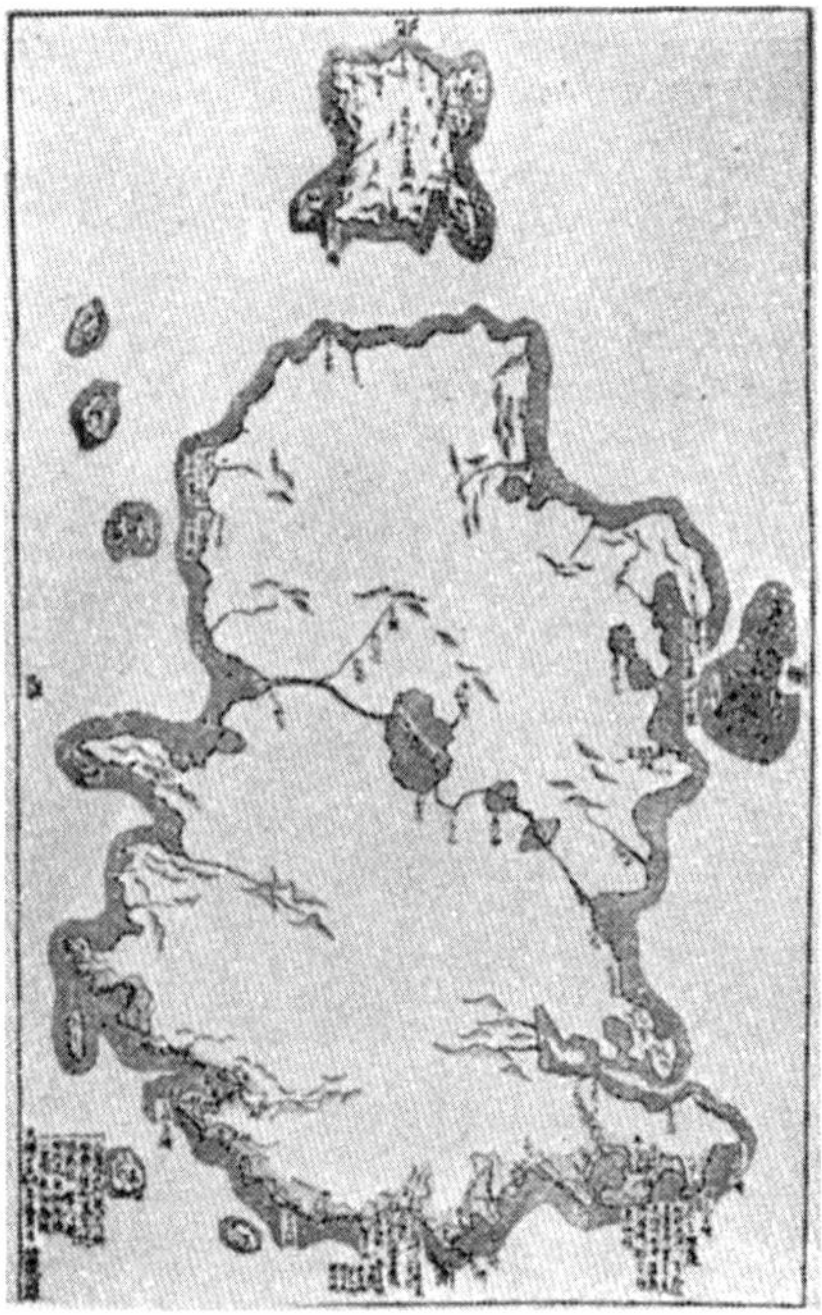

元禄十三年の蝦夷図 (1700年) (模写)

ロシア人の千島南下

日本人の千島に関する知識が、まだこうした不確かな状態にあったとき、ロシアの極東経略の手がはやくも千島に及ぶにいたった。十八世紀の初頭にカムチャツカ半島へ南下したロシア人は、一七一一年(正徳元年)に第一島シュムシュを経略し、一七二〇年(享保五年)には第五島シャシコタンまでを踏査している。ロシア人が千島全域に関して正確な知識をもつにいたったのは、一七三七―八年(元文二―三年)におけるベーリング探検隊第二補佐官シュパンベルグ(Shpanberg, Martyn Petrovich)の探検の結果であり、このとき彼の率いる船隊は、待望の北海道に達し、さらに房州《ぼうしゅう》(千葉県)沖まで南下して、日本の位置を認確する使命を完遂したのである。

エトロフ・アイヌをロシア国籍に

一七五〇年代には、ロシア人の毛皮税(jasak)徴収はシムシル島にまでおよんだが、一七六八年(明和五年)ついにコサックの百人隊長チョールヌイ(Chernyi, Ivan)

がエトロフ島まで南下して、その地のアイヌ全部をロシアの国籍に入れている。

ロシア船北海道に来る

その後、一七七六年（安永五年）ころ、商品を豊富に積込んだロシアの大船がクナシリにやってきて、この島のアイヌを手なづけている事実がある。そして、その翌々一七七八年（安永七年）には、ヤクーツクの商人レベジョフ＝ラストチキン(Lebedev-Lastochkin, Pavel) がシベリア政府の指令によって派遣した一隊が、クナシリの総乙名《おとな》ツキノイを案内者として、北海道東南海岸のキイタップ場所ノッカマプに来航し、その地にいた松前藩の役人に、交易の許可を願い出るにいたった。が、この要求は、翌年にいたり松前藩によって拒絶された。

ラクスマンの来航

一七九二年（寛政四年）には、陸軍中尉ラクスマン (Laxman, Adam Kyrilovich) がロシア政府の正式使節として北海道に来航し、再び貿易の開始を申入れている。このときもまた、翌年、松前に出張した幕府の宣諭使《せんゆし》によって、オランダ・中国両国以外の国との交易は許可しがたいことであるが、強いて望むならば、長崎に赴いて交渉せよとさとされ、露船は空しくオホーツクに帰航した。

ウルップのロシア人植民地

一七七八—九年の遠征は、レベジョフ＝ラストチキンひとりの計画ではなく、やはり商人だったシェリコフ(Shelikov, Grigori Ivanovich)もまた、その共同出資者であった。彼は後に露米会社の前身たるシェリコフ＝ゴリゴフ会社を設立した人物である。日本貿易の開始にひとたびは失敗しながらも、なおそれに望みを嘱《しょく》していたシェリコフは、ラクスマンの報告によって、その有望なることを確信した。そして、これにそなえるために、千島列島に植民をおこなうことの必要を認めたので、一七九四年(寛政六年)、陸軍少尉ズヴェズドチョトフ(Zvezdotchotov)を長とし、ロシア人三五名、同猟夫二〇名及びロシア婦人三名をウルップ島に送って、この地に鞏固《きょうこ》な植民地を建設した。この植民地建設と、その消長については

ウルップ植民地の視察

日本側も千島アイヌを通じて、もしくは享和元年(一八〇一)の深山《みやま》宇平太・富山《とやま》元十郎のウルップ渡海によって、比較的正確な知識をもっていた〔『辺要分界図考』巻四〕〔『休明光記附録』巻三〕。

このウルップの植民地はけっきょく失敗におわり、一八〇三年（享和三年）ズヴェズドチョトフの死亡後、これを放棄するの已《や》むなきにいたった。

日本人のクナシリ開発

こうして、ロシアの千島南下勢力は、ひしひしと北海道に迫ってきたが、当時日本人の千島開発は、日本側からの第一島であるクナシリ島におよんでいるにすぎなかった。

日本人の千島進出は、ロシア人の千島南下に四〇数年おくれている。ロシア人が千島の第一島に手をつけたのは一七一一年であるが、飛騨屋《ひだや》久兵衛が、千島アイヌと交易するために北海道東南岸のアッケシに置いた運上所《うんじょうしょ》を、クナシリに進めたのは宝暦四年（一七五四）である。飛騨屋の商船には松前の役人が同乗して行き、その地のアイヌ酋長を乙名《おとな》に任命して支配した。乙名の上には総乙名が置かれ、これには前記のツキノイが任命されている。

クナシリ・アイヌの大反乱

寛政元年(一七八九)には、クナシリに日本人に対するアイヌの大反乱がおこっている。この反乱の背後に、ロシアの勢力があったことはいうまでもない。

三 中国・日本のカラフト経営

カラフトと中国

カラフトは、元《げん》・明《みん》・清《しん》時代のこの地に対する経営の沿革からみて、その中部以北、特に清代におよんでは、やや南下して北緯四八度以北は中国の領土とみなされるものであった。日本とロシアは、この中国領であったカラフトへ、おくればせに一方は南方から、一方は北方から食いこんでいったのである。

中国人の黒竜江下流域およびカラフトの経営については、別に研究的記述を試みたことがあるので〔参四〇〕、くわしいことはそれを見ていただくことにして、ここでは、その沿革をごく大まかに述べておく。

元のカラフト経営

一二六三年、元《げん》の世宗《せいそう》は、黒竜江口にちかいアムグン河口の対岸、いまのチル

(Tyr)に東征元帥府《とうせいげんすいふ》を置いて、黒竜江流域の原住民を綏撫《すいぶ》する総鎮守《そうちんじゅ》とした。このとき、カラフト北部のギリヤークもただちに元に屈して、その支配にぞくしたが、南部のアイヌやオロッコはなかなか服属せず、かえってギリヤークの地を侵したので、元は一二六四年以来、いくたびか大兵をカラフトにおくって、アイヌを討伐した。当時のカラフト=アイヌはいまからは想像もつかないほど勇敢で、時には屈服したことがあっても、その抗戦は四〇年のながきにおよんだ。が、けっきょくは服属して、年々、大陸へわたり、毛皮を貢《こう》することを誓約した。

勇敢なカラフト=アイヌ

明のカラフト経営

明も、その初期は元と同じく、満州奥地の経営に大へん力を注《そそ》いだ。一四〇九年、成祖《せいそ》は元の東征元帥府の趾《あと》に奴児干都司《ヌルカンとし》を設け、ついでそこに永寧寺《えいねいじ》を創建した。

奴児干都司に進貢

明代には、カラフトに対して武力を加えるというようなことはなかったらしいが、その招撫《しょうぶ》政策に懐柔《かいじゅう》されて、この地の住民は、南部のアイヌまでが奴児干《ヌルカン》にいたって朝貢したことが、一四一三年の「勅修奴児干永寧寺碑記」によってうかがわれる。しかしその後、この方面における明の威力は急速に衰え、清が起るまでの二百年間は、黒竜江方面の住民は中国に対する朝貢関係からまったく解放されていた。

清のカラフト経営

清は久しく明に隷属していたツングース族の建てた国である。黒竜江下流域に対する清の経営は、この地方に向けられたロシア人の侵攻に対抗して、急速に進められ、一六六〇年ころには、河口方面までがその版図《はんと》にはいった。その後ロシアは黒竜江全流域にわたって再進出を試みたが、これもまた清軍に撃退され、一六八九年のネルチンスク条約によって、黒竜江下流域は清領として確定された。

カラフトはすでに一六二〇年頃、ウラジオストック方面から派遣された、清の兵船によって征服されたという説もあるが、この事実は疑わしい。やはり清がカラフト経営に乗りだしたのは、黒竜江下流域がまったくその領土に帰した直後、すなわち十八世紀のはじめ頃だったとすべきであろう。康熙《こうき》帝は地図作製のため康熙四十八年(一七〇九)にフランス人のヤソ会士を黒竜江口まで派遣して、同流域の実測をおこなわさせたが、その後、さらに満州人の一隊を対岸のカラフトへ送りこんで、その地の実地調査にしたがわさせた。このとき派遣された満州人は南方海岸の知識をもたらさなかったので、ヤソ会士は北カラフトのギリヤーク人からの聞とりに若干の推測を加えて、カラフトの南端は北緯五〇度あたりであろうと

皇輿全覧図とダンヴィル中国図のサハリン

考えた。そのときの知識が、康熙五十八年(一七一九)の『皇輿《こうよ》全覧図』やダンヴィル(D'Anville, Jean Baptiste Bourguignon)の中国図に、北緯五四度から五〇度のあいだに、「く」の字形に南北に長く横たわるサガリアンウラ・アンガ・ハタ(黒竜江口峯)の描図(一〇八ページ参照)となってあらわれている。

北カラフトを貢納国に

満州人のカラフト渡島はたんなる地理調査ではなく、その地を貢納国にしようとした武力的遠征であったと考えられる。文化五―六年(一八〇八―九)にカラフトを探

検した間宮林蔵が北カラフトのギリヤーク人にきき質《ただ》したところによると、ロシアの暴夷に関する記憶がまだ明らかであった頃、満州人が多くの人数をひきいてこの島に渡り、あまねく島中を巡検して、シラヌシを去る一三〇里ばかりの西海岸のイトイ（北緯五一度一五分辺）、また五〇里ばかり奥地のカウト、それよりノテトの山路およそ二〇里ばかりを山越えした東海岸のドウカー、これら三ヵ所のギリヤーク酋長をハラタ（夷長）に任命し、そのほか各地にカーシンタ（夷次）と称するものを任じたので、それ以来、この地のギリヤーク人は毎年、満州へ朝貢するようになった、という〔『北蝦夷図説』巻四〕。

ハラダ・カーシンタ

ハラダ・カーシンタはいずれも満州語で、前者は氏族長、後者は郷長の意味である。北カラフトのハラダは、右の三人だけでなく、西海岸ヲッチシ（北緯五一度一三分辺）の酋長もそれに任命されていたようである。

南カラフトを貢納国に

その後、南カラフトのアイヌも、その中部以北のものは清に服属して、朝貢するようになった。間宮林蔵がカラフトを探検した当時、アイヌでハラダに任命されていたのは、西海岸のナヨロ（北緯四八度弱）の大酋長一人であったが、カーシンタには、西海岸では南からナヨロ・ライチシカ・ウショロ（北緯四八度五〇分辺）、東海岸ではやはり南からナイブツ（北緯四七度三〇分辺）・ションコタン・フヌップ（北緯四七度一七分辺）の酋長がそれぞれ任ぜられていた（『北蝦夷図説』巻四）。

満州仮府

こうして、清は康熙《こうき》の末から乾隆《けんりゅう》のはじめにかけて、カラフトの大半をその貢納国とすることに成功した。当初、満州官人は年々、カラフトに出張してきていたようであるが、後にはそれも止んでしまった。カラフトのギリヤーク人やアイヌが朝貢に赴くところは、黒竜江下流の「満州仮府《まんしゅうかふ》」で、そこへは副都統の駐在する三姓《サンシン》（牡丹江と松花江の合流点）より年々、官人が出張して、黒竜江下流域やカラフトの先住民酋長から貂皮《てんぴ》を収納し、これに償賜品《しょうしひん》を頒給《はんきゅう》した。

日本人の初期カラフト探検

日本がカラフトと関係をもつにいたったのも、けっして新しいことではない。

すでに寛永十二年(一六三五)、松前藩《まつまえ》は佐藤嘉茂左衛門《かもざえもん》と蠣崎蔵人《かきざきくらんど》を派遣して、カラフトを探検させている。このとき両人は南端のシラヌシ(白主)に近いウッシャムに渡っただけで引返したが、ついで翌年に派遣された甲道《こうどう》庄左衛門は、ウッシャムで越冬して、翌春にいたり東岸を北緯四九度四〇分のタライカ湖畔まで踏査したという。その後も、慶安四年(一六五一)・延宝七年(一六七九)・元禄二年(一六八九)と、たびたび松前藩から出張した記録が残っている。また寛文九年(一六六九)に松前の商船がカラフトへ渡った事実もある。

日本最古のカラフト図

このように、日本ははやくからカラフトに手をつけていた。それはあたかも、明・清交替に際し、中国のカラフト経営が一時停滞していたときである。

松前藩が元禄十三年に幕府へ呈出した領地図には、亀の子形のカラフトが描かれ、これには二一ヵ所の地名が記入されている(一〇ページ参照)。この地図に見える地名は東岸はタライカ湾奥、西岸は北緯五一度辺のものに比定できるが、北方の諸地名はおそらく、黒竜江下流域やカラフト奥地から南カラフトや北海道へ貿易にやってくる、ギリヤーク人やアイヌの伝えた知識によって記入したものであろう。そして北辺の実際が不明なままに、仮りに島として図示したものにちがいない。これは先に紹介した康熙《こうき》のサハリン島図（一〇八ページ参照）と好一対《こういっつい》で、じつは両図をあわせてカラフトは一島となる勘定である。こんな図は残っているが、当時はまだ南半の一部を探検したにとどまり、松前藩は実際にカラフトの経営に着手していたわけではなかった。それは約一世紀おくれている。その間に、清が積極的経営に乗出し、中部以北をその貢納国としてしまった。

カラフトアイヌとの交易

当時、南部カラフトのアイヌは、松前藩に対して、船をカラフトへ廻して彼らと交易して欲しい、と申入れていた。が、松前藩はこれをききいれず、貞享《じょうきょう》年中（一六八四―八八）にいたって、はじめて北海道の北端にソウヤ（宗谷）場所を開き、船をこの地に遣わして、カラフトのアイヌと直接に交易をおこなうことになった。当時まだ松前藩にはカラフト経営の意図はなかったのである。

こうして、ソウヤ交易によるカラフト＝アイヌとの関係が長くつづいたが、やがて、松前商人のうちに、こちらからカラフトまで出むいて交易しようと望むものがでてきた。第一船は宝暦元年（一七五一）に渡島した。その後しばしば商船が直接にカラフトへ向かうようになり、漁場見立てのために藩士もこれに同乗して行っていたが、ソウヤ場所から分割してカラフト場所を開いたのは、寛政二年（一七九〇）のことである。

松前藩カラフト経営に着手

このとき、松前藩から派遣された藩士高橋清左衛門は、西岸はコタントル（古丹）、東岸はシレトコ（知床）までを探検し、南端のシラヌシに交易所を、東岸のクシュンコタン（大泊の一部）と西岸のトンナイ（本斗）に番屋《ばんや》を設定した。翌三年、松前藩はさらに藩士松平平角《へいかく》を遣わしてカラフトの調査にあたらせた。

当初、日本人とアイヌとの交易は、右の三ヵ所でおこなうこととし、アイヌと山靼《さんたん》人（黒竜江下流域の一部住民）との交易はシラヌシにかぎった。このカラフト交易を請負ったのは、ソウヤを差配していた福山《ふくやま》の商人村山伝兵衛で、藩の直支配《じきしはい》の名のもとにこれをおこなった。藩からも毎年、士卒三－四名を勤番させ、山靼人が負債の代償としてアイヌを伴うことを禁じたので、アイヌは松前藩を非常に徳としたという。ついで請負人が二－三かわった後、寛政十二年（一八〇〇）、松前藩はカラフト交易をその直営に移して、藩士にこれを管理させ、大阪商人の柴屋《しばや》長太夫がその仕入《しいれ》をして事業を継続した。

カラフト経営の範囲

松前藩は古くからカラフトの調査をおこなっており、この島はその領土といわれてはいたものの、従来、なんら実質的支配の手をうっていなかった。ところがこうして、寛政初年はじめて松前藩の実勢力がその地におよんだのである。しかし、その範囲はなお南端の一部にかぎられていた。北緯四八度強のクシュンナイはおろか、その南二里のナヨロ以北は清の貢納国であって、清からハラダ（長族）の職名を与えられていたナヨロの酋長が、日本側からも乙名《おとな》職を授けられたのはよほど後のことにぞくする。

介抱番屋

乙名・小使

間宮林蔵は、カラフトが松前藩領から幕府の直轄領にかわった直後の文化五年(一八〇八)に渡島したのであるが、彼は当時におけるわがカラフト経営の北限について、アイヌと交易のために設けられた介抱《かいほう》番屋は、東岸はアニワ湾奥のオフィトマリ、西岸はオラウネトマリ(北緯四七度一五、六分)までにすぎず、また乙名・小使《こつかい》と称する土着役人のおかれたのも、東岸はアニワ湾頭のシレトコ(中知床岬の南端)にかぎり、西はオニッホ(北緯四七度一七―八分)にとどまっていて、これらの地点より奥地の住民は、カラフトが蝦夷島(北海道)の属島であることを知らない有様である、と言っている(『北蝦夷図説』巻二)。

両属のアイヌ酋長

楊《よう》氏を称していたナヨロの酋長の家には、嘉慶二十三年(一八一八)に満州仮府《まんしゆうかふ》の役人が発した、一通の漢文文書が収蔵されていた(現在、北海道大学北方文化研究所蔵)。それは、「この頃陶《とう》姓のハラダは西散《シイサン》大国(日本のこと)と交通往来して、自らは進貢せず、毎年、他に托して入貢のための証票だけを受けとっているのは、はなはだけしからぬ」と言って、来貢の督促方を他姓のハラダ（他分、ナヨロの酋長）に依頼したものである。この陶姓のハラダはどこの酋長か明らかでないが、日本の南カラフト経営がようやく進展してきた事実を清国側で認めたことを示すものとして、これは興味ある史料である。

四　北方問題の急転回

北方問題の重大化

ロシア人南下の警報がしきりにいたり、またロシアの野心に関するオランダの警告がもたらされるにおよんで、林子《し》平《へい》以下、憂国の志士の活動となり、国民ははじめて北方問題の重大性を痛感するにいたった。為政者でももっともはやくこの問題に注目したのは、老中田沼意次《おきつぐ》で、彼はすでに明和六年（一七六九）、工藤《くどう》平助《へいすけ》の建言を採用して、ロシアとの貿易を計画したという。

工藤平助

工藤平助は天明のはじめ『赤蝦夷風説考』二巻を著わして、ロシア人の南下を説き、北辺の防備と、ロシアとの貿易の必要を論じたが、その学弟で同じ仙台藩士の林子平は、天明六年（一七八六）、『三国通覧図説』を上梓《じょうし》して、国民にロシアの野心を警告し、ロシアに先んじて蝦夷地を経営せよと力説した。左に掲げた地図は子平の著に附せられた蝦夷図で、当時の日本人の蝦夷地観がよくうかがわれる。これを前掲の元禄図にくらべると、北海道はかえって細長くなっているが、千島の方は形がややととのってきている。ところが、カラフトは韃靼《だったん》（シベリア）大陸の一半島としてあらわされ、その北に別にサハリンが大島として描かれている。

林子平

幕府蝦夷地調査の必要を痛感す

これまで蝦夷地は松前《まつまえ》藩の私領としていっさいその経営にまかされていたが、こうした情勢に当面し、この地の防衛と開拓が刻下《こっか》の急務となるにおよんで、幕府はそうした軍事的・経済的工作の準備として、北海道・千島・カラフトの調査をおこなう必要を感じ、天明五年（一七八五）いらい数回にわたり、これらの地に調査

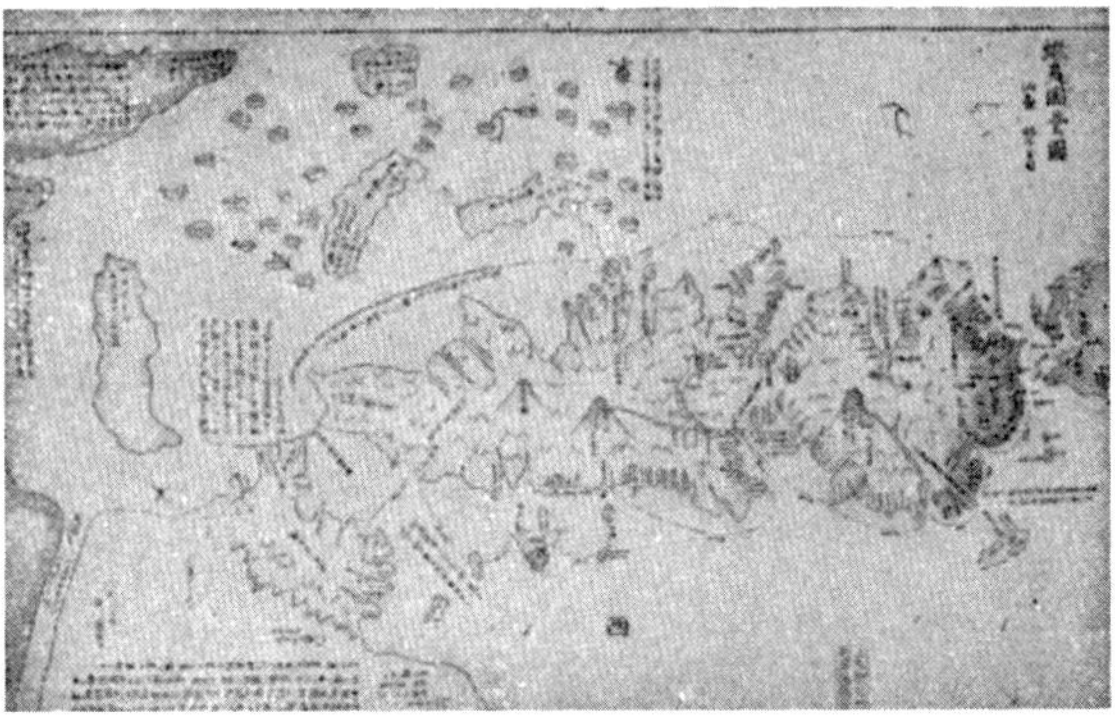

林子平の蝦夷図（1785年）（『三国通覧図説』附図）

隊を派遣した。間宮林蔵のカラフト探検は幕府による第四回目のカラフト調査にあたる。

天明五―六年にわたる調査では、東蝦夷班の最上徳内《もがみとくない》らは千島列島をクナシリ・エトロフからウルップまで探検し、西蝦夷班の大石逸平らはカラフトに渡って、東岸約三〇里、西岸約六〇里を見分《みわ》けた。逸平は翌年もまたカラフトに渡って、西岸をナヨロ（北緯四八度弱）まで探検している。ついで寛政二年（一七九〇）に、松前藩が藩士をカラフトへ送って、その地の踏査をおこなわさせると同時に、交易所を南端のシラヌシに設けたことは、先に述べたとお

ラクスマン渡来船（早大図書館蔵『ラクスマン来航図巻』）

りである。

第二回探検

寛政四年、幕府は第二回目のカラフト調査をおこなうことになって、最上徳内がその選にあたった。このとき徳内は西岸はクシュンナイ（北緯四八度強）、東岸はトウフツ（北緯四六度二七分）まで踏査した。

第三回探検

享和元年（一八〇一）、幕府は第三回目のカラフト調査隊として、中村小市郎・高橋次太夫らを派遣したが、彼らは西岸はショウヤ（北緯四八度三〇分辺）まで、東岸はナエフツ（北緯四八度一五分辺）まで踏査しただけで、それより北方に進むことはできなかった。

千島情勢の急迫

度々おこなわれた幕府のカラフト探査によって、ロシアの触手《しょくしゅ》は、まだカラフトにはそれほど及んでいないことがわかったが、一方、千島の情勢は、ようやく緊迫《きんぱく》の度をましてきて、幕府としても、早急に対抗措置をとらなければならない事態にたちいたった。

前述のとおり、寛政五年（一七九三）には、ロシアの公式使節としてラクスマンがネムロ（根室）に渡来して交易の開始をもとめ、翌六年には、ウルップ島にロシアの本格的な植民地が建設されている。つづいて同八年・九年には、イギリス船が噴火湾のアブタに来て碇泊《ていはく》した。また同元年には、クナシリ島でアイヌの大反乱が勃発している。

東蝦夷地の幕府直轄

こうした情勢を見て、幕府は東蝦夷地（日高《ひだか》・十勝《とかち》・釧路《くしろ》・根室《ねむろ》）を直轄に移し、その地の防備と開拓をおこなおうという議がおこり、寛政十年（一七九八）、蝦夷地全体にわたる調査がおこなわれた。近藤重蔵（正斎）がエトロフ島にかの「大日本恵登《エト》呂府《ロフ》」の標柱を建てたのはこの時である。翌十一年正月、蝦夷地直轄の方針が決定して蝦夷地御用掛が任命され、十一月から東蝦夷地の直轄が実施された。

エトロフ開島

　蝦夷地御用掛は翌寛政十二年、摂津（兵庫）の商人高田屋嘉兵衛に命じて、エトロフ島に一七ヵ所の漁場を開かせ、また全島を七郷二五ヵ村にわけて、それぞれの村の酋長を乙名《おとな》あるいは土産《みやげ》取《とり》に任命し、さらに南部《なんぶ》（岩手県）・津軽《つがる》（青森県）の両藩に命じて、千島の警備にあたらせた。近藤重蔵は、これを「北条ノ世、伊豆（静岡県）の八《はち》丈《じょう》ヲ開キシ已来、初テ開島アリシコトナルベシ」（『辺要分界図考』巻四）と誇っている。日本のエトロフ開島は、ロシアが同島の経営を怠っていた隙《すき》をねらって、それを確保した形になったわけである。これよりさき、寛政六年にロシアがエトロフの隣島ウルップに植民地を建設していたので、両島のあいだの水道で、自然に日露の国境が定まった形になった。

間宮林蔵がはじめて蝦夷地に渡ったのは、このエトロフ開島がおこなわれた寛政十二年の前年のことであった。

大規模な蝦夷地調査

享和元年（一八〇一）、幕府は天明五―六年いらいはじめての大規模な蝦夷地の調査をおこなった。このとき、富山《とやま》元十郎と深山《みやま》宇平太の両人はウルップ島にわたって、「天長地久大日本属島」の九字を彫った標柱をたてるとともに、ロシア人の植民地を視察している。またこの年、第三回目のカラフト調査がおこなわれたことは、前に述べた。

蝦夷地奉行 箱館奉行

翌享和二年二月、蝦夷地御用掛にかわって蝦夷地奉行が置かれ（ついで箱館奉行と改称）、翌三年七月には、東蝦夷地の仮直轄が永久直轄になった。その後、幕府の蝦夷地開発はさらに積極的となり、文化四年（一八〇七）三月には、西蝦夷地・北蝦夷地（カラフト）および松前《まつまえ》をも直轄に移した。箱館奉行は蝦夷地全体を管轄することに

松前奉行

なったので、鎮所を松前に移して、松前奉行と改称した。

こうして、幕府は蝦夷地を北門《ほくもん》の雄鎮《ゆうちん》とすべく重大な決定をおこなったが、その途端《とたん》に蝦夷地経営は一大痛棒《つうぼう》をくらった。それは、幕府からすげなく通商を拒否され、もはや脅迫手段による以外、打開の道なしと判断したロシアが、無法にも、カラフトとエトロフのわが植民地に対して武力攻撃を加えるという、重大事件が突発したことである。

レザノフの来航

第一回遣日使節ラクスマンが、長崎入港許可の信牌《しんぱい》を与えられて帰国したのは寛政五年であるが、それから一〇年目の文化元年(一八〇四)九月に、第二回遣日使節レザノフ(Rezanov, Nikolaj Petrovich)が特派全権大使の資格で、本国からカムチャツカを経て長崎に渡来し、再び交易の開始を要求した。幕府はこのときもまたその要求を拒絶し、ロシア皇帝の親書さえうけつけようとしなかった。レザノフはむなしく日本にとどまること半歳、ついに念願を達することができず、悲憤のうちに、文化二年三月、長崎を去った。

ロシアの日本開国強硬策

カムチャツカに帰ったレザノフは、日本を開国させるためには、非常手段をとって、これを脅迫するほかに策はないと決心した。当時の露米会社にとって、日本貿易の成否は、その浮沈に関する問題であった。シェリコフの女婿《じょせい》で、事実上その後継者として、露米会社に君臨していたレザノフは、皇帝には上奏文を奉っただけで、その専断によって、日本の北辺植民地の攻撃を計画し、その実行を露米会社にぞくする現役海軍大尉フヴォストフ（Khvostov, Nikolaj Aleksandrovich）および同少尉ダヴィドフ（Davydov. Gavriil Ivanovich）に命じた。かくて、フヴォストフらは文化三―四年に、カラフトとエトロフにおける日本人植民地の攻撃を敢行した。

カラフト侵攻

ロシアの軍艦が最初に攻撃したのはカラフトで、文化三年（一八〇六）九月十一日、フヴォストフはアニワ湾のオフィトマリに上陸し、さらにその西方、日本のカラフト経営上の要地クシュンコタンにいたって、冬ごもり中の番人四人を捕え、会《かい》所《しょ》その他いっさいの施設を焼きはらった。

エトロフ侵攻

ついで翌四年四月二十三日、フヴォストフはダヴィドフを伴い、エトロフ島のナイホに上陸して、番人を捕え番屋を焼却した。そして、同二十九日には、要地シャナの襲撃を敢行した。シャナには会所元があり、津軽・南部両藩の守備兵が二〇〇人以上もいた軍事的植民地であったが、守備隊はロシア軍の果敢な攻撃にひとたまりもなく崩《くず》れさり、一時クナシリ島に後退するの止むなきにいたった。翌五月一日、フヴォストフはシャナに上陸して、物資を鹵《ろ》獲《かく》し、ここでも施設いっさいを焼却した。

このシャナの戦闘には、間宮林蔵もそこに居あわせて奮闘した。

再度のカラフト侵攻

フヴォストフはエトロフの劫掠《ごうりゃく》をおわると、五月二十一日には、再びカラフトにいたって、オフィトマリの番屋・倉庫を焼きはらい、翌日はルウタカに赴いて同様の狼藉《ろうぜき》をはたらいた。さらに二十九日には礼文《レブン》島の沖合で、また六月二日には利尻《リーシリ》島で、それぞれ商船を拿捕《だほ》して、積荷を奪ったうえ船を焼きすて、利尻島の番屋・倉庫にも放火した。

ロシア人劫掠の変報

文化三年九月のカラフトにおけるロシア人暴行の変報は、交通途絶のために半年もおくれて、翌年四月のはじめに松前・箱館へつたえられた。それは、松前氏の領地替えの報と相前後して松前に到着した。ついで五月には、エトロフ島シャナ敗退の飛報がはいり、さらにカラフト再侵略の報がつづいた。

ロシア人狼藉の急報がつぎつぎといたったときの、江戸の騒ぎは大変だった。『泰平《たいへい》年表』は、「かゝりしかば、江戸の町々、鍛冶《かじ》を業とせるは家毎に番具足《ばんぐそく》をきたへ、古着鬻《ひさ》ぐ家は軒毎《のきごと》に陣羽織を懸けたり」と伝えている。

間宮林蔵がえらばれてカラフト探検の途にのぼったのは、その翌文化五年で、北地はロシア軍の再来におびえ、異常な緊張につつまれていたときであった。

ロシア人来襲の脅威うすらぐ

ロシアの進攻再開

前に述べたように、ロシアの意図は日本を脅迫して通商をひらかせようとしたまでであり、その報復として起った海軍中佐ゴロヴニン (Golovnin, Vasilij Mikhajlovich) の拘置事件も、文化十年(一八一三)、前件に対するロシア側の陳謝によって円満に解決したので、ここにロシア人来襲の脅威はうすらぎ、わが北辺は、その後、半世紀にわたる平穏な時代を迎えることができた。かくて、文化十二年に守備隊の駐屯が廃止され、また文政五年(一八二二)には蝦夷地は再び松前藩領の旧にかえった。ロシアがわが北辺に対する進攻を再開して、その鋭鋒をカラフトに集中したのは、十九世紀の中葉におよんでからである。

第二 生いたち

一 怜悧《れいり》で大胆な箍屋《たがや》の小倅《こせがれ》

出生地

松前《まつまえ》藩がはじめてカラフトの経営に着手したのは寛政二年（一七九〇）であったが、このとき間宮林蔵は、常陸《ひたち》の国（茨城県）の水郷で、貧しいながらも、青雲《せいうん》の志に燃えてすくすくと成長していた一六歳の少年であった。

百姓の子

林蔵は常陸の国筑波《つくば》郡上平柳《かみひらやなぎ》村（現在、伊奈町上平柳）に生まれた。そこは下総《しもうさ》の国との境をなしている小貝《こがい》川の畔《ほとり》である。父は庄兵衛とよぶ、親代々のこの村の百姓であったが、生計をたすけるために箍《たが》職を兼ねていた。母はクマといって、隣村にあたる下総の国相馬《そうま》郡（いま茨城県に属す）高井村の森田家から嫁いでいた。庄兵衛の祖先は、間宮隼人《はやと》という武士で、寛永年中（一説には、嘉吉年間あるいは慶長年間ともいう）に、この村に移り住んで百姓になった、と伝えられる。祖先が武士だったというような話はよくある例で、どうかとも思われるが、この家が古くから間宮の姓を私称していたことはまちがいあるまい。

郷里の間宮家には当主の祖父庄吉（正倫）氏が「菩提所専称《せんしょう》寺に保存しある過去帳及び上平柳第一回の縄量《じょうりょう》より第四回縄量（即ち元文三年十一月調製）の名寄帳《なよせちょう》其他屋敷《やしき》間敷帳《まじきちょう》より取調べ」て、明治四十二年七月

小貝川の夕景（対岸は下総の国）

に作製した系図がある。次にこの系図に当主までを補い、さらに士分を嗣いだ江戸の間宮家の分を加えて紹介しておく。（傍系は略す）

系図

間宮隼人――治左衛門――清右衛門――清兵衛――清右衛門――庄兵衛――

―林蔵―┬生家 庄平（林蔵叔父治助二男鉄三郎）――梅吉――庄吉（正倫）――林市（正倫）――林蔵（当主）
　　　　└士分 孝順（青柳家より養子、鉄二郎）――孝義――馨（当主）

安永九年出生説

林蔵の生年については、安永四年説と安永九年説とがある。安永九年（一七八〇）十一月に生まれたとする説は、筑波郡の人、妹尾万寿吉《せのおますきち》の筆記〔参・三〕に見え、林蔵の伝記の多くはこれにしたがっている。林蔵の墓は、江戸深川の本立院《ほんりゅういん》（現在、江東区平野一ノ一四）と、郷里の専称寺《せんしょうじ》と、二ヵ所につくられているが（本立院の旧墓地に現存している墓碑は、戦災で失われた旧碑の拓本によって、戦後に再建されたもの。）、いずれにも林蔵の行年《ぎょうねん》は刻してない（三三三ページ参照）。専称寺の過去帳も古いものは残っていないらしく、いかなる資料にもとづいて十一月とまで明記したのか不

安永四年出生説

審である（新装版付記①参照）。

安永四年出生説の方には、次の根拠がある。弘化元年（一八四四）三月、林蔵が病死したときに、その上司であった勘定奉行たちが、林蔵に嗣子がなく家の断絶することを惜んで、林蔵重態として、跡目《あとめ》相続に関する連名の伺書《うかがいしょ》を老中に差出しているが、この伺書には、林蔵当年七〇歳と書いてある〔参六〕。弘化元年七〇歳として逆算すれば、出生は安永四年（一七七五）になる。これは公文書であり、またことさら年齢をいつわる理由もなかったであろうから、その記載を信じて、安永四年出生説にしたがうのが穏当だと思う。行年七〇歳の資料としては、池田玄斎の随筆『病間雑抄』の記事をあげることもできる。これには、「当巳年《みのとし》七拾余歳にて死去す」とある〔参一二〕。ただし巳年（弘化二年）死去はまちがいである。

江戸期の文献で、少年時代の林蔵について語っているものはなにひとつない。

飯島省三郎筆記に見える少年林蔵

それを伝えるものとしては、明治三十四年刊行の『新編常陸国誌』下巻に載せる「飯島省三郎筆記」が最初の記録である。その後の文献は、いずれも直接・間接これによっているといってよい。それで、まずこの筆記の全文を紹介してみよう。

庄兵衛常ニ子ナキヲ患《うれ》ヒ、月読神《つくよみのかみ》ニ祈ルコト十年ニシテ一子ヲ挙グ、之レヲ倫宗《ともむね》トナス。倫宗、天資頴敏《えいびん》、材力人ニ絶ス。」九歳学ニ就ク。」群児ト嬉戯《きぎ》スル、必《ず》竹竿ヲ以テ樹木ノ長短、河流ノ深浅、道路ノ遠近ヲ測《はか》ルヲ楽《たのしみ》トス。」十三歳、村人ニ随テ筑波山ニ詣《もう》ズ。旅店ニ就キ寐《ねむり》ニ就カントス、忽チ倫宗ヲ失ス。一行捜索、眠ニ就クコト能ハズ。明旦平然帰リ来ル。之ヲ問ヘバ曰ク、吾立身ヲ祈リ、立身石窟《りっしんのいわや》ニ徹夜、手燈《しゅとう》ヲ点《とも》セリ。人ミナ其忍耐ニ驚ク。」某年、群児ト岡《おかの》上ニ遊ブ。時ニ普請掛《ふしんがか》リノ吏員、村吏ト算盤ヲ取テ工事ヲ計ル。倫宗見テ之ヲ笑フ。吏曰、汝我ヲ笑ハヾ、能ク之ヲ算セヨト。倫宗未ダ算術ヲ知ラズ、心計以テ答フ。吏大ニ慙《は》ヅ。是ヨリ奇童ノ名アリ。」十四ニシテ郷ノ蛯原《えびはら》氏ニ至テ、算ヲ習ハントス。師授クルニ、二一天作《にいちてんさく》ノ五ヲ以テス。倫宗案ヲ拍《たた》テ曰ク、是レ百ヲ二分シテ、五十トナルノ謂《いい》カ。師曰ク然リ。倫宗悦テ曰、吾算ヲ悟了《ごりょう》スト、遂ニ謝シ帰ル。其慧敏《けいびん》カクノ如シ。

逸話に関する異伝

この筆記は、明治二十六—七年ころ『常陸国誌』の増補がおこなわれた際、編者栗田寛博士の求めで執筆したものと思われる。とすれば、右の引用に見られる林蔵の少年時代に関する逸話は郷里の関係者のあいだに伝えられていたもので、それが百余年後に筆録されたということになる。この間には、忘却もあれば、また話の発展もあったであろう。したがって、同じ話にしてもいろいろ異伝があったにちがいない。たとえば、筑波山の立身の窟《いわや》で、手燈を点《とも》して徹夜で成功を祈ったという話である。手燈は、掌に油をたらして燈心《とうしん》をおき、それに火を点ずることだというが、明治四十年に林蔵の生家を訪問した志賀重昂《しがじゆうこう》が、そこで聞いた話では、この手燈が蠟燭《ろうそく》にかわっている。これも話の筋にほとんどかかわりはないが、伝承のままの採集であり、なかなかおもしろい語りぶりなので、それを紹介しておこう。

志賀重昂の聞書き

先生には天明《あ》くる頃、飄然《ひようぜん》と旅宿に還り来られたれば、衆争ひ迎へるに、其小き掌の黒く燻《くすぶ》りて、中央は焼け居《おり》ければ、一同は愈《いよい》よ驚き問ひたるに、先生曰く。コレカエ、ナンデモナイサ、絶頂の立身岩に御百度参りをすれば、筑波の神様が何でも聴て下さるとのことだから参つて来たのサ、けれど私のは日本一の人になりたいと云ふ御願だから、神様も御百度参り位にては聴いて下さるまいと思つて、夜に入り蠟燭の光のある限り参り詰《つ》め、後にて見れば掌は焼けて居つた、夫れから五十町下りて旅宿に還るも面倒と思ひ、昨一晩は窟の中に眠たのサと。〔九参〕

養子鉄三郎の妻の話

この筑波山頂における林蔵の逸話は、林蔵の生家を継いだ叔父の子庄平（鉄三郎）の妻が伝えたはなしで、このひとは明治三十何年かに、八〇余歳の高齢で世を去ったという。なお、この老婆はときどき人に、「林蔵さんはエライ強情の人だった」と語っていたというが、これは年齢の点から考えて、晩年の林蔵のことを言ったものにちがいない。

養父飯沼甚兵衛の娘の話

子供のころの林蔵の話をきき伝えていたと思われる女性が、もうひとりいた。それは林蔵が江戸へ出るときに養父となった隣村狸渊《むじなぶち》の名家飯沼甚兵衛（あるいは次代の甚兵衛）

の娘やす子である。このひとは稲敷《いなしき》郡竜ヶ崎の海野《うんの》家へ嫁《とつ》いだが、探検中に使用した毛布を林蔵からもらって所持していた。この毛布はいま間宮家に保存されている。『飯島省三郎筆記』は、これらの女性が伝えていた話のきき書きだったのであろう。

『筆記』は、九歳のとき学につき、一四歳のとき郷の蛯原《えびはら》氏について算法を習おうとしたと言っているが、林蔵がついた手習師匠は菩提寺であった専称寺の住職伯栄和尚で、蛯原氏というのは、伯栄和尚の実家にあたる中平柳村の蛯原庄右衛門だったという〔参三九〕。

郷里における伝承からうかがわれることは、林蔵は幼少から怜悧《れいり》ひとを驚かすものがあり、特に数学的才能にすぐれていたということである。林蔵が数理的天《てん》稟《ぴん》を示した隣村岡《おか》の土木工事であるが、これは幕府の普請役《ふしんやく》の手でおこなわれた岡堰の築成であったという。桜の名所として知られているこの堰は上平柳村の東方、約一〇町ばかりのところにある。岡堰は寛永八年（一六三一）、関東郡代《ぐんだい》の伊奈《いな》半十郎によって、福岡堰・豊田堰とともに創設されたもので、幕府領になっていた下総《しもうさ》の国相馬郡の中部三三ヵ村にわたる二万石の水田に、小貝《こがい》川の水を灌漑用水としておくる施設であった。毎年、春の彼岸《ひがん》に堰を築き、土用《どよう》あけ一〇日目にそれを切るのが定めになっていたという〔参八二〕。堰の組み方について、林蔵がどんな意見を吐《は》いたものか明らかでないが、その創意が工事にあたっていた普請役を驚嘆させ、これが林蔵の江戸に出る機縁《きえん》になったといわれている。それで、岡堰は林蔵の生地の隣村にあるが、この土地を林蔵の発祥地《はっしょうち》として、そこに記念碑が建てられている。この堰はいまは近代的な堰に生まれかわっているが、それをさらに大水圧に堪えうる大堰堤《えんてい》に改造する工事が今すすめられている。

なお飯島の筆記に見えないことで、功名心に燃えていた幼少の林蔵が長隆《ちょうりゅう》寺境内の天満宮へ立身出世を祈って五刻参《ごこくまい》りをしたとか、被差別部落の人たちの草《くさ》刈場《かりば》へよく遊びに行って、草刈籠《かご》の中へはいったまま、担《かつ》ぎまわってもらって楽しんだとかいうような話もつたえられている〔参一八〕。

二　江戸に出て

江戸に出る

林蔵の非凡な才能が幕府の普請役に認められたことは、はからずも幼いときから夢みていた出世の緒《いとぐち》となって、林蔵は江戸へ出る機会をつかむことができた。林蔵を江戸に伴ったのが誰であったか、またそれがいつ頃であったかははっきりしない。郷里では、林蔵を江戸へ連れていったのは、岡堰の修築工事にあたった普請役某であり、その時期も、この役人が江戸へ帰る際であったと伝えられているようであるが、実はこれももっともらしい推測というだけで、必ずしも事実とはいえないのではなかろうか。それで、赤羽《あかば》壮造氏は、林蔵を見出した人は、

村上島之允に伴わる

彼が師事した村上島之允《しまのじよう》ではなかったかと考えられている〔参一八〕。森銑三氏によれ

ば、島之允は天明八年（一七八三）に老中松平定信に見出されてから、寛政九年（一七九八）まで一〇年ばかり、地理調査のため関東諸国を巡廻し、寛政元年には『安房《あわ》地名考』と『改正安房国全図』を、ついで同五年には『改正上総《かずさ》国全図』をつくっている。上総の国に関してはなお『上総寺社縁起』・『上総国郡沿革考』・『上総村高帳』などの編著もある〔『学芸史上の人々』秦檍丸伝〕。下総の国にかんするものは、まだ知られていないが、もちろん島之允はこの国も踏査していたわけであるから、常陸の国といっても、下総の国との地境にあった上平柳村の辺まで、島之允の足がのびたとしても、不審はない。赤羽氏の推測があたっていたとすれば、林蔵が島之允に伴われて江戸へ出たのは、寛政のはじめ頃だったということになりそうである。

加賀豊三郎氏が蒐集された書のうちに「寛政辛亥《しんがい》　林蔵」と署してあるものがある（東京都立中央図書館蔵）〔参三七〕。この書には林蔵とあるだけで、この林蔵がはたして間宮林蔵であるかどうか、問題はあろうが、加賀氏や呉秀三《くれしゅうぞう》博士の判定にまちがいないとすれば、寛政辛亥は三年にあたるので、このとき、一七歳になっていた林蔵はすでに江戸へ出ていて、書をかけるまでに修業をつんでいたことが知られるわけである。林蔵の出生を安永九年(一七八〇)とすれば、寛政三年(一七九一)には一二歳ということになる。一二歳の林蔵はまだ田舎にいたはずであるし、まだ書などかける年ではない。安永九年出生説をとれない理由はここにもある。

養父飯沼甚兵衛

江戸へ出る段になって、将来、侍《さむらい》にとりたてられるためにも、箍屋《たがや》の忰《せがれ》では都合が悪いというので、隣村狸淵《むじなぶち》の名家飯沼甚兵衛の養子にしてもらった。名も林蔵の音をとって倫宗《りんそう》とし、これをトモムネと読むことにした。また林蔵は号を蕪崇《ぶすう》といったが、これはいつ頃からもちいたものか、はっきりしない。

修業時代

出郷《しゅっきょう》の事情が明確でないばかりか、江戸でどこに寄寓《きぐう》していたのか、その辺も明らかでないが、林蔵には一〇年ちかくの修業時代があり、その間、村上島之允に師事したことは事実としてよい。あるいは最初から島之允の家に住みこんでいたものかもしれない。

最初の略伝

旧満鉄大連図書館に収蔵されていた『東韃紀行《とうだつきこう》』の表紙うらに載っている、間宮林蔵・最上徳内《もがみとくない》・村上島之丞の略伝は、天保の中ごろに書かれたものと推定されるが、その発端《ほったん》に次のように言っている。

> 此書の作者間宮林蔵は、常陸の産にて、農家より出たる人にて、江戸へ出《いで》、村上嶋之丞に随身して地理の学を学《び》たりといふ。地理の学とは本朝の間道《かんどう》を探り、其土地の風俗を弁《わきま》へ知《る》を云とぞ。村上は日本は勿論、八丈嶋・大島、其外嶋々迄を能極《よくきわ》めたりといふ。林蔵は九州・四国を極めたりといふ。

ここに見える、林蔵の九州・四国踏査は、彼が晩年、幕府の隠密《おんみつ》をしていた天《てん》保《ほう》年間のことと思われるが、修業時代の林蔵が島之允のお供をして、あるいは単独で各地を巡廻し、「地理の学」を学んだことは事実であろう。

師村上島之允

島之允は伊勢の社家《しやけ》の出で、前にあげた略伝に、老中松平定信が伊勢に行ったとき、「日に行《く》事、三十里宛《あて》、十日も廿日も日を重ねるといえ共不レ疲者にて、書も能《よく》、画も致し、地理に委敷《くわしき》男」と聞いて、これを引見《いんけん》し召しかかえたとある。日に三〇里とはおどろくべき健脚であるが、さらにこれに輪をかけて、「一日に四十五里づつ歩《き》候男也とさた仕候」とか、「日に六七十里を行き、躬《み》自《みずか》ら其の地を経渉《けいしょう》して、之を窺《きわ》む」とかいったような、伝説めいた早足ぶりもつたえられている〔『学芸史上の人々』秦檍丸伝〕。これではお供をするのも大変で、さすがに林蔵もやりきれなかったであろうが、彼の北地探検家としての頑強な肉体と不屈の精神とは、この間につちかわれたものと推測される。島之允はたんなる旅行家ではなく、地図の作成もできた人であるから、その教えで、林蔵の測地の術も大いに進み、地図作成の法も身につけたであろう。

本領発揮の好機到来

修業時代は長かったが、やがて林蔵にも、その本領を発揮する好機がおとずれた。偶然の機会から、林蔵は蝦夷地へ渡海することになったのである。そこでは寛政十年(一七九八)いらい、幕府の手によって開発と防衛のための積極的な工作が開始されていた。

第三　蝦夷地へ

一　蝦夷地渡海

蝦夷地渡海

林蔵がはじめて蝦夷地に渡ったのは、寛政十一年（一七九九）のことと思われるが、それは、近藤重蔵によるエトロフ開島の前年にあたる。

初期の官歴と職務に関する伝え

林蔵伝としてもっとも古いものは、前節で紹介した、旧満鉄大連図書館に収蔵されていた『東韃紀《とうだつき》行《こう》』の表紙裏に書かれている略伝である。この写本は満鉄によって翻刻本がつくられているが、その例言では、これを文化七－八年頃の書入れとしている。が、私はこれを、林蔵の生存中に書かれたものではあるが、時代はずっと後の天保《てんぽう》中頃の記と考えている。この略伝は、林蔵が蝦夷地へ渡った事情や、その当初の動静について、次のように伝えている。

寛政十三甲辰の年、林蔵初て嶋之丞《しまのじょう》へ附添い、松前の地へ下る。此人、樹芸《じゅげい》に心得たる人にて、空山《くうざん》へ杉・檜《ひのき》・楮《こうぞ》木を植付ける事を専ら案内せりと云。此節、松前《まつまえ》公義御用懸《がかり》松平信濃守殿、右懸りの棟梁《とうりょう》なりと云。蝦夷地、場広《ばひろ》の地にて空山多しと云、殊に杉・檜無レ之と云。林蔵、嶋之丞の手附、樹芸の事は信州《しんしゅう》聞届無レ之、嶋之丞の手にて植附候趣之由、三ケ年が間、林蔵骨折相勤、稍《やや》成功も有レ之、名前も聞へ、御府御普請役被ニ仰付一けるとなり。又、文化二年、奉行支配下役となる。奉行とは松平信濃守を云。

これとほぼ同様の記事が、岡本柳之助の『日魯交渉北海道史稿』にも載っている。おそらく拠りどころは同一であろう。ややちがっているところは、「林蔵、島之丞手附、樹芸の事は、信州(蝦夷地御用掛総宰松平信濃守忠明)聞届無レ之、嶋之丞の手にて植附候趣之由」云々《うんぬん》とあるのが、林蔵は松前侯に建議して植林のことを勧めたが、侯はまだ林蔵の人と為《な》りを知らず、これを拒絶したので已《や》むを得ず、村上島之允所管の部内にだけまずこれを試み、三年にしてややその功を見ることができた、と改められている点である。松平信濃守が松前侯にかわっているわけであるが、これはおそらく岡本のさかしらで、原拠《げんきょ》を改めたものと思われる。渡島当初、林蔵がシャモ地（日本地）で仕事をしていたことからの誤断であろう。

初期の官歴に関する正伝

林蔵の伝記関係の文献で、前記の略伝についで古いものは、彼の病歿直後に、上司たちが老中へ呈出した、跡目《あとめ》相続についての伺書《うかがいしょ》〔参六〕である。次にその初期の官歴と職務に関する部分を引いてみる。

寛政十二申年八月、蝦夷地御用御雇罷成。享和二戌年十月、病気ニ付、願ノ通リ御雇罷（ママ）成。同三亥年四月、猶又蝦夷地御用御雇罷成。……右林蔵儀、蝦夷地御用御雇ノ最初ヨリ、離島「クナシリ」「エトロフ」「シコタン」其外島々ノ地境、寒地積雪ノ時節モ不ニ相厭《いとわ》一、廻島測量致《し》、地図相仕立《っ》。

この二つの資料をくらべてみると、官歴も職務もずいぶんちがっている。後者は公文書であるから、官歴はこれにしたがうべきであろうが、これに林蔵が最初から属島の測量に従事したとしている点には疑問がある。シコタン島のように、林蔵が渡島しなかったと思われるものまで、その測量地域としているところにも問題があろう。他方また、前者は林蔵が蝦夷地へ渡海した年次を寛政十三年としているが、これは明らかに誤りである。渡海は十一年か十二年のことと見るべきである。

村上島之允の従者

いずれにしても、林蔵が村上島之允の従者となって渡海したものであることは前者のいうとおりにちがいない。宗谷《そうや》勤番の津軽《つがる》藩士山崎半蔵の日記にも、「蝦夷初年よりの交《まじわり》にて、弘前《ひろさき》を通る時は予が家へも尋ね、始めは村上島之允門弟にて従者となりて下り、夷地にて召出され、連年詰合《つめあう》」と記されている〔参一四・二九〕。はじめはたんなる島之允の従者であった林蔵が、蝦夷地御用掛の雇にとりたてられたのは、伺書に見えるとおり、寛政十二年八月であったのであろう。では、林蔵はいつ蝦夷地へ渡海したか。

島之允の寛政十年渡海

島之允は、寛政十年、最上《もがみ》徳内《とくない》らと共に、近藤重蔵の東蝦夷調査隊の一員として、蝦夷地に渡った。絵図師《えずし》・算者《さんじゃ》としての仕事が彼の役目で、クナシリ島まで赴いたが、その年の十一月には江戸に帰っている。このときの調査は、ロシアの南下にそなえて、東蝦夷地を幕府の直轄領に移すための準備であったが、翌年正月には、はやくもその七ヵ年仮上地《かりじょうち》の方針が決定した。

島之允の寛政十一年渡海

かくて、蝦夷地御用掛が置かれ、総裁の下に松平信濃守忠明《ただあきら》（書院番頭）ほか五名の主任官が任命された。このとき蝦夷地に出張したのは、主任官では筆頭《ひっとう》の忠明と大《おお》河内《ごうち》善兵衛（使番）・三橋藤右衛門の三人で、島之允も普請役雇として忠明に随行した。忠明の一行が江戸を出発したのは三月二十日で、四月九日に松前へ着いている。松前を立って、箱館《はこだて》・アブタ（虻田）・ムクチ（浦川）・アッケシ（厚岸）・ネモロ（根室）と東南岸を進んだ一行は、シレトコ半島を廻航してシャリに上陸し（島之允はこの時シコタン島へも渡ったと説く人があるが、これは誤りで、彼はたんにシコタン島住民の細工物を土産にもちかえったにすぎない）、ここからは山越えをして、再び東南岸のクスリ（釧路）に出て、それより帰路につき、八月一日に箱館へ着いた。

島之允越年

忠明は八月十七日に松前を立って、九月十日に江戸へ帰ったが、島之允は蝦夷地に越年して任務につくことを命ぜられた（『休明光記附録』巻二）。島之允はその後、文化のはじめまでの数年間、蝦夷地に勤務して、その間、江戸へは帰らなかったようである。

林蔵の渡海年次

とすれば、皆川新作氏のいわれるように、林蔵は寛政十一年四月に島之允の従者として渡海し、それいらい蝦夷地に連年詰合《つめあ》っていたことになる（参二九）。

蝦夷地御用掛雇となる

林蔵が蝦夷地御用掛の雇になったのは、伺書にいうとおり、寛政十二年八月であったと思われるが、間宮家の過去帳には、寛政十一年に普《ふ》請役《しんやく》になったことが記されているらしい。それで、林蔵は寛政十一年に勘定奉行《かんじょうぶぎょう》所属の普請役雇になり、ついで翌十二年八月に蝦夷地御用掛の雇になった、と赤羽《あかば》栄一（壮造）氏は解せられているようである（参二九一中）。しかし、この過去帳は明治以後に書かれたものと思われるので、その記載をそのままに信用し、これと伺書に記しているところを機械的に接合するというやり方は、いかがなものであろうか。

シャモ地での任務

寛政十一年八月に、東蝦夷地の巡視から箱館へ戻ってきた島之允・林蔵の主従は、その後はシャモ地で任務につくことになった。シャモ地というのは、日本人(シャモ)の居住地域という意味で、箱館から一八里ばかり北の山越内《やむくしない》村までがそう呼ばれていた。この年八月十二日、幕府は松前藩の内願をいれて、知内《しりうち》川から東、浦川《うらかわ》までの広大な地域を直轄地に加えたので、箱館を中心とする施設開発のために、幕吏の手不足をきたした。島之允その他が蝦夷地に足どめされたのは、このためであったと見てよい。島之允の最初の任地は箱館から五－六里北の一《いち》ノ渡《わたし》であったらしい。林蔵は十一年から十二年にかけて、島之允のもとでその仕事をたすけていたものと思われる。前記の略伝に、「林蔵、嶋之丞の手附樹芸の事」云々とあるのは、林蔵がまだ島之允の従者であった際のことを言ったのであろう。ただし、三年間も島之允の手附《てつき》となって植林に従事したというのはまちがいで、一年後の十二年八月に雇となった後は、その手をはなれて、何か別の任務についたにちがいない。それについては、前記の伺書や、林蔵の死後、士分《しぶん》を嗣いだ鉄二郎の先祖書《せんぞがき》〔参一六〕に、林蔵は雇になった最初から、測量を主務としたように言っているが、その辺のところにはまだ問題があるように思われる。

測量を主務は疑問

伊能忠敬と邂逅

正式に幕吏になった直後のことと思われるが、林蔵はゆくりなくも、全国沿岸実測の手はじめとして、蝦夷地の東南岸を測量するためにやってきた、伊能忠敬《いのうただたか》にめぐりあっている。このことは、文化八年（一八一一）の冬、忠敬が林蔵に与えた「贈《るの》二間宮倫宗《に》一序」に、「寛政庚申《こうしん》の歳、余また命をうけて蝦夷地を測《はか》り、中路、倫宗と相まみゆ。これより相親しむこと、師父《しふ》の如し」（原漢文）〔参六〕とあるので知られる。庚申は十二年にあたる。ところが、忠敬の測量日誌には、往路・帰路とも一ノ渡に勤務中の村上島之允を訪問したことは記されているが、当の林蔵については全然ふれていない。これは、林蔵が当時はまだ名もない蝦夷地御用掛の一雇員にすぎなかったので、特に忠敬の注意をひかなかったからであろう〔参三六〕。

邂逅の時期

忠敬の友人であった下総《しもうさ》の国香取《かとり》郡津宮《つのみや》村の人、久保木竹窓《ちくそう》(清淵)の書きのこしたものによると、林蔵が忠敬に遇ったのは箱館であるという〔参二八〕。とすれば、それは、林蔵がすでに幕府に登用されて箱館に勤務していたときのことであろう。忠敬が実測の帰路、箱館に滞在したのは、九月十一日から十四日までの四日間であるから、林蔵が忠敬を訪問したのは、その間であったと推測される。もっとも忠敬は往路、六月一日に、一ノ渡の任地に島之允を訪ねているので〔参二四〕、その際すでに林蔵は忠敬に面会しているかもしれない。

忠敬より測量術を学ぶ

それはともかく、箱館における忠敬との邂逅《かいこう》は、林蔵の生涯にひとつのエポックを劃する事件であった。このとき林蔵は、やや本格的な測量術を忠敬から学んだものと思われる。それいらい両人のあいだには、前記の贈序に、「相親しむこと師父の如し」といわれているような、密接な師弟関係が結ばれた。贈序の草稿では、その関係を「林蔵予を待つに師を以てし、予もこれに親しむ親戚の如し」(原漢文)〔参一〕と言っている。忠敬の蝦夷地実測は、このとき一回だけで、彼の『大日本沿海輿地《よち》全図』は、後年《こうねん》、林蔵から蝦夷地の実測資料の提供をうけて完成したものである。その端緒《たんちょ》となったのが、この寛政十二年における両者の邂逅であったわけである。

島之允の本島一周と林蔵

享和元年(一八〇一)の四月から八月にかけて、島之允は松平忠明にしたがって、蝦夷本島一周の大調査旅行をしている。このとき島之允は蝦夷図をつくったものと思われる。享和二年のはじめ、近藤重蔵が従者に命じて作成させた蝦夷図が市立函館《はこだて》図書館に収蔵されているが、これはおそらく島之允の原図に拠ったものであろう。この蝦夷図はおどろくほど整ったもので、島之允の卓越した測量術と製図技術を示してあまりある〔参二九〕。この調査旅行に林蔵も同行していたとすれば、要地の測量と作図には、当然、彼も関係していたはずである。が、残念ながら林蔵随行のことは明らかでない。

退職と復職

享和二年十月、林蔵は病気でいったん退職したが、翌三年にいたり病癒《やまいい》えて、その四月には再び雇として復職した〔「跡目相続伺」〕。前年二月、蝦夷地経営の官制が改変され、蝦夷地御用掛を廃し、かわりに蝦夷地奉行を置いて、戸《と》川安論《がわやすとき》（納戸頭取格）と羽《は》太正養《ぶとまさやす》（目付）の両人が奉行に任ぜられた。ついで蝦夷地奉行は箱館奉行と改称された。林蔵は箱館奉行の雇となったわけである。

東蝦夷地と南千島の測量

このとき以後、文化四年（一八〇七）にエトロフ島でロシア人の襲撃に遭遇するまでの数年間を、林蔵は主として東蝦夷地と、クナシリ・エトロフすなわち南千島の測量・製図に従事していたもののようである。林蔵は文化二年には、天文地理掛りとして、日高《ひだか》の国のシツナイ（静内）で勤務していたが、やがてエトロフ島に転じた。後にいう久保田見達《けんたつ》の『北地日記』の附録に、「我《われ》、間宮林蔵には、乙丑《いっちゅう》の年シャマニに在勤の時、病用有てニイカップへ往く途中、シツナイに始て逢《あう》。夫

蝦夷クナシリ島図

よりエトロフへ着後、彼も来り、弥《いよいよ》懇意にせし」と見えている。が、林蔵はエトロフ島に渡る以前に、その手前のクナシリ島で、測量に従事したもののようである。それはおそらく文化二ー三年のことであったと思われる。

内閣文庫で収蔵している地図類のうちに、『蝦夷クナシリ島図』と題するものがある。これはクナシリ島の西半分だけをかなり精密に描写《びょうしゃ》した地図である。赤羽壮造氏の調査によれば、この図は、南岸のチカップナイにはじまり、北岸のチャシに終っているが、これは、自身で測量した区域以外の蝦夷地に関してはもっぱら林蔵の測量をとっている伊能忠敬の『大日本沿海実測録』中の「クナシリ島従ニチカップナイ、ワタラ一至ニチャシ一三十二里一十六町一十五間」なる記事とぴったり一致しており、また同図上に引かれている各地間の実測線も、同書の記事「従ニトー一至ニケラムイ岬一二里五丁七間、従ニモシリノシナ一至ニトーブツ一経測二里四丁八間、従ニニシキショロ一至ニフルカマップ一経測二里二十八丁二十五間」にあっている。これらの事実は、この『蝦夷クナシリ島図』が林蔵の実測図であることを明白に示している。ただし、図上記載の文字が林蔵の筆蹟と異なっているので、この図は林蔵の実測図そのものではなく、誰かがそれを模写したものか、もしくは林蔵の実測材料にもとづいて、幕府の天文方で調製したものかであろう〔参二六〕。

エトロフ測量

エトロフ島大概図

文化三年中、林蔵はエトロフ島で、この地の測量と新道切開きに従事した。前記『北地日記』の文化四年五月はじめの記事に、林蔵について「此島の絵図を仕《し》立《たて》、新道開方《ひらきかた》を勤めしゆえ、地理も功者《こうしゃ》」と言っている。このときの材料で林蔵みずから作成したエトロフ島図がやはり内閣文庫に収蔵されている。それは『エトロフ島大概図』と題する、幅二尺、長さ七尺ほどの大図である。この地図を林蔵の実測図と判断されたのも赤羽氏である。氏ははじめ図の形状と図上記載文字の筆蹟とから、この図を林蔵の自作と推定されたが、その後さらに会所《かいしょ》の位置や新道の記載からそのことを確認された。この『エトロフ島大概図』を見れば、オホーツク海に面する北岸は、両端のタンネモイから東端のモヨロにいたる七三里の間、全部が実測されているが、太平洋に面する南岸は、会所の所在地シャナ（北岸）の南方にあたるルウチャロからマトウロ島附近にいたる約六里の地と、トシモイからクリンキンにいたる約二里の地とが実測されているだけで、他は未測量地域として点線であらわされている（参一六・一七）。この島の海岸線全部が実線で示されていないのは、翌四年四月にロシア軍艦の襲撃事件がこの地で突発したため、林蔵は測量なかばでエトロフを引きあげなければならなかったからにちがいない。彼は測量材料を懐《ふところ》に命《いのち》からがら島を脱出したのであろう。

林蔵がその開鑿《かいさく》工事に関係したというのは、おそらくこの島の基地シャナちかくのアリムイからルベツ番所にいたる新道であったと考えられる。『北地日記』によれば、この新道は四年五月にはまだ完成していなかったが、上記の実測図には、すでにシンムイ・ルベツ間の新道が図示されているというから、未着手もしくは未完成の区域はアリムイ・シンムイ間ということになる。事実、シャナから敗走した日本人は、敵方の発見をおそれたため、海岸通りの旧道をさけて、この地域を選んで通行したが、アリムイから一時間行程の先は、まったく道のない山中で、熊笹と茨《いばら》を分けての難行の末、ようやく脱出している。

二 エトロフ島武勇伝

エトロフ開島

エトロフが開島されたのは寛政十二年(一八〇〇)で、この時、漁場一七ヵ所をひらき、また郷村の制をしいて、七郷・二五ヵ村の郷村名を定め、村々の酋長を乙名《おとな》あるいは土産取《みやげとり》に任命し、その上に総乙名一人を置いた。当時、この島のアイヌ人は一一一八人を数えた。総乙名のいたシャナがエトロフの中心地で、ここには会所元《かいしょもと》が置かれ、また南部《なんぶ》(岩手県)・津軽《つがる》(青森県)両藩の陣屋《じんや》があった。建物は役所・役宅・長屋・小屋・倉庫など数十棟がたちならび、人員も、幕吏とその従者や両勤

エトロフの軍事的植民地

番所の士卒をはじめ、雇医師・支配人・帳役《ちょうやく》・番人・船手・船頭・大工・船大工・働方《はたらきかた》など三〇〇人ほどがおり、吏員や医師・働方などのうちには、妻子を伴っているものもあった。寛政六年、隣島ウルップに建設された六〇人ばかりのロシア人植民地にくらべれば、この方がずっと大きな軍事的植民地であったことがわかる。林蔵もここに勤務していたのであった。

エトロフ島シャナ附近図（『北地日記』）

文化四年四月二十九日、ロシアの軍艦二隻がシャナの沖合《おきあい》に姿をあらわした。そして、乱暴にも無警告で、この千島最北端の日本人植民地に対して攻撃を加えてきた。この軍艦の指揮者が、前年九月にカラフトのクシュンコタンで狼藉《ろうぜき》をはたらいた、露米会社所属の現役海軍大尉フヴォストフと同少尉ダヴィドフであったこと、またその攻撃が何を目的としたものであったかは、第一節第四項でくわしく述べておいた。

フヴォストフのシャナ攻撃

ロシアの軍艦は、その月の二十四日にナイホの番屋を掠奪《りゃくだつ》・焼却《しょうきゃく》し、番人を捕虜としているが、そのことをシャナでも二十七日の夜に知ったので、二十八日には、当然、予想されるシャナ攻撃の対応策を協議するために、会所で緊急会議が開かれた。シャナの責任者は、箱館奉行調役下役元締《しらべやくしたやくもとじめ》の戸田《とだ》又太夫と同下役の関谷《せきや》茂八郎の両人であったが、彼らは、弾薬が不足しているので、会所の人数と津軽・南部両藩の守備兵とをひと所にあわせて籠城し、相手が近寄ったときにね

緊急軍事会議

久保田見達の積極戦法主張

らい打ちすべきであると主張し、異船を見かけ次第うち払うべきだという、雇《やとい》医師久保田見達《けんたつ》の積極戦法をいれようとはしなかった。見達はなおも、一戦にもおよばず最初から籠城ということは、まだ聞いたこともないと主張したが、けっきょく忌み遠ざけられて、心中ははなはだ不快に思っていると、このときは、林蔵がかたわらから、とても用いられることではないから立腹したもうなと言って、見達をなだめている。

見達の為人

医師の見達が軍評議に出て、先制攻撃を強調したのは、少しおかしいようであるが、じつは彼はねっからの医者ではなかった。もと備中《びっちゅう》(岡山県)松山藩士で、幼いときから武術を好み、また馬術に上達し、軍学も二流をきわめたほどの、立派な武人であったが、武術偏好《へんこう》から身をあやまることがあり、十数年前、主家を去って医師となった人である。見達はロシア人のシャナ攻撃事件の始終を詳細かつ正

北地日記

確に書きとどめた見聞記をのこしている。この見聞記は『北地日記』と題され、

新楽《にいら》閑叟《かんそう》が自らの手記『北槎小録《ほくさしようろく》』をこれにあわせ、『二《に》叟譚奇《そうたんき》』と称して伝えた。『北地日記』には、この事件における間宮林蔵の動静も書かれているので、これによって、シャナ攻防戦の模様を簡単に述べてみよう。

さて、この日、両藩の守備兵は陣屋から会所に引越し、見達や林蔵もほかの幕吏と一緒に長屋を引きあげて会所へ移った。大世帯で場所も狭く、夜はみな蒲団《ふとん》一枚にくるまって寝る始末であった。こんなとき安閑《あんかん》としていられない質《たち》の林蔵は、頼まれもしないのに、夜中、見廻りなどしていたらしく、『北地日記』にこんなことが見えている。

林蔵の夜中見廻り

夜中八ッ半時（午前三時）頃哉《か》、間宮林蔵、身拵《みごしら》へして、提灯《ちょうちん》を持来る。我、半天《はんてん》に股引《ももひき》のまゝにて、地役《じやく》大場専蔵と一所に臥居《ふしおり》候処へ声を掛《かけ》る故、何事ぞと問へば、莞爾《かんじ》と笑ひ、皆煖《あたたか》にて御寐入《おねいり》、嗚呼《ああ》嘆くべし〱といふ故、我言《われいう》、寐《ねむ》るも奉公成べしといへば、林蔵、自得《じとく》して帰る。是自分の心得にて見廻りに出《いで》し也。

林蔵焚出しの手伝を断る

ロシア兵上陸開始

明ければ二十九日、会所は早朝から混乱をきわめた。見達は兵糧《ひょうろう》の采配《さいはい》をふるっていた児玉嘉内《かない》の手伝いを命ぜられたが、心中不快の彼は、そのようなことにはなれないからと一応は断って、林蔵に話をもちかけたところ、林蔵も「敵合《てきあい》その外の様子を見申さず候ては相成らず、台所にすっこんで飯の世話はいや也」とはねつけたので、已《や》むを得ず焚出《たきだ》しの手伝いを引きうけた。そのうち誰やら、会所の上の山手《やまのて》を本陣にしたらよかろうと言いだして、急に草を刈り、幕を張る騒ぎ。ところが、風がはげしく幕はたちまち破れて役に立たなくなってしまった。そこで俄《にわか》に会所の前の土手の上に、板で三、四尺どおり矢切《やぎ》りをつくって、その内側へ南部家の長柄《ながえ》・昇旗《のぼりばた》・吹流《ふきながし》などを立てて荒縄でからげた。これを見て見達は、いかに風が強いからとはいえ、心あるものなら端午《たんご》の節句の飾りつけでも、こんな見苦しい真似《まね》はしまいと言った。

かれこれするうちに、ロシアの軍艦は沖合に姿をあらわした。午後一時を少しまわった頃、異国船は段々ちかより、ついに上陸を開始した。元船《もとふね》二隻は沖がかりしたまま、端艇三隻を浮べて、会所からはシャナ川をへだてた津軽陣屋の方を指して漕ぎよせてきた。沓《くつ》のような形をした二隻の端艇には、見たところ四五人ばかりも乗込み、他の丸太のように細長い三人乗の船には大砲を載せていた。これを見て林蔵は、

林蔵反撃を主張し狂奔

只今、異国人上陸す、如何成され候やといふては、会所門前へ馳出《かけいで》、見切《みきり》ては立帰り、狂気の如くに叫び、如何成され候や、去《さり》とは御手薄なる事と、又走り出す。

と狂奔した。が、戸田・関谷の両人にとりいって軍師《ぐんし》ともいうべき地位にあった南部藩の大砲役大村次五平《じごへい》は、林蔵がいくら叫んでも取りあわず、会所の玄関の式台《しきだい》にすわったまま、五人や一〇人上陸したとて何ごとかあろうと、反撃に出ようとはしなかった。前日は立腹するなと見達をなだめた林蔵であるが、この日はまるで狂人のようになって反撃を主張し、それがいれられないと激怒して、「此

ロシア兵発砲

義は御老中に申上る」と言いつのった。大村はナイㇹの捕虜をのこらず取りもどし、その上は計略でどのようにもなろうと、たかをくっていた。戸田・関谷もその意向だったので、軍使として支配人の川口陽助を海岸へ赴かせた。が、相手ははじめから日本人植民地の壊滅を意図していたので、これを問題にもせず、川向うに上陸すると、さっそくに大砲を引きあげ、大砲・小銃を撃《う》ちだした。たちまち陽助は股《もも》をうちぬかれ、アイヌ人の肩につかまって会所へ退いた。陽助が撃たれたときすぐ応戦すれば勝算はあったが、日本側はまだ発砲しようとしなかった。やが

(文久元年刊・大内余庵『東蝦夷夜話』)

日本側意気沮喪

シャナにおけるアイヌ人防戦の図

て、ロシア兵は粕屋《かすや》に拠って銃撃を続行した。

日本側もようやく意を決して応戦したが、なにせ実戦の経験がない悲しさ、敵方の弾丸がばらばら飛んでくるのにあきれてうなって飛びさる敵弾の行方をながめていたり、玉込《たまご》めをはやくすることも忘れて、一発うってはしばらく先を見やっているという塩梅《あんばい》であった。これでは戦《いくさ》にもなにもならない。その上、軍師気どりの大砲役大村次五平も日ごろの広言《こうげん》はどこえやら、まったく意気沮喪《そそう》して、弾薬不足と称して一発も放たず、一足さきに山中さして逃げだしてしまった。医者の見達も、さすがに見兼ねて、自ら百目玉筒を二町もある山の上へかつぎあげたが、いざ撃《う》とうとすると鋳型《いがた》ちがいで弾丸があわない。さらに南部陣屋の前を馳け下り、一貫七百目玉の大筒を見るに、枠《わく》に載せたままで、撃つべき仕掛けもない有様。これで国防第一線の陣地だったというのであるから、見達ならずとも呆《あき》れかえらざるを得ない。

施設炎上

やがて敵方の占居していた粕屋が燃えだし、追々そばの小屋に燃えうつった。さらに南部陣屋からも出火して、夜に入っても白昼のごとき明るさであった。

以上、久保田見達の実験談によって、戦闘の有様を述べてみたが、小宮山南梁《こみやまなんりょう》の『徳川太平記』(第九編)は、他の記録によって、次のようにも記している。

徳川太平記の記事

魯人《ろじん》は猶《なお》迫り来りけるに、津軽の陣屋は風上なるゆゑ自ら火を放ちて焼立たるに、魯人その煙りにむせびて進み得ず、浜辺の漁小屋へ入り、これを楯に取て大小砲を打出す。本船二艘よりも時々、大砲を発して声援《せいえん》をなせり。かくては、此砲戦《たたかい》いつはつべしとも見ゑざりしが、こなたには弾薬已《すで》に乏しく、彼方《かなた》の短艇も申刻《ななつ》(午後四時)ばかりに本船へ引上げぬ。此方《こなた》会所の屋上・玄関・表門等、みな大砲に当りて砕けしゆゑ、人々は皆逃去れり。

北地日記以外に真正の記録なし

この記にも見えている津軽陣屋に自ら火をかけたという話については、見達は「我未《いまだ》その実否を知らず」と言っている。文化四年のエトロフ事件に関する記録は、事変直後に幾十種となくつくられたが、新楽《にいら》閑叟によれば、それらはいずれも、「一つとして信をとるものなし」といわれるようなものばかりであった。こうした、責任のがれから故意に事実と相違したことを述べたものや、あるいはよいかげんな聞書きが多かった中で、見達の『北地日記』は、自ら「直二陳《ちょくちんし》辺事一《を》、無二《し》少顧忌一《しもこきすること》」と言っているように、厳正なる実験談であったのである。ふたたび『北地日記』にかえって、その後の模様を書き綴ろう。

退却に一決

弾薬も不足し、戦況の不利に臆病神《おくびょうがみ》がついた戸田・関谷の両人は、会所の居間に引込んで嘆息するばかりである。やがて評定が開かれたので、見達は、みなみな心を一つにして、鳴りをしずめてひそんでいたならば、敵方では、こちらはもはや逃げ去ったものと思いこんで、上陸してくるであろうから、その時、一度に切って出て勝負を決すべきである、もしも不成功におわったならば火をかけて、逃げるものは逃げるもよし、死のうと思うものは斬《き》り死《じに》したらよかろう、と献策した。これを聞いて関谷が、力戦して死ぬことは少しも厭《いとわ》ぬが、敵が北方のナヨカから上陸して、上の山へのぼり、自分たちがひそんでいるところを眼下《ました》に鉄砲をうちかけ、どんころりと殺されるのも、智恵《ちえ》のないことであるから、ひとまずこの場を立退《たちの》いてはどうか、ここは齢《よわい》五〇になる自分の申すことを聞いてもらいたい、と言うので、さっそく立退きということに相談は一決した。南部・津軽両藩の重役を呼出して、このことを告げたところ、彼らも「御下知《おげち》に候はば如何様《いかよう》にも仕る可し」と言って、別に異議はない。

林蔵退却の評議に預らぬ証文要求

ちょうどそこへ林蔵がはいってきたので、見達はこれを別室に呼びいれて、次

第を語った。話をきいて憤慨した林蔵は、声高《こわだか》に、

是は大事の儀也。我等も相談にのりて立退《の》くといふ事聞《きこゆ》る相成らず。相談にのらぬといふ証文をとらん。

といきまいた。が、この場におよんで、誰が証文など書くものか、ただし足下《そっか》にひとり残ってよい謀《はかりごと》でもあれば、計略によっては自分も従うであろう、と見達から言われて、さすがの林蔵も、ひとりではしようがないと考えたのか、退却に加わることに同意した。

証文要求に関する別伝

シャナ退去にあたって林蔵が証文をとろうとした件について、国会図書館所蔵の『丁卯《ていぼう》筆記』(『北地日記』を主とし、他の関係記録から補ったもの)は、次のように伝えている。

間宮林蔵は役所より脇の土蔵の内に入て、赤人の来るを見て伺ひ、あちこちと差図《さしず》して居たりしに、最早玉薬《たまぐすり》尽て一統の者共退《のか》んとせし時に、林蔵壱人見えず。一人の言《いう》に、林蔵にはあれなる土蔵の内に在て所々の下知《げち》致されしを見たり、定《さだ》めて彼所《かしこ》こそおはすらんといふ。人して尋ねければ果して然り。一統にルベツの方へ退んと思ふにぞ足下も

一同に来玉《きたりたま》へといふに、林蔵聞て、預れる役所を引退事やある、吾は後こそせまし、定《さだめ》て左《さ》あるべしと思ひし故、兼て認《したため》置し也とて、懐中より書一通出す。大意は、此時に及んで防戦術《すべ》尽ぬ、一同に引退くべし、我々両人其事足下をすゝめ引退く事也、少しも足下の臆病に非ずと云、関谷・戸田両名の書付を差出し、此方《こなた》へ印形《いんぎょう》致されければ拙者は引退べしと答ふ。使せし人も甚だ当惑せし也。依レ之夷の乙名《おとな》共行て、足下の退玉《たもう》は我我証拠となるべし、決而臆病の沙汰に非ずと言て、漸《ようやく》に引退ぬ。故に林蔵は御咎も薄し。其人木訥《ぼくとつ》にて直情也、言語も味なく、世態にもうとき人也。

惨憺たる退却

落ちゆく先は、シャナから五里ばかり南のルベツであった。ちかくのアリムイで落ちあった二〇〇名ばかりの一行は、灯《ともしび》とてなく一寸先の人もわからぬ暗夜を出発した。一時間ばかりも行くと夜があけそめ、五月一日の朝を迎えた。が、それからは、道もないところを熊笹《くまざさ》・茨《いばら》を押しわけて進む、山越えの難行であった。こんな苦労をしたのは、アリムイ・ルベツ間の新道はまだできあがっていなかったし、その旧道は海岸通りで、敵に発見される危険があったからである。山越えの途中、戸田は責任を感じて自殺した。一行はシャナから二里ばかりのシムイというところで海岸ちかくに出たが、そこの小高いところからシャナの方を眺めやると、敵艦は帆をおろして、悠々《ゆうゆう》と繋船《けいせん》している。この光景を見て見達は、「無念とも残念ともいふべき限りなし」と悲憤した。戸田の自殺からみな気が転じたのか、ようやく大胆になって、敵の目を忍ぶ心もなく、ここからは海岸の道を通って、夕暮時にルベツへ到着した。

ルベツに着く

ルベツに着いた関谷は、あまり残念だから、ここで敵を引きうけて一戦におよびたいと言いだしたが、シャナの会所を棄て、武器ひとつないこの草小屋で戦うなど、無謀もはなはだしいので、誰もこれに従おうとはしなかった。それで夜中ここから船出して、翌二日朝八時にフウレベツへ到着した。

林蔵エトロフ島に留る

このとき、関谷は林蔵に向って、シャナの会所にはロシア人が居残っているかもしれないし、また妻子連れの児玉嘉内《かない》や、この島の北端シベトロで越年していた平嶋長右衛門の安否も心配だから、自分はアイヌに変装して、とくと見とどけた上で、箱館奉行に注進したいと思うがどうだろう、と相談をかけた。林蔵がアイヌ語も知らず、地理に不案内な関谷よりも、自分が残った方がよかろうと申し出たところ、番人や船頭のうちにも、残留を願いでるものがあった。が、間者《かんじゃ》（間諜）のことだから一両人がよかろうということで、関谷と林蔵が居残ることになった。奉行への注進は見達が引きうけ、直ちに幕吏を乗船させてフウレベツを立った。見達は五月十八日に箱館へ着いている。

林蔵箱館に帰る

『北地日記』は、エトロフ島に残った林蔵の消息をつたえていないが、関谷については、「敗走後、フウレベツにて児玉初て関谷に逢《あう》。関谷は此所に踏留り居残る也といはれしを、児玉、是非同船して往《ゆく》べしとて、クナシリ迄関谷と同道されたり。関谷は又々取て返しエトロフへ渡り、児玉は急ぎ箱館へ出也《いでし》」と言っている。林蔵も児玉嘉内と前後して箱館へ戻ったと思われる（新装版付記②参照）。

シャナ放棄後のロシア人の動静

最後に、シャナ放棄後の、その地におけるロシア人の動静であるが、それについては、『徳川太平記』(第九編)に、

明《あく》る五月朔日《ついたち》も、昨日の如く魯船《ろせん》にては大砲を放ちたれども、こなたには一人も居《おら》ざることゆゑ、魯人上陸して翌二日まで、蔵々の諸貨物、会所の諸調度一切奪ひ取り、其あとを焼払ひ、日光大権現《だいごんげん》及び稲荷《いなり》・弁財天《べんざいてん》の三社、竝《ならび》に三－四町を隔てゝ高田屋嘉兵衛《たかだやかへえ》が勧請《かんじょう》せし讃州(香川県)金毘羅《こんぴら》の祠《やしろ》まで皆放火したり。此地より一里ほど隔りてアリムイと云へる所に、番屋《ばんや》竝に納屋蔵《なやぐら》ありしが、是をも物品を掠奪して放火し、魯船は立去りたり。

と言っている。

林蔵直話と称するシャナ事変記

『北地日記』に記されている、エトロフ事件のだいたいと、その際における林蔵の活躍は以上見られたとおりであるが、やはりこの事件に関しての記録である『丁卯《ていぼう》筆記』(国会図書館蔵)に、林蔵みずから村上島之允(秦檍丸《はたあはぎまろ》)に語った話であるといって、騒動の模様を次のように伝えている(島之允の箱館滞在は七月二十六日から八月七日)。

間宮林蔵の語りしとて、檍丸《あはぎまろ》の語りしは、魯西亜《ロシア》人のナイホを焼打せしといふ事注進有

林蔵先制攻撃を主張

しかば、諸人大きに驚て、如何はせんとあはてまどふ事限なし。まづ南部の陣せし所へ早打をもつて告知らせしかど、彼所《かしこ》は凡四十五−六里を隔たれば事はかどらず、彼是と取集て人数弐百計《ばかり》をあつまりぬ。是人数にては防戦も心易しとて、彼《か》しこ爰《ここ》と陣取て居たる所に、早赤人《あかひと》が舟の見え来るといふ。処は谷合にて両方高くして薬研《やげん》の形の如く、屈竟《くっきょう》の防場《ふせぎば》にてありしかば、津軽・南部の勢《ぜい》ども備《そなえ》を小高き所に張て、もし役人どもより差図あらば下り、（一脱カ）挙に打出さんと矢石を揃へて待居たり。然る処に一番の赤人共十七八人上陸して何かと物言しかど、壱人も出会ふものなし。されども言語通ぜず、其上にさして掠《かすめ》る様もなし。あちらこちら伺ひ見、所々の役所にて蔵を見物して、鉄砲にてかためし処へ二十間斗《ばかり》も間近く来り歩しかば、間宮林蔵もはやナイホを焼し事なれば、少しも遠慮なく一人も残らず打殺さんと申せしかども、戸田・関谷・児玉の三人いかゞ思ひけん、兼て官より内命有て、赤人来るともみだりに打払ふべからず、能々《よくよく》様子聞合たる上取計ふべしとの事也、あまりにはやまりては事の破れ仕出しけん、まづ〳〵とくと聞合すべしとて、見合たる時に、右の十七−八人の者ども皆々船に帰りたる。暫くありて又々廿人ばかり上陸して、前のごとく伺ひたり。此時も皆々見合せ居て手を出すものなく、此廿人の者も又々船に乗て、三度目に三十余人上陸す。兼て望遠鏡を備へたれば

林蔵立腹

> 鏡にて伺ふに、此度は船より大砲を出して陸に上りぬ。砂地にて車を引事あたはざれば、皮の様なるものを下に敷て砲を架《か》しぬ。すは事ぞ出来《いできた》れと言程《いうほど》こそあれ、林蔵壱人頬に腹を立怒りしかども、跡《あと》なる三人は皆々何と心得しにや、手さし《(ママ)》すべき気力もなく、只あきれまどへる斗也。はや砲に火をさしければ、其声百雷の落るごとく、高き山を目当に打つけたり。その声におどろきて皆々腰をぬかし、少しは鉄砲など打しかど、只に手をつかねて見物したる斗なり。赤人は得たりと船の人皆々上陸し、蔵々の雑穀奪取、船に取入、其後、処々に火をさしたり。折節浜風強くして、作竝《つくりならべ》たる役所・板蔵一度に灰燼《かいじん》とぞ成にける。凄人《(ママ)》ともたれわしるとなく、うちくずれして引退く。

直話か否か疑問

参考までに、林蔵の直話《じきわ》と称するものを紹介したが、これが果して彼の実話かどうか、問題があるように思う。筆者に作為はなかったにしても、林蔵の話そのままでないことは明白である。例えば、南部藩の勤番士たちが詰めていたところへ早打ちで知らせたが、同地はシャナから四五―六里も離れていたので、事ははかどらず、云々《うんぬん》と言っているのなどは、まったくのつくり話である。夏のあいだエトロフ北端のシベトロに勤番したのは、南部藩ではなく津軽藩であり、しかも、事変の起ったときは、同藩士の大半はシャナの津軽陣屋へ引上げて越年したままで、まだシベトロへは赴いていなかった〔『北地日記』附図〕。こういうわけであるから、『丁卯筆記』に見える林蔵の話というのは、あまりあてにならないようである。

久保田見達林蔵に再会を願う

シャナの防戦で林蔵と肝胆《かんたん》相照らすところあった見達は、文化七年八月九日、江戸の寓居《ぐうきよ》に四五歳で病歿したが、死の直前に書いた『北地日記』の附録で、なお北地にとどまる林蔵をしのんで、「我沈痾《ちんあ》愈《いえ》る事もありて命あらば、今一度林蔵に逢て、此節の事咄《はな》して一笑せん事、生前の願ひ也」と書いている。が、翌年正月、林蔵が帰府したとき、見達はすでにこの世になく、ともに手をとって当時を語るに由なかった。

ゴロヴニンの林蔵評

エトロフ事件における奮闘は、林蔵の自慢であり、また周囲のものも林蔵の勇気を認めていたもののようである。ロシアの海軍中佐ゴロヴニン（Golovnin, V. M.）は、その『日本幽囚記《ゆうしゆうき》』〔参四一〕で、文化九年（一八一二）二月に、松前の獄舎に彼を訪れた林蔵について、「この測量家と知合ひになつた匆々《そうそう》の頃、彼は日本では学

林蔵の銃創

者として有名なばかりでなく、卓越した武人として名誉の者であるといふことを知つた。フヴォストフが日本を襲撃した時、彼は択捉《エトロフ》島にゐて、他の同僚たちと一緒に山中に退却したが、幸ひロシャの小銃弾が一発、背部の軟い場所に命中したが、倒れずに無事に落ち延び、その功によつて官位を授けられ、現在でも年金を貰つてゐるのである」と言っている。林蔵がシャナの戦闘で銃創《じゅうそう》をうけたことや、その功によって官位を与えられ、年金を給せられたことは、ゴロヴニンの手記に見えているだけであって、果して事実かどうか疑わしい。これはゴロヴニンの聞きあやまりか、己れの武勇を語る林蔵の話が少々、誇張にわたったかであろう。

林蔵の大言壮語

それはともかく、林蔵の大言壮語にはゴロヴニンも少々辟易《へきえき》したらしく、

間宮林蔵はわれわれの面前で大言壮語して、「フヴォストフの来寇があつた後に、日本側では三艘の船をオホーツクに送つて、同地を土台石まで焼払はうと思つてゐましたよ」といふこともあつた。われわれは笑つて、から冷やかしてやつた。

「日本側がオホーツクに到る航路を発見出来ないのは遺憾千万ですな。さもなくて三艘

ではなく、三十艘なり、三百艘なりの船を送つて見るのも良かつたかも知れません な。おそらく一艘も日本には帰れなかつたでせう。」すると間宮はむつとして、「日本人は戦さにかけては外国に負けない」と説得するのであつた。この男はわれわれの目の前で日本の兵術を自慢して、われわれを威嚇《いかく》した最初の日本人であつたことを、特記して置かねばならぬ。そしてわれわれだけでなく、彼の同僚にまで、嘲笑されてゐたのである。

ゴロヴニンの揶揄

と揶揄《やゆ》している。この林蔵と会見したくだりのゴロヴニンの手記について、明治四十三年に日本で露文の『日露関係 北日本史料』を刊行したロシアの史家ポズドネーエフ (Pozdneev, Dmitrij) は、同書第二巻の結論で、

いつも真摯《しんし》で、慎重《しんちょう》なゴロヴニンが、この場合、彼にもおとらず真摯な間宮林蔵の言葉に対して、こんな軽率な態度をとつたのは惜しいことである。不幸にもゴロヴニンの同胞たちが、彼の全日記のうちから身につけたのは、日本人の戦争能力に対するこの冷笑的な気分と態度だけでしかなかった。だから一世紀後の今日になって、「もはやW・M・ゴロヴニンは間宮の言を嘲笑しはしまい」と断定せざるを得なくなったのは残念である。

と批判している〔参四一〕。だが、ひとり勇者林蔵がいかに豪語してみても、当時の武

日本兵の戦闘能力

士が勇気にとぼしく、武備もまたはなはだ貧弱で、外国軍隊に対してはほとんど戦闘能力をもたなかったことは事実であって、かならずしも、ゴロヴニンの観察があやまっていたわけではない。日露戦争の敗因は、幕末以後における日本の革命的進歩を過小評価した、当代ロシアの指導者たちの認識不足にもあったわけである。

第四　第一次カラフト探検

一　林蔵の選抜と高橋景保

なおカラフト奥地の事情不明

幕府が天明五年(一七八五)にカラフトの調査をはじめてから、調査員の派遣はすでに三回におよんだが、なかなか奥地の正確な状況を知ることはできなかった。

幕府第四回カラフト探検を計画

ロシアの南下にそなえて、カラフト防衛の計画を立てるためには、その奥地の地理を明確にすることが急務であり、またカラフトを開発するためにも、日・清両国の国境はカラフトのどこかということを知る必要があった。それで幕府は、蝦夷地全部の直轄を決定した文化四年(一八〇七)のはじめ、第四回目のカラフト探検を計画した。この計画の実施は翌五年に延期され、調査員の人選にも紆余曲折《うよきよくせつ》があって、けっきょく間宮林蔵と松田伝十郎《でんじゅうろう》の二人が派遣されることになった。

林蔵と松田伝十郎とがカラフト探検の担当者になったのには、どんな経緯《いきさつ》があったのであろうか。それを明らかにするには、林蔵がエトロフを退去した後、その年のうちに江戸へ帰ったかどうかということをまず考えてみる必要がある。

文化四年帰府は疑問

六月二十一日、林蔵はエトロフ敗走について箱館奉行の取調べをうけたが、やがて十月十七日には、敗走の責任者として、調役下役《しらべやくしたやく》の関谷《せきや》茂八郎ら四名を差出すべしという指令が、江戸から発せられている〔『休明光記』巻九〕。林蔵もこれらの人々に混《まじ》って帰府したと考えられなくもない。また文化八年、伊能忠敬《いのうただたか》が林蔵に与えた「贈《るの》三間宮林蔵赴《くに》二夷地《に》一序」に、「文化戊《ぼ》辰《しん》年、再入二夷地一」云々《うんぬん》と見えるのは、文化四年中ひとたび帰府した林蔵が、翌戊辰の年すなわち五年に再び蝦夷地へ赴いたことを示すものであると解する向きもある〔参八二〕。が、林蔵が文化四年に帰府したということは疑わしい。

忠敬贈序の草稿

高橋三平邸に寄遇

まず召還の点であるが、身分が低く、エトロフ防衛に責任のない林蔵までが、江戸へ呼ばれて訊問《じんもん》をうけるということは理解しがたい。問題は忠敬の贈序に、文化五年、再び夷地に入り、云々と言っている点であるが、これは、その草稿に見えている語句で、決定稿（贈二間宮倫宗一序）〔参六・三六〕では、「其後」云々と書きかえられている。とすれば、これを文化四年に江戸へ帰った確かな証拠とは見なすことができない。しかも、文化四年の暮には、林蔵は松前《まつまえ》奉行（十月、箱館奉行を松前奉行と改称）の支配吟味役高橋三平の邸に寄寓していたことが、伊能忠敬あての三平の年始状によって知られるから〔参三六〕、これは「文化五年蝦夷地に入る」とはあわないことになる。文化五年は同四年の誤記と考えられないこともないが、箱館から江戸への行程は普通一ヵ月を要するので、十二月の初旬に江戸へ到着〔『休明光記』巻九〕すると同時に取調べをうけ、それがすむと休む暇もなく、蝦夷地へとってかえしたとしても、同年中に松前へ到着するのは、時間的に無理のようである。

忠敬訪問の事実なし

そればかりではない。江戸へ帰ってきたとすれば、当然、林蔵は忠敬を訪れているはずであるが、この年の忠敬の日記にはそのことが見えない。林蔵にふれたものとしては、十月十三日の条に、この日、箱館奉行調役下役《しらべやくしたやく》の庵原《いおはら》直一が訪れて、林蔵の依頼だといって羅《ら》鍼《しん》儀《ぎ》二箇を至急譲ってもらいたいと申入れたこと、またエトロフにおけるロシア人の狼藉《ろうぜき》について林蔵の伝言のあったことが記されているだけである〔参三六〕。これによれば、九月の中ごろまでは、林蔵に江戸へ帰る予定のなかったことが明らかであり、したがって、関谷らに対する幕府の召還命令とは関係なしに、一足さきに江戸へ向かったということも考えられないことになる。

蝦夷地防衛に狂奔の時

しかも、フヴォストフらのエトロフ・カラフト侵掠の報に、蝦夷地はあげてその防衛に狂奔していたときである。そのため江戸からも、最上徳内・高橋次太夫・近藤重蔵・村上島之允ら蝦夷地調査の専門家が、ひとり残らずかりだされてやってきていた。この際、林蔵ほどのヴェテランが、任地をはなれて江戸に帰るなどということは、とうてい許されなかったはずである（新装版付記③参照）。

陣地の選定に従う

変報に驚いた幕府が防備の実況を調査するために蝦夷地へ派遣した堀田摂津守正敦《まさあつ》が、箱館へ到着したのは七月二十六日であった。このとき林蔵は命をうけて陣地の選定に従事している。跡目《あとめ》相続伺は、これについて、「文化四卯年、堀田摂津守殿蝦夷地巡回ノ節、箱館在所月ノ台其外、城地可ニ相成ニ要害ノ地見立可ニ申上ニ旨申渡有レ之、所々深山迄入込、格別骨折相糺《ただ》シ」（参六）と言っている。

推薦者を高橋三平とするは非

私は、カラフト探検の担当者として林蔵を推薦したのは、幕府天文方《てんもんかた》の高橋景《かげ》保《やす》ではなかろうかと、前々から推測していた。が、改めて文化四年中の林蔵の動静を調べてみたところ、上記のように、この年、彼は江戸へ帰らなかったことがほぼ明らかになった。それで、この推測にあまり自信がもてなくなったわけであるが、まだ自説をすてきれずにいる。

赤羽《あかば》壮造氏は、林蔵の推薦者を松前在勤の高橋三平と推測されている（参二七）。しかし、林蔵の選定が松前在勤の奉行羽太正養《はぶとまさやす》によって、蝦夷地かぎりで決定されたものでなかったことには明証がある。さきに言った伊能忠敬あて高橋三平の年始状に、

推薦者は高橋景保

右エトロフ乱妨等之節、間宮林蔵儀ハ大キ骨打、同所ニて一人と相聞《きこえ》申候。此節ハ私方ニ罷在、絵図など相認《したため》罷在候。然ル処、東都ヨリ之御下知ニて、同人儀もカラフト見分之儀仰蒙リ、程なく出足《しゅっそく》仕候積に相決し申候。相変らず大丈夫ニ根強《ねづよ》ニ相勤《め》、いかにも一チ人物に御座候。〔参三六〕

とあるところを見ると、林蔵をえらんだのは、明らかに江戸在勤の奉行であったことが知られる。とすれば、林蔵の推薦者を景保とする推定はまた改めて考えなおしてもよいことになる。後でくわしく述べるように、林蔵はカラフト探検中に二度まで未見の景保に中間報告をおくっている。このことは右の推測を強めるものであるといえよう（新装版付記④参照）。

景保に世界図新修下命

景保がカラフト探検の担当者の選定に関係したと考えられる、もっとも大きなよりどころは、彼が幕府から世界図新修の命をうけて、その作成に苦心していたということである。

幕府は天明五年に、北辺の地理を明らかにしようとして、第一次蝦夷地探検隊をおくりだしたが、同時に一方では、世界地図上における日本の位置を明らかにする必要にせまられて世界図の研究にもとりかかっている。それがまだ完成をみなかったところに、かねて危惧《きぐ》されていた北門の脅威が突如、具体化したため、幕府はいよいよ世界図新修の必要を痛感して、その完成を当時まだ二三歳の青年学者で、天文方の職にあった高橋景保に命じたのであった。

世界図新修の内命

景保が林大学頭から万国地図の作成を命ぜられたのは、文化四年十二月であった〔『新訂万国全図』凡例〕。このときすでにカラフト探検に林蔵を用いることは決定していたのであるから、私の推測は時間的に矛盾することになりそうである。しかし、地図の作成が正式に命ぜられたのは十二月であったが、その内命は、フヴォストフによるカラフト・エトロフ攻撃事件が江戸に報ぜられて、幕府が北地防衛の強化に乗りだした直後、景保に伝えられたものと考えられなくはない。

景保は任命者ならず

蘆田《あしだ》伊人《これと》氏はかつて、間宮林蔵にカラフト探検を命じたのは高橋景保であるとされ〔『シーボルト研究』〕、私もまた旧著で不用意に、カラフト探検の幕命は景保より間宮林蔵・松田伝十郎の両人に伝えられたのであると言っている〔参四〇〕。カラフト探検はもちろん松前奉行の管轄であるから、天文方にそれを命令できる権限のあろうはずがない。命令系統がちがう。しかし、天文方とて、測量に関する仕事である以上、その人選に関して建言することはできたであろう。それで、林蔵を推薦したのは景保であるとしても、無理な推定ではあるまい。では、景保が林蔵をえらんだのには、どんな経緯《いきさつ》があったのであろうか。

幕府が今度の第四次カラフト探検を計画したのは、次のような事情からであった。ロシア人の千島南下の脅威に直面した幕府は、寛政十一年（一七九九）、東蝦夷地を、その直轄地とするため松前藩より収公した。そして、その一部である南千島の防衛と開発を積極的におこなうことになり、翌十二年にはエトロフ島にまで経営の手をのばした。それから四年目の文化四年（一八〇七）の四月に突発したのが、かのフヴォストフのエトロフ攻撃事件である。彼はすでに前年九月、カラフトにおいてアニワ湾のオフィトマリほか二ヵ所を攻撃しており、この年かさねてカラフトを侵すと同時に、エトロフ・リーシリ（利尻）の二島にも攻撃を加えたのである。

ロシアのカラフト侵攻

このときのロシア人の侵攻の目的は、日本を威嚇《いかく》して通商を開かせようとするにあって、永久占領の意図はなかった。が、この変報に接した幕府の驚愕は非常なものであった。幕府はこの年三月、すでにロシアの脅威にそなえるため、西蝦夷地と北蝦夷地（カラフト）をも、東蝦夷地同様にその直轄地にうつすことを決定したが、その直後、カラフト・エトロフ入寇の報が相ついで江戸に達したのである。

第四次カラフト探検のことは、この年のはじめにはもはや決っていたようであるが、ロシア人の狼藉《ろうぜき》を見るにおよんで、国土防衛のために、その必要性はさらに強く感ぜられるにいたった。

国土防衛とカラフト探検

これもまた国防計画の一端といえるわけであるが、上記のとおり、幕府は世界図の作成を景保に命じている。世界図を作成するにあたって、景保がいちばん困難を感じた点は、カラフト北部の地理が明確でないことであった。うそのような話であるが、両極は別として、世界地図上に残されていた最後の不明確地点がカラフト北部だったのである。したがって、この地域の地理を明らかにしなければ完全な世界図をつくりあげることはできなかったわけである。それで、根本的な問題解決はカラフト全島の沿岸踏査を遂行するにある、と考えていた景保としては、今次のカラフト探検に期待するところが非常に大きかったのである。カラフト問題を解決して、完全な世界図を作成することは、もちろん国防上の必要に応

世界図作成とカラフト探検

ずることであったが、青年学者高橋景保の胸中には、別に一つの思惑《おもわく》が秘められていたものかもしれない。それは、われこそ世界における最初の完全な万国図の製作者たろうとする、青年らしい野望である。

林蔵は最適任者

それはともかく、景保にとっては、カラフト探検の担当者はこの困難な仕事を完遂しうる能力をもった最優秀人物でなければならなかった。カラフトをその最北端まで踏破しようとするには、勇猛心と強健な体力とが必要である。が、景保としてはそれだけでは満足できない。測量ができ製図の能力をもつものでなければ適格者とはいえない。景保は、これらの点で最適任者として、まだ会ったこともない林蔵を選んだのであるが、彼に林蔵を推したのは伊能忠敬であったと思われる。忠敬は、林蔵とは寛政十二年いらい師弟関係にあり、その後は会う機会もなかったようであるが、東蝦夷地・千島測量の業績やエトロフ島であげた勇名などから、林蔵の探検家としての資質をそうとう高く評価していたにちがいない。

忠敬自身としても、将来、日本実測全図を完成するには、林蔵の調査資料を利用しなければなるまいという腹づもりがあったのであろう。

最初は徳内と次太夫の予定

当初、箱館奉行は、調役並《しらべやくなみ》の最上徳内と高橋次太夫の両人を、文化四年中にカラフトへ派遣する計画であった。この計画は、この年三月、西蝦夷地直轄と同時に決定したが、翌四月にいたって、探検決行の時期は翌五年に延期された。この頃ちょうどロシア人カラフト侵掠の飛報が江戸にはいったので、幕府はカラフト対策を変更し、翌五月一日、箱館奉行に対して、徒《いたず》らにロシアと事を構えることをさけるために派兵はとりやめて、松前藩がこれまでやってきたとおりアイヌの撫育《ぶいく》にとどめる方針であることを伝え、さらに同月九日、カラフト調査に関しては、「からふとの儀、当年は蝦夷人計《ばかり》にて差置、彼島周廻竝《ならびに》異国之様子見《みさ》せ候儀、来年軽き者一両人差遣し、其様子次第、支配向之者遣候儀は尚又伺之上取計可レ申事」と指令した〔『休明光記附録』別巻、一巻物、巻三。同別巻、巻二―参一六・二七・三〇〕。カラフトの全岸踏査と清《しん》国と

探検延期と人選変更

の国境を見きわめる仕事に、徳内と次太夫を派遣することをとりやめて、雇や下役のような低い身分のものを遣すことに、方針がかわったわけである。これは、事変直後のことでもあり、その後におけるロシアの出方も予測がつかないので、身分の高いものが従者をつれて集団で渡海することをさけようとした、当局者の消極主義から出たものであろうが、一つには、少数精鋭分子の挺身で実功をあげようとする意図でもあったにちがいない。かくて、調役下役松田伝十郎と雇間宮林蔵とが、カラフト周廻見分の重責を、徳内と次太夫にかわって負うことになったのである。

少数精鋭主義

人選の変更が少数精鋭主義に出たものであろうことは上述のとおりである。徳内は寛政四年(一七九二)に、次太夫は享和元年(一八〇一)に、それぞれカラフトの一部を探検した経験者である。殊に徳内は、それまで蝦夷に渡ること八回という、この道のヴェテランで、しかも精力絶倫《ぜつりん》、老いを知らぬ人であった。が、もはや齢《よわい》は

林蔵・伝十郎を選定

五三を数え、いかに老練とはいえ、人跡《じんせき》まれな極寒の地を踏査・測量するには、もう適任者とはいえなかった。次太夫とてもまた同様である。

人選変更のことを知って林蔵を推薦したのは景保であったと思われる。これが当局者のいれるところとなったのであるが、同行者松田伝十郎が選ばれた事情は明らかでない。蝦夷地詰《づめ》の津軽藩士山崎半蔵の日記（函館図書館蔵）に、「此処又々見分の者差遣し、何れ地境に可ニ相成一場所見切《みきり》罷り帰候様被ニ仰付一候に付、調役下役松田伝十郎申上候処、差遣し候手続可ニ申上一旨」云々《うんぬん》とあって、伝十郎が進んで出願したかのようにも考えられるが、この記文の意味はじゅうぶんには捕捉しかねる。なお半蔵の日記には、

此度、伝十郎一人にてハ如何可レ有レ之として、御雇普請役（松前奉行雇の誤り）間宮林蔵儀、天文方専《もつぱら》心得も御座候ニ付、下役として差添《さしそえ》遣て、手廻弁利《てまわりべんり》に相成る可《べく》、云々。〔参二七〕

とも見えている。半蔵は、まず伝十郎の派遣が決定し、その差添えとして林蔵が

先ず林蔵を選定

えらばれたと言っているが、この記述にはあやまりがある。カラフト見分の命令が、前年来ソウヤの警備にあたっていた伝十郎のもとに、飛脚で伝達されたのは文化五年二月十六日であって（『北進日本の先駆者たち』松田伝十郎伝）、彼の『北夷談《ほくいだん》』（第三）には、「同年、カラフト島奥地・山靼《さんたん》地境検分申渡さる旨、吟味役高橋三平印状を以ソウヤへ申来り幷《ならび》に御雇間宮林蔵召連《めしつれ》相越すべき旨申し来る」とある。ところが林蔵派遣のことは、年初、すでに決定していた。このことは先にあげた高橋三平の年始状の記事から明らかである。それにしても、伝十郎が高八〇俵三人扶持《ぶち》に役金一〇両の松前奉行調役下役元締《しらべやくしたやくもとじめ》（文化五年正月、調役下役から昇進。）という身分だったのに、林蔵は同奉行の

林蔵は従者のかたち

一介《いっかい》の雇にすぎなかったのであるから、林蔵は伝十郎の従者というかっこうであった。このとき、伝十郎は四〇歳、林蔵は三四歳であった。伝十郎はエトロフ島で越年した経験があり、蝦夷地行政でもすぐれた手腕をもっていた人物である。

ソウヤ着

林蔵はカラフトの探検に参加するため、文化五年三月十二日に、松前からソウ

ヤへ到着した〔参二一〕。ソウヤには、二月二十九日いらい最上徳内が在勤していて、伝十郎と林蔵は、この大先輩からカラフト踏査についていろいろ助言をうることができた（林蔵は文化四年中、御雇同心格〈七人扶持・給金一五両〉になっていた〔新装版付記⑨参照〕）。

いよいよ林蔵らのカラフト探検に話を進める段取りになったが、その前に、もうひとつ、問題のカラフトがこれまで内外の地理学者のあいだで、どのように考えられていたか、その辺のところを大まかに述べておく必要があろうと思う。

二　カラフトは島か半島か

世界地図上最後の疑問地点

前項で述べたように、景保が世界図を作成するにあたって一番困ったのは、カラフト北部の地理が不明確なことであった。これまで数回にわたり幕府がおこなった探検によっても、その地の状況を明らかにすることはできなかった。ヨーロッパ人にとっても、北カラフトは、両極を除いてはただひとつ残されていた世界地図上の疑問地点であった。

ヨーロッパ人は、一六四二年（寛永九年）にオランダ東インド会社の手でおこなわれたフリース（Vries, M. G.）の探航によって、それを北海道の地続きと誤認しながらもカラフトの存在について知ったが、その後、十八世紀の初頭にいたりロシア人の発見によってカムチャツカの存在が脚光をあびると、かえって日本北辺の地理に関する知識は混乱をきたして、これをカラフトや北海道と結びつけるものが出てきたりした。が、やがて彼らは、黒竜江口にサハリンと呼ばれる島のあることを、康熙《こうき》五十八年（一七一九）の『皇輿全覧図《こうよぜんらんず》』や、デュアルド（Du Hald, J. B.）の『中国誌』（Description géographique, historique, chronologique, politique et physique de l' Empire de la Chine et de la Tartarie chinoise. 1735. 4 v.）に収載されたダンヴィル（D'Anville, J. B. B.）の中国図や、ダンヴィル自身の『中国地図帖』（Nouvelle atlas de la Chine, de la Tartarie chinoise, et du Thibet. 1737.）などによって知るにいたった。

カラフト・サハリンは別地か同一島か

だが、サハリン島と、一六四二年におけるフリースの探航によって東南岸が明らかにされ、ひきつづき日本人の探検によって南部がくわしく知られるようになったカラフトとは、どういう関係になるのか、当初は皆目《かいもく》見当がつかなかった。わからぬままに、いちおう両者は別々のものとされていた。サハリンが島であることに疑問はないとしても、カラフトの方は、島であろうか、それとも半島であろうかと、いろいろに憶測されていた。やがて、サハリンとカラフトとはじつは同一島らしいという見当がつけられるようになったが、その確証がなかなかつかめなかった。こうして、ヨーロッパ人のカラフト北部に関する知識ははなはだ漠然としたものであったが、それは日本人の場合でも同様であった。

ダンヴィルのカラフト図(一七三二)

次ページの地図はデュアルド『中国誌』に載っている一七三二年(享保十七年)のダンヴィルの中国韃靼《だったん》全図(一七三四年デュアルドはこの図に若干手をいれた中国韃靼図〔Carte général de la Tartarie chinoise. 1734.〕を刊出している。テレキ〔Teleki, T. G.〕の『日本古地

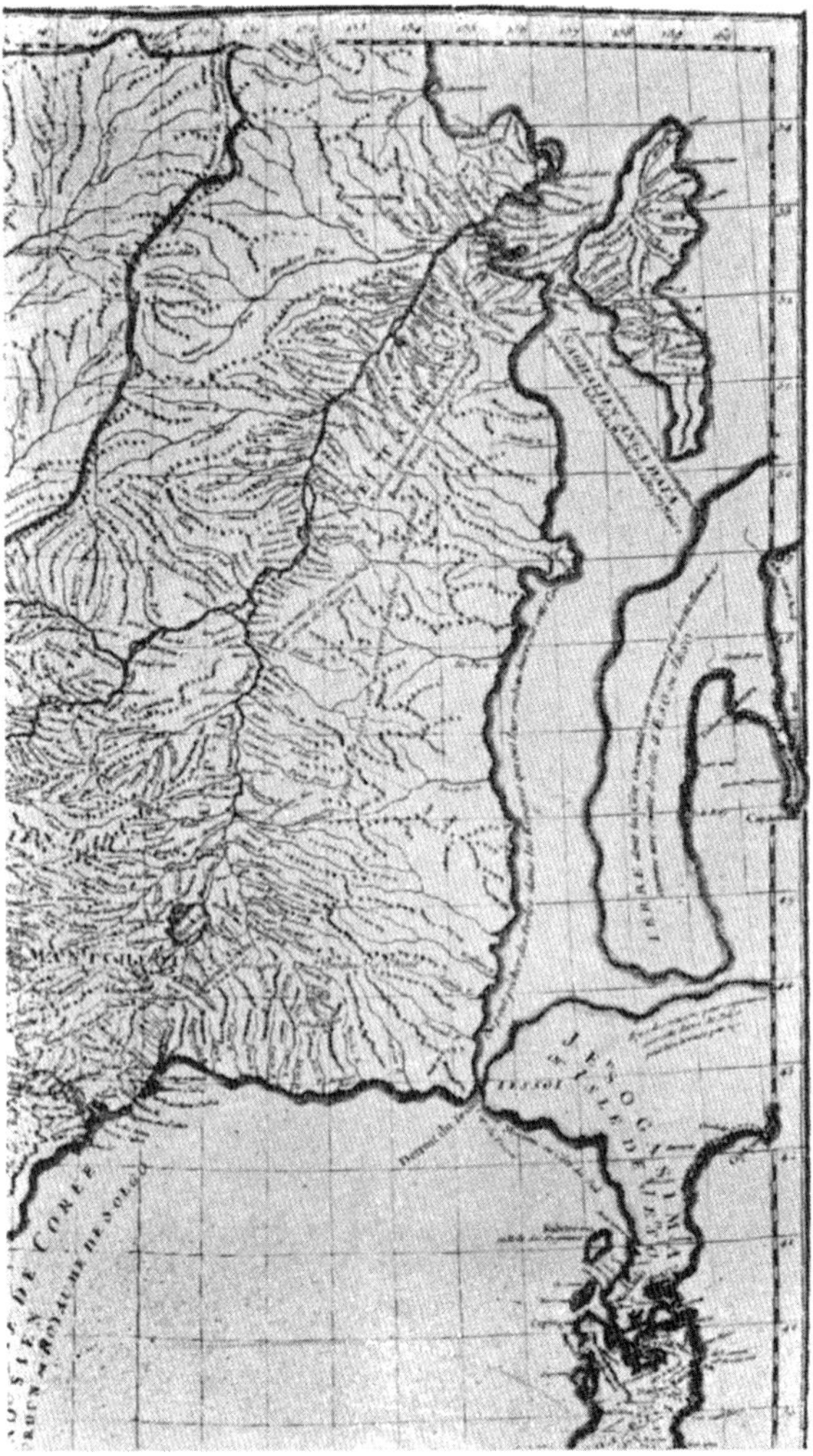

ダンヴィルの中国韃靼図の一部（1732年）（デュアルド『中国誌』）

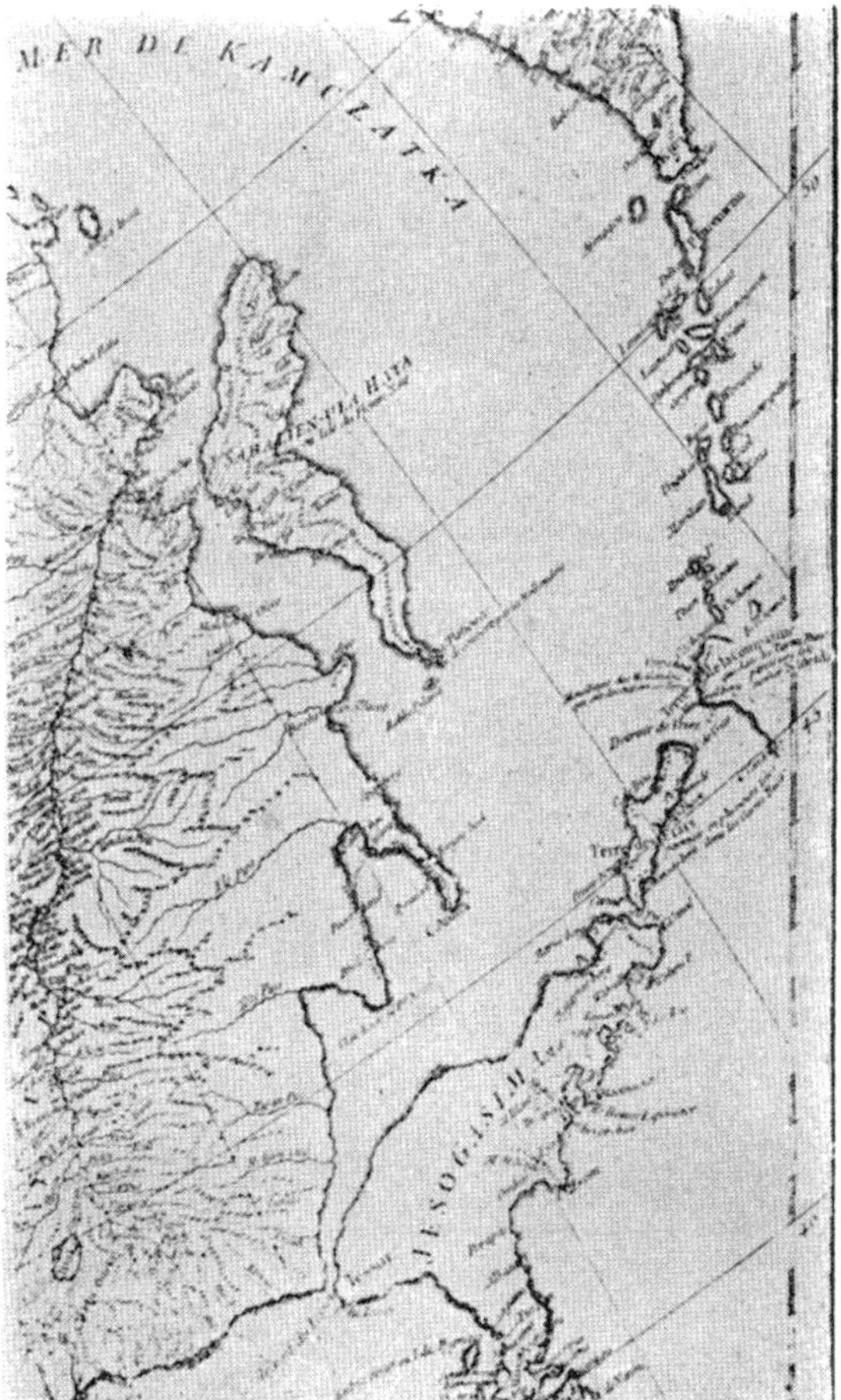

ダンヴィルのアジア図の一部(1752年)(テレキ『日本古地図誌』)

図誌』に一部収載）の一部であるが、これには「く」の字形のサハリン島と原爆雲の形の北海道の中間に、南北に長い大きな島が描かれている。この一島は、出島に駐在したオランダ人の奥蝦夷（カラフト）に関する知識をとりいれて描いたものであるが、フリースの蝦夷図のように北海道とカラフトを地つづきにせず、両者をきりはなしたところに、地図上の進歩がみられる。しかし、カラフト南端の中シレトコ岬やアニワ湾のあたりは、やや精確に表現してあっても、全体としてははなはだおぼろげな一島が描かれているにすぎない。本来は一体であるべきサハリンとカラフトとが別々の島にされているのは、同一島を北方から下ってきた中国人の知識と、南方から上っていった日本人の知識とが、なお一点で結びつかず、はなればなれになっていた時代の産物として興味深くながめられる。

前ページの図は一七五二年（宝暦二年）のダンヴィルのアジア図（Troisième partie de la carte d'Asie, content la Sibérie et quelques autres parties de la Tartarie.

ダンヴィルのカラフト図（一七五二）

1752.）の一部であるが、これには上記の一島はかき消えて、中シレトコ岬とアニワ湾は韃靼大陸の一部として移され、中シレトコ岬の北にあって、フリースにより忍耐岬《ケープ＝ペイシエンシー》と命名された北シレトコ岬は、サハリン島の南端とされている。この地図は、モルチエ（モルチール）（Covens et Mortier）刊行の『新地図帖』（Atlas Nouveau.）に収載されてひろく流布《るふ》したので、そのためヨーロッパ人のカラフトに関する知識はかえって混乱してしまった。

ダンヴィル図の影響

　モルチエの図帖は安永の末か天明のはじめころ、わが国にも伝えられて、日本人のカラフト観に大きな影響を与えている。その影響が最初にあらわれたのは、

林子平

林子平《しへい》が天明五年（一七八五）に上梓《じょうし》した『三国通覧図説』の附図「蝦夷国全図」（二八ページ参照）で、カラフトは「東韃靼ノ地続、室韋《シイ》ノ地方ニテ、東南ノ一出崎」（本文）としてあらわされ、その北方の黒竜江口にサハリン島が横に長く描かれている。同じような

松平定信

例では、松平定信も、本木仁太夫《もときじんだゆう》が和解《わげ》して献上した『和蘭陀《オランダ》製全世界地図書』

本多利明

近藤重蔵

を見て、寛政四年(一七九二)に書いた書付で、「唐太《からふと》は満州・山丹《さんたん》・韃靼《だったん》と地界つゞくなり。唐太も離島なりといふ説は古の説にて、実はさにはあらざるなり」(『蝦夷地御備一件』)と言い、また本多利明《としあきら》も寛政七年の『自然治道《しぜんちどう》の弁《べん》』に、「カラフト島、周廻未詳、甚しき大島なり。我国より大島なりと雖も、地方満州につらなりたるか。モスコビヤより渡来の地図に依つて探索すれば、カラフト西方山丹なり、山丹の西方満州なり」〔参三一〕と記している。利明は寛政十年の『西域物語』でも、「西北の地端は山丹に続たりともいひ、大河ありて切あるともいひ」と言っている。

　こうして、北方問題に関心を抱いていた識者のほとんどがカラフト半島説に左《さ》祖《たん》するにいたったが、そうしたカラフト観に断定を下したのが近藤重蔵である。彼が文化元年(一八〇四)に著わした『辺要分界図考』に載っている「今所考定分界之図」は、幕府の調査班の作成した地図・モルチエの地図・ロシア人の地図・山靼《さんたん》人の砂書き地図、その他にもとづいて考定した苦心の作である。この地図はサハリン島とカラフトとを別々に描き、依然カラフトを韃靼《だったん》大陸につらなる半島としていて、基本的な考えは林子平の「蝦夷国全図」からあまり進んでいない。重蔵は同書（巻二）で次のように言う。

カラフトの極奥、満州・山丹《サンタン》（黒竜江下流域）ト界ヲ接スル所、或ハ陸続キト云、或ハ海ヲ隔ルトモ云、夷人（アイヌ）・山丹人（オルチャ・ギリヤーク）ノ説処区《く》々也。守重考《うる》レ之《を》ニ、カラフトの奥地ハ満州・山丹ト地続也。カラフト西辺ハマンゴ（黒竜江）ノ枝流《しりゅう》ノ海ニ入ル所ヲ以テ山丹ト境ヲ隔テ、東辺ハ山丹ト地続ナレドモ、山海険悪ニシテ輙《たやす》ク往来スベカラズ。又マンゴノ大川有テ、地を隔テシヤウニ見ユルヲ以テ、夷人ハカラフトヲ以テ島ト心得タルモ知ベカラズ。東辺ノ夷人ハ皆中地ヨリ山越シテ西辺ニ出ル也。東辺ヨリ西辺エ廻ル海路ノコト知ルモノナシ。故ニ或ハ陸続キ、或ハ海路ト云フ説アルナルベシ。（中略）蛮図ニ、アモル（黒竜江）ノ川口ニサガリン島アリ。或人云、サガリンハカラフト地ノ内ノ小名ナルベシト。以二守重一考《うる》レ之《を》ニ、此説非也、サガリンハ自ラ別島也。

しかし、日本におけるカラフト半島説は一七五二年のダンヴィル図の影響とば

カラフトや韃靼大陸の住民カラフトを半島と誤認

かりはいえなかった。日本でも古くからカラフトは島であると考えられていたのである。が、これは奥地の状況が不明なままにそのように想像していたまでで、もとより確証があってのことではなかった。その後、幕府によって何回もカラフトの探検がおこなわれても、誰も奥地まで踏み入って調査したものがなかったので、カラフトの地理は依然として漠然としていたが、それらの探検にしたがった人たちが、大陸とのあいだを往来していわゆる山靼交易をやっていた、南カラフトのアイヌや大陸のオルチャ人・ギリヤーク人などから聞きただしたところでは、カラフトは大陸と地続きであると言うものが多かったので、この方面の知識からも段々、カラフトは半島ではなかろうかと考えられるようになってきていたのである。これらの先住民がカラフトと大陸とのあいだを往来しながらも、カラフト奥地の地形について正確な知識をもっていなかったのは一見、不思議に思われるが、これは、彼らが互いに対岸へ渡るには、黒竜江口を経て往来するのではなく、近みちをとってカラフトのナッコあるいはノテトと大陸側のタバ湾とのあいだを渡海していたので、間宮海峡の南端を黒竜江口と誤認していたからである。

西欧三大水路学者のカラフト探検

ところが、ヨーロッパ人は日本人に先んじて、はやくもカラフトとサハリンとが同一であることを覚《さと》るにいたった。それは幕府のカラフト探検とほとんど時を同じくしておこなわれた、仏人ドゥ＝ラ＝ペルーズ、英人ブロートン、露人クルーゼンシュテルンの西欧三大航海士のカラフト沿岸探航の結果によるものであった。だが、彼らはいずれもカラフトとサハリンとを同一地であると判断しながらも、一部の未探査地域を残したこと、また潮流や水深の調査が不完全であったことから、カラフトは黒竜江口の南方で、わずかに大陸につらなる半島であると誤認してしまった。

ラ＝ペルーズの探検

ドゥ＝ラ＝ペルーズ（J. F. G. de La Pérouse）の探検船は、一七八七年（天明七年）、黄海を経て日本海にはいり、韃靼大陸の沿岸を北上してカラフトの対岸に達し、さらに北に進んで、七月二十六日に、大陸側とカラフトの西岸を望見することのできる地点まで進出したが、ぜんじ水深が減じ、また北方からくる潮流が認められなかったので、彼は、カラフトは大陸と地つづきであるか、その間に水道があっても高々数フィートの水深しかないであろうと判断して、航行可能の海峡を発見することができずに、そこから引き返えした。彼の船はカラフトの西岸を南下し、八月十一日に宗谷《そうや》海峡を抜けてオホーツク海に出て、さらにエトロフ・ウルップ間の水道をとおり、北太平洋をカムチャツカへ向かった。

宗谷海峡の確認

ラ＝ペルーズの航海によって、宗谷海峡の存在がはじめて外国人に知られ、フリースの探航いらい北海道が北に長く地つづきになっていると誤認されていた地域が、じつはこの海峡によって両断されており、かつこれまでは別地域とされていた、フリースの発見になる蝦夷地の忍耐岬までと、ダンヴィル図に見えているサハリン島とが地つづきであることが明らかにされた。これによって、ヨーロッパ人の地図における日本の北方にかんする部分が、ようやく正しくなりかけてきた。しかし、カラフトが半島であるか島であるかは、なお疑問とされていた。

ブロートンの探検

その後一〇年、すなわち一七九七年(寛政九年)、ブロートン(Broughton, W. R.)の探検船が本州の東岸を北上し、津軽《つがる》海峡から日本海に出て、カラフトの西岸を北航した。彼はラ＝ペルーズの北上地点であるプーチン岬よりもさらに八マイルほど北へ進み、北緯五一度四五分七秒の地点で二尋《ひろ》の水深に達し、そこに三ないし四マイルほど奥行のある海水のまったく静かな一湾を発見して、それをチャップ湾と名づけた。自分はいま韃靼《だったん》湾の北端にいると信じた彼は、ラ＝ペルーズ同様、海峡の奥をきわめずに、そこより転航して、沿海州から朝鮮北岸を通って香港《ホンコン》へ帰着した。

ラ＝ペルーズとブロートンの航海記

こうして、英仏の二大航海士は、もう少しというところまで進みながら、間宮海峡を確認することができず、カラフトはその西北部において大陸に接ぞくしているものと誤認して帰航したのであった。これらの探航結果は、一七九八年（寛政十年）に『ラ＝ペルーズ世界周航記』（Voyage de la Péruose autour du monde. 1798. 4 v. I atlas.）として、また一八〇四年（文化元年）にブロートンの『北部太平洋発見航海記』（A voyage of discovery to the North Pacific Ocean. 1804.）として発表された。

カラフトを半島と見たラ＝ペルーズの探検結果は、一八〇二年（享和三年）版のライヒハルト（Leichhard）の北太平洋図にあらわれているが、ラ＝ペルーズは半島説を絶対的には主張しなかったので、一部の人々は依然として、康熙《こうき》時代における耶蘇《やそ》会士のサハリン島観を信じて、サハリンすなわちカラフトは島であるとし、韃靼大陸とのあいだの水道を韃靼海峡と呼びつづけた。

アロースミスの世界図

ラ＝ペルーズの探航結果をとりいれて、サハリンとカラフトを一島とした地図の一つに英人アロースミス（Arrowsmith, Aaron）の世界図がある。この地図は文化の初年、日本に舶載されて、幕府の書庫（楓山文庫）の収蔵に帰した。高橋景保《かげやす》はこれを見て、文化六年成稿の『北夷考証』で次のように言っている。

近時官物御蔵トナル所ノ諳厄里亜《アンゲリア》国「アルロウスミット」ナル者新製輿地図一葉アリ。

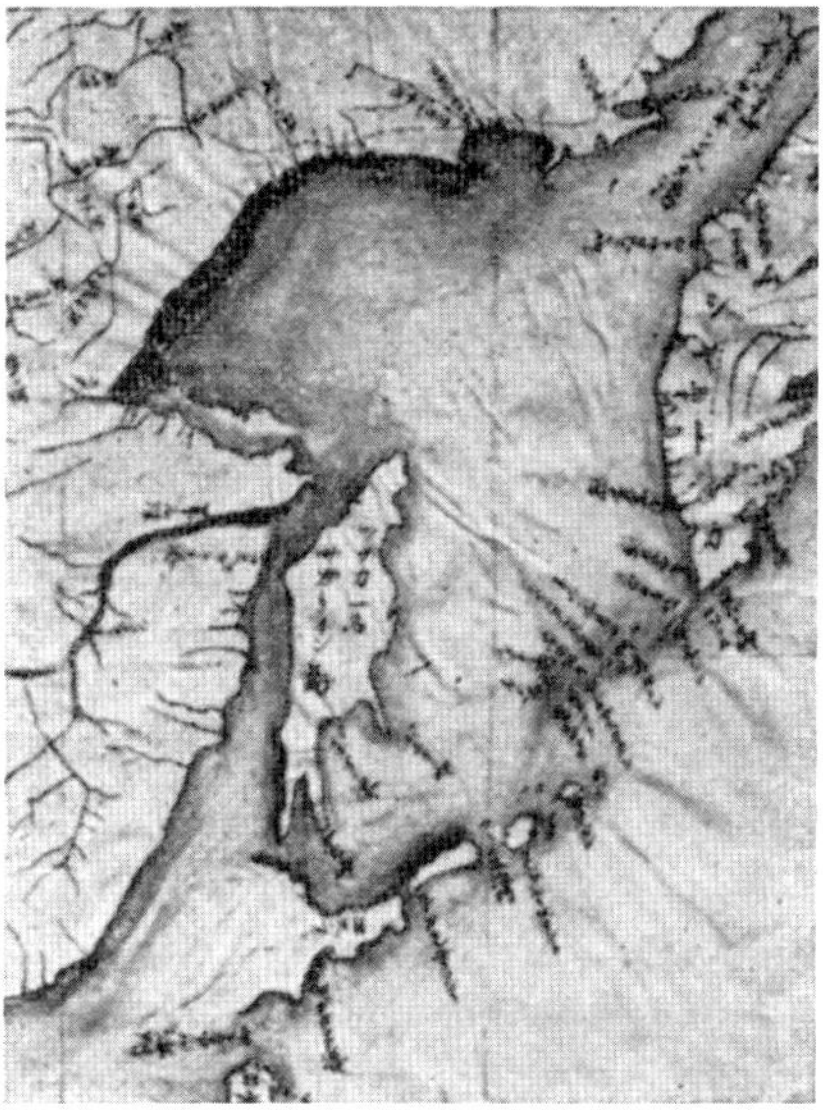

アロースミス世界図のカラフト
（『北夷考証』）

コレ彼ノ一千七百八十年（我安永九年庚子）製スル所、地球全覧ノ方図ナリ。古今舶来諸図中コレヨリ精ナルハナク、又新製ナルハナシ。何トナレバ、往来不分明又未審ノ地方ノ如キモ尽ク明覆シ、其航海実験セシモノハ其行海ノ針路ヲ引線シ、其年月ヲ傍記シ、各土地形ノ出没・方位等ヲ改正スルノ類、其詳《つまびらか》ナルコト挙《あげ》テ計《かぞ》フベカラズ。実ニ古今独歩ノ精図也。(中略)景保恭シク命ヲ奉ジテ総界全図ヲ新製スル、特ニ此図ヲ主トシテ、他ノ数本諸図ヲ其校閲ニ充《あつ》ルナリ。尤《もっとも》此図中ニハ独リ我北夷ト云モノト「サガリーン」ヲ以テ一島トナセリ。新古ノ図未ダ見ザル処ナリ。コレ原《も》ト実験ニ出デ、其証アッテコレヲ為ス処ナリ。若シ旧図右ノ如キヲナセルノ実証アラバ、何ゾ如斯《かくのごとき》ノ校訂新図製ニシテ漫《みだ》リニ改メテ一島トナサンヤ(是即一同島タルノ一証トス)。後ニ其図ヲ出シ示ス。第四図コレナリ。但《し》サハリーン一名「ホッカ」ト記セルモノハ、恐《おそらく》ハ一村名「ヲッカ」ノ誤ナルベシ。

アロースミス図の刊年

この地図のサハリン島の図形が、ラ＝ペルーズ図によっていることは、両図を比較すれば一目瞭然《いちもくりょうぜん》である。ところが、景保はこの図の刊年を一七八〇年(安永九年)としている。しかし、一七八九年の探検結果(報告書の刊行は一七九八年)が一七八〇年の刊図にとりいれられているはずはないので、これは刊記を見誤ったものにちがいない。この一葉の地球全覧の方図すなわち世界図の刊年は明らかでないが、アロースミスは一八〇一年(享和元年)にアジア図を刊行している。〔Tooley, R. V.: Maps and mapmakres.〕

アロースミス図の影響

それはともかく、アロースミスの世界図が景保に与えた影響は大きく、彼はこれによって、はじめてラ＝ペルーズの探査結果を知り、カラフト・サハリン同一説の目をひらかれたのであった。

クルーゼンシュテルンの探検

クルーゼンシュテルン（Krusenstern, I. F.）は一八〇四年（文化元年）に、ロシア遣日使節レザノフを載せて、長崎に来航したナデジュダ号の船長である。翌年三月、日本を去ったナデジュダ号は、日本海を北上し、宗谷海峡を通過してオホーツク海に出て、カラフトの東岸を南端から忍耐岬（北シレトコ岬）まで北航したが、かつてフリースが到達した最北の地点であったこの岬からひとまず舵《かじ》を東に向け、千島を横ぎってカムチャツカに帰着した。

このときクルーゼンシュテルンは、レザノフの命をうけ重ねてカラフトの探航に向かうことになった。彼はラ＝ペルーズと自らの探検に洩れているカラフト東岸北部および西北岸を測量して、英仏航海士のきわめた先端に北方から到達しようとした。

一八〇六年七月十九日、再び忍耐岬に接触したナデジュダ号は、この岬から測量を継続しながら北航し、八月八日にはカラフトの最北端（エリザベート岬と命名）をきわめて、フリース探検図のエゾとダンヴィル図のサハリンとは、一水道によって分れている別島ではなく、じつは地つづきであることを確認した。さらにこの岬を廻航し

クルーゼンシュテルン肖像
（早大図書館蔵『レザノフ来航図巻』）

たナデジュダ号は、南西に舵をとって、その十三日には、ついに間宮海峡の北端をなす、カラフト側のゴロヴァチェフ岬と大陸側のロンベルグ岬とのあいだに到達した。

カラフト・サハリン同一を確認

この地点と南方からブロートンが到達した水道の南側入口とのあいだには、なお一〇〇マイルの地域が残されていたが、本船は水深の関係からそれ以上、南航することが不可能であったし、せっかく長崎で準備した艦載艇による探航も、黒竜江口に武装船を置いて見張っている清国役人（実際は清国は黒竜江口に出張員を置いていなかった）に疑念を起させ、ひいてはロシアにとって利益のあるキャフタにおける貿易の障害になることを恐れたこと、その他の故障によって、それを遂行することができなかった。かくてクルーゼンシュテルンは、「ロシアにとっては政治的に、そして地理学にとっては科学的に重要であるに相違ない」その地域の調査を諦《あきら》め、むなしくことよりカムチャツカへ向けて帰航しなければならなかった。

カラフトは半島と推定

西欧の地理学者半島説に傾く

しかし、クルーゼンシュテルンは、水道北端における自らの調査と、その南方におけるラ＝ペルーズの経験にもとづいて、カラフトと韃靼とのあいだには、なんら舟航を許すべき通路が存在しないという結論に到達したのであった。すなわち水道の北端にあっては、海水はまったく淡水に等しく、かつ南方が開けているにしては、あまりにも強い潮流が北流していることを経験したので、カラフトは黒竜江の押し出す砂の堆積《たいせき》によって、河口より南方において韃靼大陸と地つづきになっているものと断定した。クルーゼンシュテルンはその後、中国に到ったとき、彼がヨーロッパを離れていたあいだに刊行されていたブロートンの航海記を見て、自分の推測がさらに完全なる根拠を与えられたことを喜んでいる。彼の探検の結果は一八一〇—一二年（文化七—九年）に『世界周航記』(Reise um die welt in den jahren 1803, 1804, 1805 und 1806. 1810—12. 3 v. I atlas.) として刊行された。

ラ＝ペルーズの探検結果に対しては、なお疑いを抱いていたヨーロッパの地理学者も、引きつづきブロートンやクルーゼンシュテルンといった英・露の二大航海士の航海記が提供されるにおよんで、もはや躊躇《ちゅうちょ》せずにカラフト半島説を採用するにいたった。

未踏の水域一〇〇マイル

だが、ヨーロッパの三大航海士が南と北から到着した地点のあいだには、なお未《み》踏《とう》の一〇〇マイルが残されていた。この地域を踏査することなくしては、カラフトが半島であるか島であるかを確かめることはできない。クルーゼンシュテルンにおくれること四年、間宮林蔵はこの未調査の地域を勇敢にも単身、小艇に身を托して突破し、カラフトが離島であることを確認して、世界の地理学者をアッといわせたのである。

三　最初のカラフト奥地探検

文化五年三月十二日、林蔵はシラヌシの番人万四《まんし》郎《ろう》を伴い、図合船《ずあいぶね》（菜船よりは小さな寄合船）

蝦夷地探検のヴェテラン宗谷に集る

でソウヤに到着した〔参三〇〕。ソウヤはカラフトの南端シラヌシと海上八里を隔てて相対する北海道最北端の要地で、津軽藩の兵二〇〇人がその警備についていた。津軽藩警備兵の指揮には同藩の重役山崎半蔵があたり、ほかに松前奉行関係で、調役並《しらべやくなみ》最上徳内・同深山《みやま》宇平太・調役下役元締《もとじめ》松田伝十郎らのヴェテランが警備兵を監督していた。このうち松田伝十郎が、前月中すでにカラフト検分の命令をうけていたことは、先に述べたとおりである。

探検の準備

伝十郎と林蔵はソウヤで一ヵ月を費して探検の準備をした。奉行からは、大船で乗りわたっては行動に自由を欠くので、小船を利用すべきこと、小船では飯米などをじゅうぶんに持ちわたれないので、干魚《かんぎよ》などを取りあつめて飯料を補わなくては、幾月にもわたる踏査旅行は不可能であることなどの指令や注意があった〔『北夷談』三・山崎半蔵日記〕。

探検の際の服装については、徳内は奥地のアイヌに疑惑の念を抱かせないよ

間宮林蔵肖像（茨城県，間宮家蔵）

うに番人の恰好《かっこう》で行くのがよいといい、宇平太は役人の姿がよかろうとそれぞれ助言したが、一緒につれてゆくアイヌや番人などは、交易にやってくる乱暴な山靼《さんたん》人を畏服させるためには、役人の姿がよいという意見だったので、けっきょく役人の服装のままで行くことになった〔参六所収伝十郎報告・参二〇所引山崎半蔵日記。半蔵の日記には、徳内はアイヌ人の姿で行くのがよいと言ったとある。〕。

雇の身分の林蔵にはもとより従者などありえようはずもないが、伝十郎も随行をねがう従僕たちをさとし帰して身《み》ひとつになった。人跡《じんせき》まれな極寒の地、往返

決死行

五〇〇里の苦難の行程であり、また前年・前々年とひきつづき二度にわたってロシア人の襲撃がおこなわれた直後でもあって（『北夷談』三によれば、ロシア人はこの年もまた渡航するとアイヌ人に言いのこして帰ったという。）、両人にとり、そのカラフト遠征は文字どおりの決死行であった。伝十郎は従僕に対して、「難渋《なんじゆう》の見分《けんぶん》、死を決して奥地に至るべし。若し奥地に於て落命か異国船へ捕はれになるか、又は年を越へ帰国なき時は、ソウヤ出船の日を忌日《きじつ》と定むべき旨、家のものへ申《し》伝《え》置《く》べき旨」（『北夷談』三）を申付け、また林蔵は山崎半蔵に、「成功の形たゝぬうちは死を誓つて帰るまじ。若し難行の節は、我一人たりとも蝦夷地に残り、夷地の土となるか、夷人となるであらう。再会期しがたし、然し始めあり終りなきは凡《およそ》人の習《ならい》である」（山崎半蔵日記）と語っている。（以上山崎半蔵の日記は参二〇・二七による）

宗谷出船

四月十三日、伝十郎と林蔵の乗りこんだ図合船は、会所の支配人・番人や警備隊やアイヌなど多くの人びとに見送られて、ソウヤを出航した。幸い天気もよく波も静かで、順風にまかせて北航し、その日のうちにカラフトのシラヌシに安

林蔵は東岸を伝十郎は西岸を北進

クシュンコタン着

着した〔参二七〕。

ここで両人はアイヌにききただしてみたが、カラフト奥地のことは皆目《かいもく》わからない。それで、伝十郎は西岸を、林蔵は東岸をそれぞれ北進して、もし奥地にいたり舟行が不可能になれば、山越えをしても、必ず出会うことを申しあわせ、東西に分れて探検の途につくことになった。

林蔵はアイヌのチップ（丸木舟）で、四月十七日にシラヌシを発《た》ち、ベシャムで一泊した後、一気に一七里余の海上を直走してアニワ湾奥のクシュンコタン（大泊の一部）に着いた。クシュンコタンには、この月のはじめ最上徳内が会津藩の守備兵を監督するために渡っていたので、林蔵は半月ぶりでまた徳内に遇うことができた。同所に二泊し、ポロアントマリ（大泊）に一泊した林蔵は、中シレトコ岬を廻航する煩《はん》をさけて、ホラップニ（船洞）から、或は陸路を船を引き、或は川を下り、或は湖水を渡って、東北岸のトンナイチャ（富内）に出た。海上の直行といい、半島の横断

タライカ着

といい、心せいて先を急いでいる様がうかがわれる。ここからは海岸沿いに一路北進し、五月二日にナイブツ（内淵）、九日にフヌップと泊《とまり》を重ね、十七日にタライカ湾奥のタライカ湖畔に到着した。この辺はオロッコ人の居住地域である。林蔵はベンゲタライカというオロッコ人部落で、満州官人が建てた女真《じょしん》文字の標柱を見ている。

シャックコタン着

東岸北進を断念

十九日にタライカを出発し、二十一日に北シレトコ岬（忍耐岬）のシャックコタン（丹柵）に着いた。ここでも半島の周廻調査を見あわせ、この地から五町ばかりの砂原の地峡を横断して、東北岸に出て見たところ、潮流が強く常に高浪の様子なので、チップ（丸木舟）一艘に荷物を積みこんで西岸のナッコまで廻航することは、とうていできそうにないことがわかった。それで、伝十郎との約束もあることとて、残念ながら、ここから引きかえし、途中、山越えをして西岸へ出ることにした。林蔵はシラヌシからシャックコタンまでの距離を一〇三里余と略測している。林蔵はこのシャックコタンに標柱を建てたものらしく、五〇年後の安政四年（一八五七）に栗山太平《くりやまたへい》（箱館奉行支配組頭向山源太夫の家来）がカラフトの東岸を探査したとき、それと伝えられるものを見ている。もっとも、もう文字は読めなくなっていたという（伊東多三郎「日本人の探検的精神」—新潮社『日本文化研究』所収）。

オロッコ族調査

二十三日にタライカへ帰った林蔵は、二十五・六の両日、タライカ湖からシーイ川筋のオロッコ人部落を調査した。このときの調査結果は『北蝦夷図説《きたえぞずせつ》』に図八葉をいれて詳述されている。

西岸に山越えして北進

東岸のマアヌイ（真縫）と西岸のクシュンナイ（久春内）とのあいだは、カラフトで一番せまい地峡をなしていたので、八里半ばかりのこの地域を山越えすることにきめた林蔵は、これまでの行程のほぼ半ばにあたるマアヌイまで引きかえさなければならなかった。マアヌイから西岸のクシュンナイに出ることができたのは六月四日であった。西岸の探検を担当した伝十郎は、半月も前すでにこの辺を通過していたので、林蔵は伝十郎のあとを追い、奥地に向かって行《こう》を急いだ。

伝十郎シラヌシ出発

伝十郎は、林蔵の出発に一四日おくれ、五月二日に、番人の万四郎やアイヌを引きつれ、図合船でシラヌシを発《た》った。翌々日には、シラヌシから二五里北航して、トンナイ（本斗）に着いている。トンナイは日本人が建てた漁場の番屋《ばんや》や倉庫もある大きなアイヌ集落であった。ここは人手も多いので、アイヌの船手や案内人を雇って探検隊をととのえることができた。なお伝十郎は奥地のヲッチシ（イトイ）でも、アイヌ語の心得があるボコノと呼ぶギリヤーク人を通訳に頼んでいる。

探検隊組織

ナヨロ（名寄）に着船したのは十七日であった。ナヨロはシラヌシから六七里の地点で、上記のクシュンナイのすぐ南にあたっていた。この地の酋長ヤエンクルアイノは、清国からハラダ（族長）に任ぜられ、楊《よう》氏を称して、女真《じょしん》文字や漢文の文書を所持していた。伝十郎がナヨロに着いたときは、ちょうど弟のシロトマアイノが、兄にかわり同勢七人で、満州仮府《かふ》へ朝貢貿易に赴こうと日和《ひより》待ちをしている

アイヌの対清朝貢

ところであった。

伝十郎ポロコタン着

二十三日には、シラヌシから一〇三里余のウショロ(鵜城)に仮泊したが、この辺はアイヌ居住の北限であった。二十五日には、北緯五〇度強にあたり、シラヌシよりの里程一二三里のポロコタン(北緯五〇度強、ピレオ)に達した。享和元年(一八〇一)に高橋次太夫が到ったショウヤは、この少し南である。ここから先は図合船を乗りまわしても着船する場所がないと聞かされたので、ちかくのモシリヤで図合船を先住民に預け、かわりにチップを一艘借りうけて乗船することにした。それで、図合船の水主やアイヌの一部はこの地に残すことになった。

山靼人に会う

伝十郎ノテト着

六月四日にはホチャシナエというところで仮泊したが、ここで、三艘の山靼《さんたん》船に乗りシラヌシへ交易にやってきた山靼人二七人に出会った。さらにアルコイ・ワンライ・ウイワットーと泊を重ね、九日、シラヌシから一七〇里のスメレンクル人(ギリヤーク)部落ノテト(テッカ)に着いた。ウショロからポロコタンまでは山靼風俗化

したアイヌであるシルングル人が居住し、ポロコタンからこのノテトまでは、

シルングル人とギリヤーク人

シルングル人とスメレングル人の混住地域になっていた。

六月九日には、林蔵はまだウショロとポロコタンの中間にあたるリヨナイ（千緒）に着いたばかりであった。伝十郎は林蔵との約束もあったので、十八日までノテトに滞在して彼を待ったが、何ら消息がなかった。それで再び北航の途につき、翌十九日に海上五里のナッコ岬へ渡った。この辺の海は潮路がむずかしく、舟行が困難だったので、ここからは陸路をとって、一里半ばかりもあるラッカという川のところまで進んだ。

伝十郎ラッカ河畔に至る

北緯五一度五五分のラッカ（クリヤク岬）からは、大陸の山靼が近くに望まれ、そのあいだの水道は四里ばかりで、それより奥は海幅も広く、北方に遠くマンコー川（黒竜江）の河口も望見された。それにまた、六日ばかりも北航すれば、東海岸のヌエフトというところへ出られることも住民から聞いたので、伝十郎は「カラフト離島に

カラフト離島と断定

林蔵ノテトで伝十郎に会す

ノテト岬風景 (『北蝦夷図説』)

相違なし、是より大日本国と地境《じざかい》を見定《みさだめ》たり」と判断した。

　ラッカから先は浅瀬で、アイヌ船でも通船がむずかしく、海岸も泥地で歩行が困難だったので、ここで探検を見きり、六月二十日にノテトへ帰ってきた。ちょうどこのとき、伝十郎の後を追ってやってきた林蔵に、ノテトに着く手前の海上で再会することができた。

　両人はたがいにこれまでの苦心を語りあったが、林蔵も、ここまで来た以上は、自分もラッカに赴いて、伝十郎の見きわめた日清両国の国境（?）を見分し、できればさらに北進したいと考えたことはいうまでもない。ところが、林蔵だけではついて行こうというアイヌが一人もいないので、彼もこれにはへこたれて、伝十郎に同行を頼んだ。伝十郎は迷惑には思ったが、よんどころなく同意して、共にノテトを発してラッカに向かった。干潮と風加減でナッコ岬を乗廻ることができなかったので、岬の東一里余のところに着船し、それから陸路をとってナッコ岬をまわり、二里半ばかりでラッカ川まで進んだ。ここまで案内すると、伝十郎は「此処を国境と見極めしゆへ、是より奥の方へ壱里なりとも参るならば、林蔵の手柄なり、何卒参り申すべし」と林蔵に言って、ナッコへ帰ってしまった（『北夷談』三）。

林蔵ラッカ河畔に到る

林蔵はひき潮で陸地になっていたラッカの川筋を一五－六町ばかり奥の方へ出てみたが、彼もまた「マンヂー（満州）地方ヲッタカバーと申出岬《すでさき》遥に相見《え》、夫よりかすかに山合《やまあい》、余程の間切れ候所、川口の由にて、カラフト島の地方、此辺一躰平地、海岸通東北に追《お》し周《めぐ》り候間、離島には相違無レ之様子凡《そ》相分《り》候』（林蔵報告書―参六）と見きわめた。

北進を断念

これ以上、奥地の探検をおし進めることの困難さは、さすがの林蔵もまたこれを認めざるを得なかった。その状況について、彼は報告書に「陸地一躰平地にて海岸より余程引上り候ても、海草亦《また》は塵芥等打寄せ腐《り》居《り》候て、如何にも踏込、少の荷物背負ひても歩行難二相成一。尚又、海上は前文の通浅《り》瀬多《く》、此地を相からみ候ては乗がたし。マンヂー地方にからみ乗不レ申候ては、東の方乗抜出《で》申《すこと》難二相成一存候得ば、異国の地方を乗候を如何《いかが》に存候間手段に困り」（参六）と言っている。それで、カラフトをその北端まで探査しようとした初志の貫徹は一応、断念せざるを得なかった。ナッコには伝十郎が林蔵の帰りを待っているので、その日のうちに引きかえして、両者相談の上、ノテトから帰途につくことに一決した。

北進断念の内情

林蔵も、伝十郎同様に、ナッコ岬以北は舟行・歩行ともに困難であることを認めて、探検の継続を断念しているが、これは半ば口実で、じつは、上役《うわやく》の伝十郎がここから帰ろうというのに、我意《がい》を張って、自分ひとり北進をつづけることは断行しかねたものかもしれない。彼が翌年の再挙で、はじめから西岸をえらんで進み、この難所をさして苦労もなく突破した事実から見ても、この間の事情がうかがわれるであろう。

いずれにしても、負けん気で功名心の強い林蔵にとっては、海峡の確認を伝十郎に先がけされたまま、その先を進んで自分の手柄にすることもできなかったのは、よほど残念だったにちがいない。再探検の願い出を、このときすでに林蔵は決意していたであろう。

帰路につく

六月二十六日、伝十郎と林蔵は連れだって、ノテトをあとに帰路につき、シラヌシに着いたのは翌閏《うるう》六月十八日であった。

四　カラフト離島を確認

宗谷帰着

閏《うるう》六月十八日に伝十郎とともにカラフト南端のシラヌシに着いた林蔵は、留ること一日、二十日にこの地を出船し、その日のうちに北海道北端のソウヤに来着して、一〇〇日におよぶ長途の踏査旅行をおえた。伝十郎のソウヤ帰来は林蔵に六日おくれている。

東岸再検分を命ぜらる

折からソウヤには、松前奉行川尻肥後守春之《はるゆき》と同吟味役高橋三平が出張していた。このとき伝十郎は労を犒《ねぎら》われ、松前に赴き奉行村垣淡路守定行に書面で報告することを命ぜられた〔『北夷談』三〕。ところが、林蔵の方は直ちにカラフト東北海岸の再見分に赴くべきことを申渡された。林蔵はその間の事情について何も語っていないので、この命令については、東岸調査の目的を達成しなかった林蔵に対する奉行の不満から出たものではなかったかというような推測をする向きもあろうかと思う。伝十郎も『北夷談』（第三）で、「林蔵義は伝十郎より談じ、東岸シレトコ（地名）より奥の方見届ケ来るべしと、再見分申渡され、日和次第渡海いたすべき旨申渡され」と言っている。が、じつはこれは奉行川尻肥後守の一方的な命令ではなかったのである。

再検分は林蔵の願いによる

カラフトの全岸を踏査してこの島の地理的位置を確認し、さらに対岸の山靼《さんたん》・満州との地境を見きわめることが、林蔵の最初からの意図であり、高橋景保もまたそれを林蔵に期待して、彼を推薦したのであった。林蔵としては、所期の目的を達成できなかったことが残念でならなかったであろうし、またそれを不甲斐《ふがい》なくも感じたことであろう。彼はふるい立って、再調査を奉行に願いでた。それで奉行も林蔵の熱意におされて、その願いを聞きとどけざるを得なかった。この辺の事情は森銑三氏が紹介された一資料によって明らかにすることができる（参一）。その資料というのは、上野図書館に所蔵されている川路聖謨《かわじとしあきら》の『敬斎叢書《けいさいそうしょ》』第四

再検分下命の事情を伝える記録

冊に収められている、隠密《おんみつ》時代に林蔵の上役であった河久保《かわくぼ》忠八郎が書いた天保八年（一八三七）六月の文書である。河久保は、林蔵がカラフトからソウヤへ帰ってきたとき、ちょうどそこに居あわせていたので、当時の事情を詳しく知っていて、右の文書に次のように述べている。

カラフト嶋と山靼・満洲の地境聢《しか》と不㆓見極《みきわめ》㆒罷帰候段は残り多く、依ㇾ之直《すぐ》さま引戻《り》相越見《し》極《め》来り申度旨、再応訴《うったえて》而申演《しのべ》、肥後守殿にも趣意当然之理難㆓黙止《くもだし》㆒、於㆓場所㆒即時承届《ききとどけ》の上、直に林蔵も西蝦夷地モンヘツと申所之夷人バンナイを召連れ候迄に而《て》、只一人、同年七月ソウヤ出帆いたし相越、云々《うんぬん》。

かくて、林蔵はソウヤに留ること二〇日ばかりで、再びカラフトに立っていった。次に林蔵の再図《さいと》を語る段取りであるが、その前に、彼が奉行に呈出した第一回カラフト探検の報告書のあらましを紹介し、また彼の第一次カラフト探検と高橋景保のカラフト研究との関係について述べておきたい。

報告書は、閏六月づけで「カラフト島見分《みわけ》候趣申上候書付」と表記され、踏査日記とカラフトの対岸東韃《とうだつ》地方に関する聞書きとの二部からなっている。南カラフトのアイヌ、北カラフトのオロッコ人やスメレングル人（ギリヤーク）、また交易にカラフトへやってくる黒竜江下流域居住のサンタン人（オルチャ）などからの聞書きは、「カラフト島・マンヂー（満州）地接候大概の様子」「従《より》二カラフト島一至二マンヂー一渡海大概の様子」「マンゴー川（黒竜江）大概の様子」「ヌッチャ国（ロシア）・マンヂー国通信大概の様子」「キーレン（サマギール）人物大概の様子」の五項を立て探査をつくしている。日記の方は比較的簡単な里程記であって、カラフトの地理に関してはあまり記述していない。この点では伝十郎の報告の方がくわしい。林蔵の報告は、その自筆本といわれるものが市立函館《はこだて》図書館に収蔵されている。（同館にはこれとは別に、やはり林蔵の自筆本と称する、『北蝦夷地行程記』なる一本が架蔵されているが、これは明らかに林蔵のものではなく、その後の沿岸踏査記録である。）江戸の士分《しぶん》をついだ間宮家にも一本が蔵せられていて、かつて伝十郎の報告とともに「地学雑誌」上に翻印されたが

〔参六〕、その原本は大正震災で失われたもようである。

伝十郎の報告書

伝十郎が閏六月づけで松前奉行に呈出した報告書は、「からふと島奥地見分仕候趣奉二申上一候書付」と題されるやや詳しい里程記と、ロシア人や清国に関する簡単な風聞書と、「からふと島奥地の義奉二申上一候書」と題される見聞記の三部から成っている。伝十郎は別に『北夷談』と題して、寛政十一年（一七九九）から文政五年（一八二二）まで前後二五年にわたった、彼の蝦夷地勤務に関する記録七巻を残しているが（『北門叢書』第五冊所収）、その第三にも、文化五年のカラフト探検についての詳しい記述がある。前者とあわせ見るべき文献である。

北夷談

高橋景保へ書翰を送る

林蔵はソウヤ滞在中に、江戸の高橋景保のもとへ、カラフトの略図を添えて一通の書翰をおくっている。それと目《もく》せられるものが、前記間宮家に震災前まで所蔵されていた。これは宛名を欠いているが、文意からみて景保あてのものと断定してまちがいない。景保はその『北夷考証』では、ソウヤ発の書翰を林蔵から貰

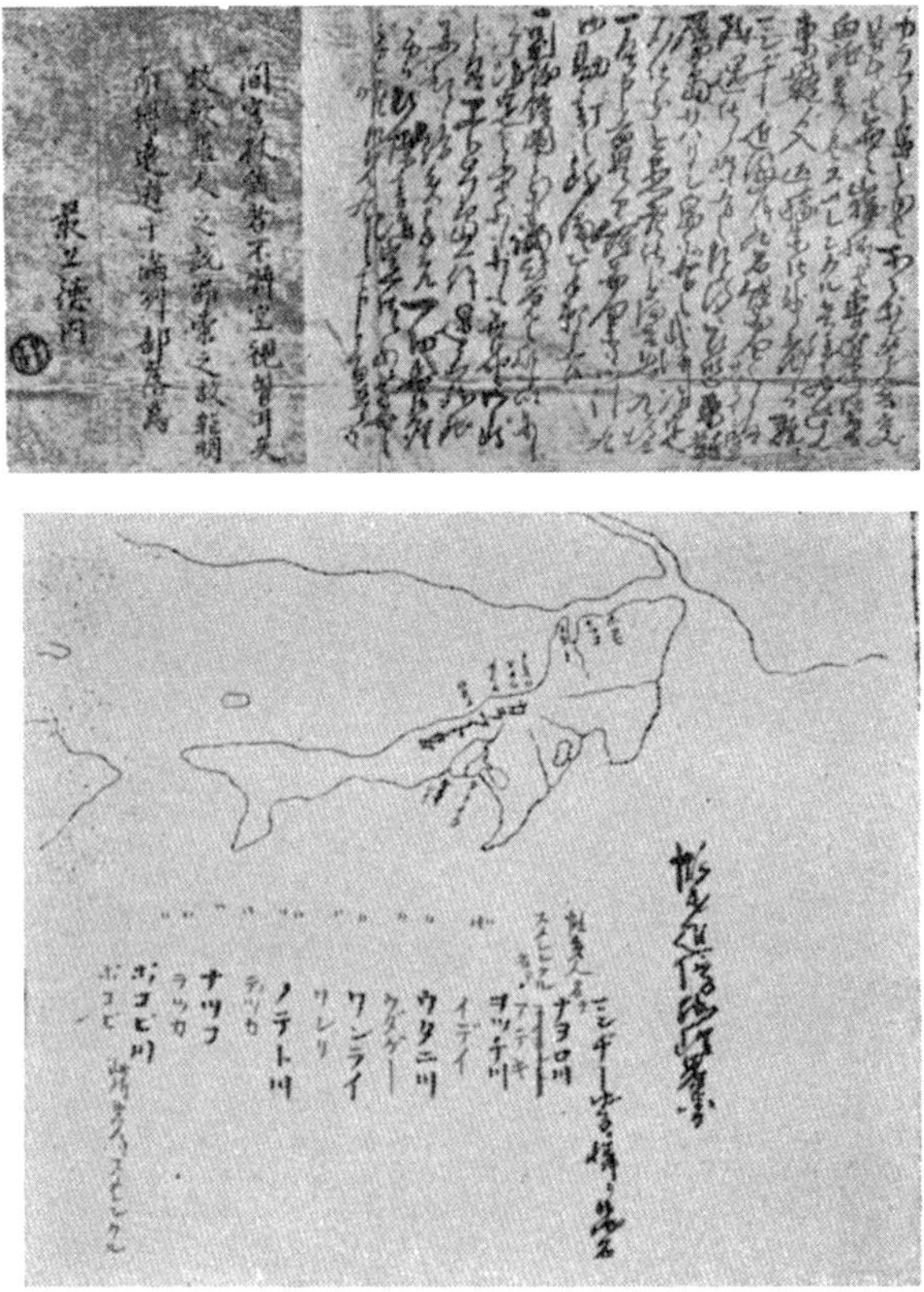

高橋景保あて林蔵書翰（地図共）（東京都，間宮家旧蔵）

カラフトとサハリンは同一島

ったことについて何も言っていないが、これは論をなすにあたって、書翰に添えられた略図よりも、林蔵が奉行に呈出したやや精細な地図を参考にしたために、その書翰や添附の略図には特に触れなかったものと思われる。

林蔵はこの書翰で、みずからの踏査によって知り得たカラフト奥地の地名と、中国の『皇輿《こうよ》全覧図《ぜんらんず》』や外国地図のサハリン島図に見える地名との類似から、中国人やヨーロッパ人のいうサハリン島と、日本人のいうカラフトとが、じつは同一の島であろうという見当をつけたが、この同一島説はもともと景保の持説《じせつ》だったので、それを自論として強調するのを遠慮してか、書翰では、「別紙絵図之義者《は》、誠に心覚之処を以て図し候間、治定《じじょう》之義者《は》少も少も無二御座一、御尋之通ヱトロフ島一件遇《にあい》、不レ残地図類も紛失、手元一切無二御座一候間、乍《ながら》二繰言《くりごと》一治定仕候義に者無レ之候間、唯御見合して申上置候」〔参六〕と、謙遜して断定に躊躇《ちゅうちょ》の態《てい》を見せている。

幕府へ提出のカラフト図

それはともかく、林蔵は、抹消もあるような略図とはちがった、やや精《くわ》しい図を奉行に呈出していて、それを景保も江戸で見たものらしく、彼は『北夷考証』に、「文化五戊辰《ぼしん》春、間宮林蔵・松田伝十郎、カラフト按検ノ命ヲ奉ジテ彼島ニ至ル。略《ほぼ》周廻シテ其尽頭《じんとう》ニ近《づ》キ到ル。其夏、松前ニ帰リ、其実験ノ図ヲ製シテ奉ルモノアリ」と記している。景保は、この「間宮某実験カラフト島図」なる地図について、東京地学協会に所蔵されていた『北夷考証』の初稿本『北夷考』で、次のように言っている。（市立函館図書館にも、昭和十年以後に入手したとおぼしき『北夷考』の自筆本を収蔵している。展観書目には文化五年の稿本となっているが、この年にまちがいがなければ、これは、私が初稿本としたもののまた一つ前の草稿ということになるわけである。）

素《もと》ヨリ測器ヲ持セズ、但《ただ》一ノ小地平経儀アルノミ。故ニ只略《ほぼ》其方向ヲ測《はか》リ、里程ハ足間或ハ土人ノ伝言ノミニシテ、星度ヲ測量シ縄索《じょうさく》ヲ曳《ひき》テ里数ヲ量ル等ノコトナシト雖モ、固《もと》ヨリ実履《じつり》実験ヨリ出《いず》レバ、他ノ諸図トハ同日ノ談ニアラズ、最モ証拠トスベキモノナリ。〔六参〕

測器は羅針儀だけ

景保は、林蔵が携帯した測器は小地平経儀ひとつだったという。この羅針儀《らしんぎ》は先に述べたように、伊能忠敬《いのうただたか》から譲りうけたもので、忠敬伝の著者、大谷亮吉氏によれば、これは製作精良で、取扱いの簡便な彎窠羅針《わんからしん》であったという〔参三六〕。

景保への第二書翰

文化五年の第二回のカラフト探検では、西岸をトッショカウまで進んだが、すでに時期おそく、明年の再起を期して、十一月二十六日にトンナイまで引きかえして、そこで越年した。彼はその帰途十一月六日づけで、再び地図を添えた書翰を景保に認《したた》めている。この書翰は翌六年の夏ごろ江戸に着いたものと思われる。これはいま内閣文庫に収蔵されている。それにはサハリン図の地名比定が詳細になされているが、今度は「右の通引合《せ》候得共、余り無理なるこじ付之様ニモ御座候得共、一通申上候。尚又、追々巨細聞紀《こさいききただし》可二申上一候」〔参二七〕と言っているだけでなかなか自信たっぷりである。

北夷考証完成

景保は両度の地図をあわせた「間宮生実験図」を『北夷考証』にかかげるとと

もに、林蔵の報告によって、サハリン・カラフト同一説に対する確信をいよいよ強め、その年の秋、同書を完成した。景保が江戸で『北夷考証』の完稿作成にしたがっていたとき、一方では、林蔵が間宮海峡と黒竜江下流域の踏査を敢行していた。林蔵の海峡確認はすばらしい功績であったが、その報告をまたずして、このときはやくも、彼の前年第一回の実地調査と景保の机上の研究とが見事にむすばれて、カラフトは一つの島であるという事実が認定されたのである。

日本辺界略図を刊行

サハリンとカラフトが同一の島であることを確信した景保は、サハリン図を、カラフトの南半が明らかならぬままに、その北半だけで島形にえがいたものであると考え、これに南から進んだ林蔵の踏査図を接合して、一つのカラフト図をつくりあげた。そして、このやや真形にちかいカラフト島をかきいれた日本周辺図と世界図とが、『北夷考証』の完成にさきだって、その年六月の識語《しきご》を附して刊行された。これは『日本辺界略図』・『新鐫《しんせん》総界全図』と題された、亜《あ》欧堂田善《おうどうでんぜん》の

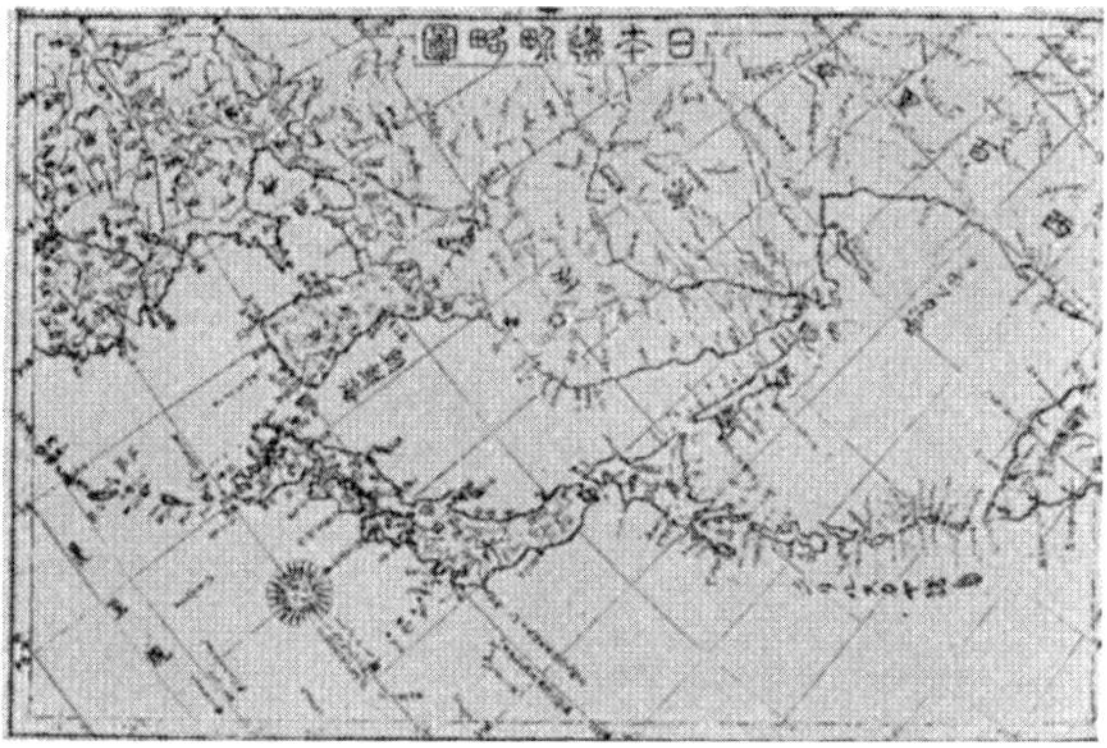

高橋景保の「日本辺界略図」

手になるわが国最初の銅版地図である。景保がこの地図を作成したのは、前年十一月六日づけの林蔵の書翰を見ての後か前か明らかでない。いずれにしても、図形にちがいは生じないわけであろうが、このことが問題になっているので、一言つけくわえておく。それはともかく、この二図は横が一尺一寸、縦が七寸ばかりの小さな地図（『辺界略図』はカムチャツカから琉球にいたる列島および中国・朝鮮・満州等の沿海地方を約千四百万分の一縮尺で描いたもの。『総界全図』は両半球の直経約四寸五分）で、景保としては銅版の大世界図をつくるために、その小手《こて》調《しら》べのつもりでこれらを作ったわけである。ところが

未踏査の海岸線を点線で描く

こんな小さな地図にもかかわらず、『日本辺界略図』のカラフト島の図形は、林蔵未踏査地域の海岸線にかぎって点線でえがかれている。これは林蔵の帰還を待って補正することを期待したもので、景保の地理学者としての厳正なる態度をうかがうことができる。こうした景保の学問的良心が、後年いたましくも、シーボルト事件を引きおこしたのである。

近藤重蔵へも探検結果を速報

林蔵が文化五年中にカラフト探検の結果を速報したのは、景保ひとりではなかった。蝦夷地探検の大先輩、近藤重蔵にも、カラフト奥地のナッコから書翰を寄せている〔『近藤正斎全集』第一〕。重蔵は文化元年（一八〇四）に著わした『辺要分界図考』で、カラフトを満州に接属する半島とみなしていたが、この報告によって、じつはカラフトがサハリンと同一の島であることを知ると、さっそく旧著の余考一篇を著わした。この文稿を書きおわった重蔵は、興奮のあまり、その末尾に、「不レ堪二独楽一……不レ堪二螺躍《らやく》一……記し了《おわっ》て茶を喫《きっし》、金平糖《こんぺいとう》ヲ喫スレバ、五半撃析《げきせき》シ」云々《うんぬん》と、漢文・平仮名・片仮名ごたまぜのわけのわからぬことを書きしるしている〔参九〕。

なお、東京地学協会にも第一回探検の報告に添附したとおぼしき略図が所蔵されていたが〔参六〕、いまはどうなっているかしらない。

内閣文庫には、林蔵が第一回のカラフト探検から帰った際に作成して、幕府へ呈出した地図（一四六ページ）の原本とおぼしき「カラフト島大槩地図」（文化五年閏六月）と、第二次探検の途次、文化五年十一月十六日付で高橋景保におくった報告（一四七ページ）の原本「カラフト《サガリン》島地名大槩附会之書付」が収蔵されている。

第五　第二次カラフト探検と東韃探査

一　再びカラフトの奥地へ

宗谷出船

第一回の探検からかえって席の温まる暇《いとま》もなく、文化五年七月十三日、林蔵はモンベツのアイヌと共に、カラフト再遠征の途についた。ソウヤからシラヌシに着船した林蔵は、東海岸再検分の命令を無視するかのように、一気に西海岸を北上した。

トンナイで六人のアイヌを雇う

奥地に向うアイヌの船に便乗して、番屋《ばんや》の置かれていたトンナイ（本斗）に着いたのは二十三日。ここで船子《ふなこ》にあてるものを雇おうとしたが、この年夏の初検分に従って行ったものたちの話を聞いているので、これに応じようとするものは一人もなかった。それで、かれこれ八日間もこの地に滞留《たいりゅう》して、種々の謀《はかりごと》をした末、ようやく六人のアイヌを船子に雇い探検船をしたてることができた。舟はもちろん小さなチップ(丸木舟)であった。

リヨナイで山靼人に会う

八月三日にトンナイを発った林蔵の船は、十五日にリヨナイ(千緒)に着いたが、ここで六艘の船に乗込んでシラヌシへ交易に向う数十人の山靼《さんたん》人に遇い、ひどい妨害をうけた。アイヌはおそれおののいて、前進することを肯《がえん》じなかったが、これをなだめすかして、ようやく二十五日にリヨナイを出発することができた。

一旦トッショカウより引返す

九月三日にトッショカウにいたったが、ここは北緯五〇度二五分の地点で、すでに異俗の住民(山靼風俗化したアイヌ)の地域にはいること深く、寒気が段々とつのるばかりか、食糧も乏しくなってきたので、従行のアイヌが今度はどうしても言うことをきかない。それで、已《や》むなく北進を思いとどまり、九月十四日にリヨナイまで引きかえした(三六六ページ新装版第二刷付記①参照)。

ここまで戻ってはみたものの、林蔵はこのまま還るのが残念でたまらず、海上が氷ったならば、その上を渡って北進しようと考え、アイヌの酋長ウトニシの家に宿って氷結を待った。が、十月二十四日になっても、海上はどうしても氷結しないので、已むを得ず、ウトニシに船と雑具をあずけて、六人のアイヌを伴い、積雪を踏んで、十一月二十六日にトンナイへ帰った。

トンナイで越年

再挙

再挙を期して、トンナイの番屋で越年した林蔵は、明けて文化六年の正月二十九日、はやくも六人のアイヌともども北上の途についた。二月二日にウショロ(鵜城)へ着いたが、山靼人が人質にとると言っていたという噂《うわさ》を聞いたアイヌはこわがってまたしても同行を肯《がえん》じない。それで、六人のうち五人はトンナイへかえし、かわりにこの地のアイヌ五人を雇った。

ウショロでアイヌを雇い替える

ノテト着

ウショロを発った林蔵が、前年行ってなじみのスメレングル人(ギリヤーク)部落ノテト(テッカ)に着いたのは四月九日であった。ここよりすこし北にあたるラッカが第一次探検で到達した最北端である。これから先はアイヌの脆弱《ぜいじゃく》なチップ（丸木舟）では危険なので、大陸のコルデッケ人（ゴルデ）がつくった山靼船を借りうけることになり、またギリヤーク人をひとり案内人に頼むことにした。

前人未踏の一〇〇哩を突破

氷結した海上の解けるのを待つこと一ヵ月、五月八日、勇躍ノテトを出船した林蔵は、十二日にははやくも、ヨーロッパ人未調査の海峡水域一〇〇マイルを突破して、カラフトの北端に近いナニオー（北緯五三度二五分くらい）に到達した。

北進を断念しノテトに帰る

黒竜江口から押し出してくる水は二分して、一部は海峡部を南に流れるが、その大部分はナニオーの辺から北に注いでいる。ここから北は海峡が次第に拡がって北海の怒濤がさかまき、山靼船では、さらに北航して東岸へまわることはとうていできそうにない。しかし、林蔵本来の使命は東海岸の探検にあったから、山越えをしてなりと東岸へ出ようと考えたが、同行のアイヌがどうしてもそれを承知しない。それで已むなく船をかえすことになり、十七日にナニオーを発って

東岸に出ようとはかる

ロシアの経界をきわめんと決心

ナニオー遠景（『北蝦夷図説』）

十九日にノテトへ帰った。

林蔵は時を待って東海岸へ出ようと、しばらくノテトに止まっていたが、食糧の欠乏からアイヌは気力を失ってしまったので、トンナイから連れてきたアイヌひとりを残して、ウショロの五人は全部かえしてやることにした。

ノテトのギリヤーク人も、東岸は大洋をうけて沈没の危険が多いので、船を出して従行《じゅうこう》しようとするものは一人もなかった。林蔵はなすこともなくこの地に滞在していたが、折にふれて、酋長コーニに奥地のことを質問してみたところ、ロシアの経界《けいかい》もカラフトからそう遠くはなさそうであることがわかったので、この上は幾年ここにあろうと、ぜひともロシアの経界をきわめようと決心した。

デレン進貢に従行を許さる

それで、住民の家に泊めてもらって、その家業の手だすけなどして暮していたところ、はからずも酋長コーニが進貢と交易のために黒竜江上デレンの満州仮府《かふ》へ赴こうとしていることを知った。好機到来とばかり、林蔵はコーニに同行を求めた。コーニは行路の苦難を説いて翻意を促《うなが》したが、林蔵の熱意にほだされて同行を許すことにした。

随行のアイヌに後事を托す

林蔵はトンナイから連れてきていたアイヌに対して、自分はこれから外国の領土へはいりこむので、如何なることから帰国できないようになるかもしれないし、また万一彼《か》の地で死亡のこともはかりがたい、その際はこれをシラヌシの勤番所へ差出すようにと申付けて、カラフトに関する調査資料いっさいをその従者に托した。

二　韃靼《だったん》大陸へ渡海

貢船ノテト出発

六月二十六日、コーニの貢船は対岸の大陸めざしてノテトを発った。船は長さ五尋《ひろ》に幅四尺ばかりの山靼船で、これにコーニと林蔵のほかに六人の住民が乗りこんでいた。この日は折悪しく風向きが悪いうえに潮流が強く、とても山靼船では乗りきれなかったので、途中からラッカ岬へ引きかえした。それからは来る日も来る日も風波が荒く、五日のあいだここに繋泊《けいはく》し、七月二日にいたって、ようやく船を出すことができた。

海峡横断

蒙々《もうもう》と海上にたちこめる靄《もや》のなかをゆくこと三里半ばかりで、ようやく東韃靼《だったん》のモトマルと呼ぶ岬（ネヴェリスコイ岬か）を見かけ、それより大陸の海岸沿いに南下して、アルコエに一泊し、翌三日にはタバ湾（デカストリー湾の北）のムシホーに着いた。

船をひき山越え

ムシホーからは峠を越して、黒竜江につらなるキチー湖へ出なければならないので、翌四日は、山越えの準備に船中の諸道具を取りだしたり、船を浜に引きあげたりして、一日を過ごした。

五日はタバマチー川まで二〇町あまりの峠の道を、船をひいたり荷物を運んだり、一日中、往返に暮れた。カラフトの住民ばかりでなく、沿海州方面の住民も朝鮮境《ざかい》にちかい辺のものまでが、この通路をとってデレンへ交易に行くので、ここの山路は「大なる街道」

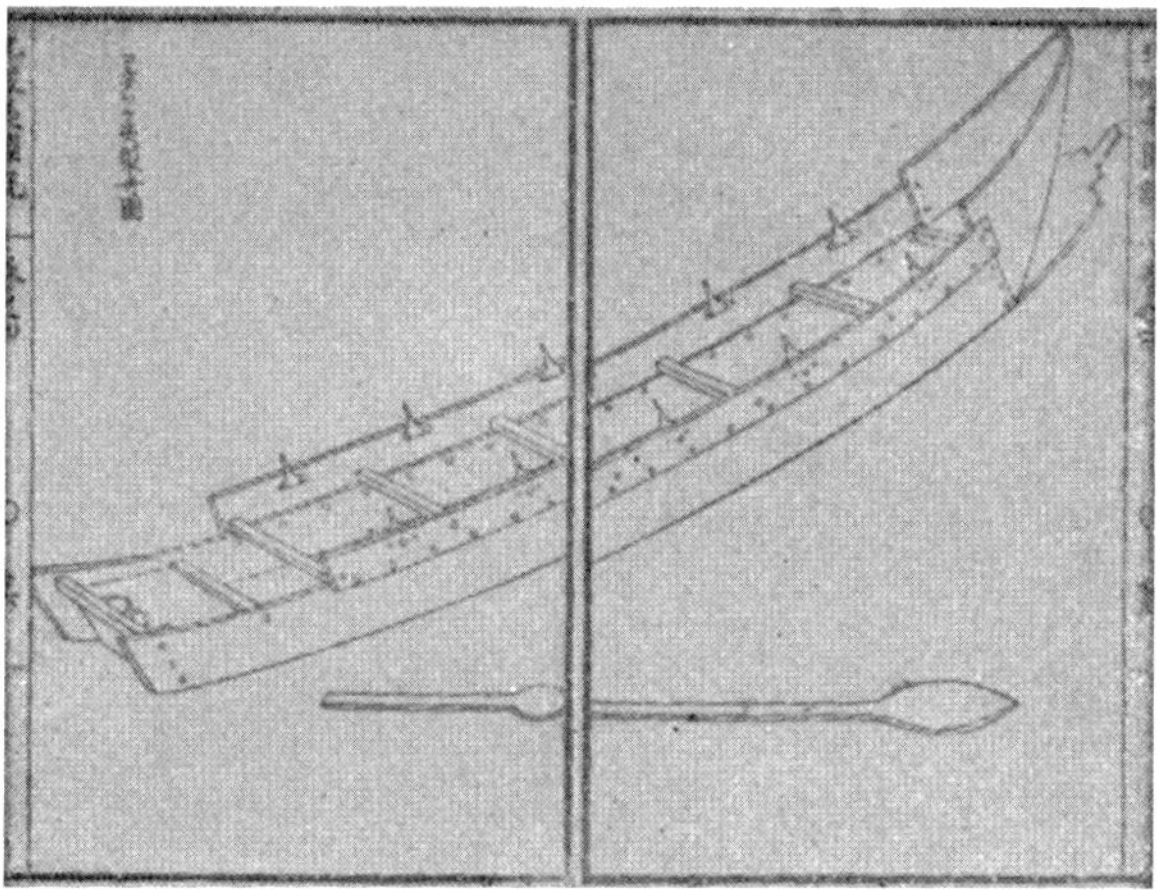

山　韃　船（『北蝦夷図説』）

のようであったと林蔵は言っている。

黒竜江畔のキチー着

六日には、タバマチー川を下ってキチー湖に入り、その夜は湖の中央ヌックランカターに一泊して、翌七日には、キチー湖の水がマンコー河すなわち黒竜江に注ぐところにあるキチーに到着した。キチー(キヂ)は日本でもキンチと呼んで知られていたサンタン人(オルチヤ)の集落で、戸数は二〇戸ばかり、ここにはハラダ(族長)一人、カーシンタ二人に満州語の通訳が二人いた。通訳の一人チオーの妻はコーニの妹だったので、その夜はチヲーの家の倉庫を借りて泊った。林蔵は大陸にわたってから、ここではじめて定着の住民の家を見たと言っている。

デレン到着

翌八日には、キチーを発って黒竜江を遡り、途中カウスヱ(サンタン人集落)・コルヘー(同前)・ウルゲー(これより上流ゴルチ集落)に三泊して、十一日、ついに満州仮府の所在地デレン(徳楞)に到達した(口絵参照)。

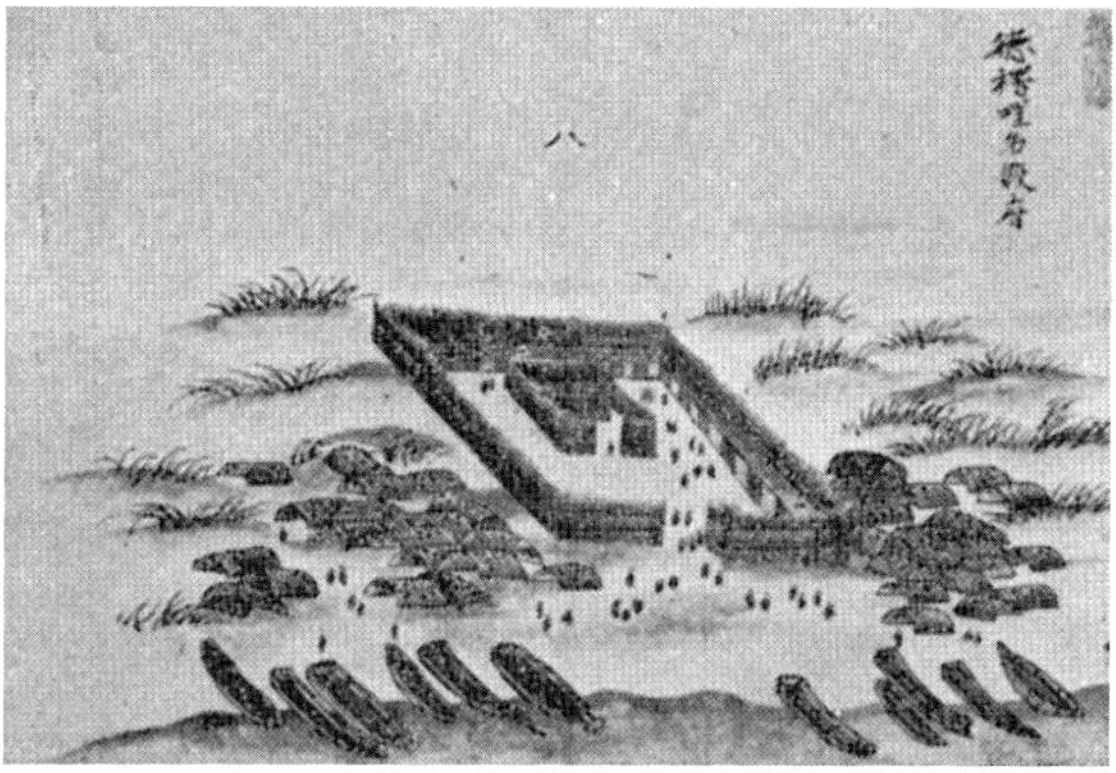

デレンの満州仮府（『東韃地方紀行』）

デレンは、年々、夏期二ヵ月ほど清《しん》国の官人が満州の三姓《サンシン》（副都統駐在）から出張して仮府《かふ》を設け、黒竜江下流域はもとより、カラフトや沿海州方面から進貢にやってくる土着酋長より貢物として貂皮《てんぴ》をうけとり、これに衣帛を償賜《しょうし》するところである。ここでは同時に彼等と中級・下級の官人とのあいだで交易もおこなわれる。進貢者は大てい五－六日滞在して帰ってゆくが、林蔵がいたったときは、五－六〇〇人ほど滞留して、樺《かば》木皮で覆《おお》うた仮小屋の大聚落ができていた。満州の官人は上官三名と中以上の官人が五、六〇名いて、長さ七－八間に幅一丈ほどの廬船《やかたぶね》に泊っていた。ほかに下級の官人がいたが、これはサンタン人（オルチャ）・コルデッケ人（ゴルヂ）と混雑して分別しにくいものが多く、彼らは仮府の交易処に宿直していた。

仮府は一四－五間四方に丸太の柵を二重にめぐらして、その中央にまた一重の柵をつけ、この内柵のうちに貢献と償賜《しょうし》をおこなうための粗末な家屋を建て、外柵の内側三方に交易処を設けただけのものである。林蔵のいう満州仮府を、中国人は木城《ムンチエン》あるいは償烏綾《ウリン》木城と呼んでいた。ウリンは満州語で財帛《ざいはく》を意味する。

清朝はじめの木城所在地はずっと下流のプル（右岸、北緯五二度二五分）であったが、その後、カダ（右岸、北緯五一度五五分）・キヂ（右岸、北緯五一度四〇分）・ウチャラ（左岸、北緯四九度五五分）と、ぜんじ上流に移された。林蔵の行ったデレンは黒竜江右岸、北緯五一度一五分にあって、木城は再び下流に移ったわけであるが、この後またデレンより上流のモルキ（左岸、北緯五〇度三〇分位）の対岸にその位置をかえている〔参四〇〕。

仮府における進貢と交易

林蔵はその『東韃地方紀行《とうだっちほうきこう》』に、デレンにおける進貢と交易の様子をくわしく図説している。中国側にもこの種の文献は皆無《かいむ》で、林蔵の残した図説は非常に貴重な資料であるが、紙幅の都合もあるので、ここには仮府における交易の図だけを紹介しておく。

山靼交易

山靼《さんたん》人やカラフトのギリヤーク人・アイヌなどが償賜や交易によって得た中国製品は、やがてカラフト南端のシラヌシの交易所にもたらされて、北海道のアイヌとのあいだで交易される。これが

デレン交易図（『東韃地方紀行』）

満州官人との交歓

いわゆる山靼貿易である。山靼貿易品は松前《まつまえ》藩を通じて内地人の手にわたり、特に錦の拾徳《じつとく》や切地《きれじ》は蝦夷錦《えぞにしき》あるいは繿褸錦《つづれにしき》と呼ばれて珍重された。

このとき林蔵は廬船《やかたぶね》に満州の官人を訪れて歓待されている。言葉は通じなかったが、漢文の筆問筆答でたがいに意をつたえることができた。上級官人三人（いずれも三姓のゴルヂ族）の名前は、彼らが林蔵に与えた漢字と女真《じょしん》文字の名刺によれば、魯《ろ》（姓）伏《ぺ》勒恒阿《ジケガ》・葛《かつ》（姓）撥《フツ》勒渾阿《シカガ》・舒《じょ》（姓）托精阿《ハンスイガ》といった（人名仮名は『東韃紀行』による）。官人は林蔵に書状をも与えており、その写しが水戸の小宮山楓軒《こみやまふうけん》の随筆『珠塵《しゅじん》』（上野図書館蔵）第二冊に「久保木蟠竜《くぼきばんりゅう》（竹窻）ハ、コノ林蔵ノ知音《ちいん》ニテ、コレヲ得タリトテ写シ贈リシナリ」と附記して載せられている。この七月十五日附けの書状は女真文字で書かれているが、日本人には読解が困難だろうといって、その訳文が添えられていた。女真語の原文は写真で見ていただくことにして、次にその訳文をかかげておく。

満州官人の書状

三姓副都統衙門《がもん》差派
正紅旗満州世襲佐領　托
廂紅旗満州驍騎校奨賞藍翎　撥
正白旗満州委署筆帖式　伏

窮髪紀譚の
応接記事

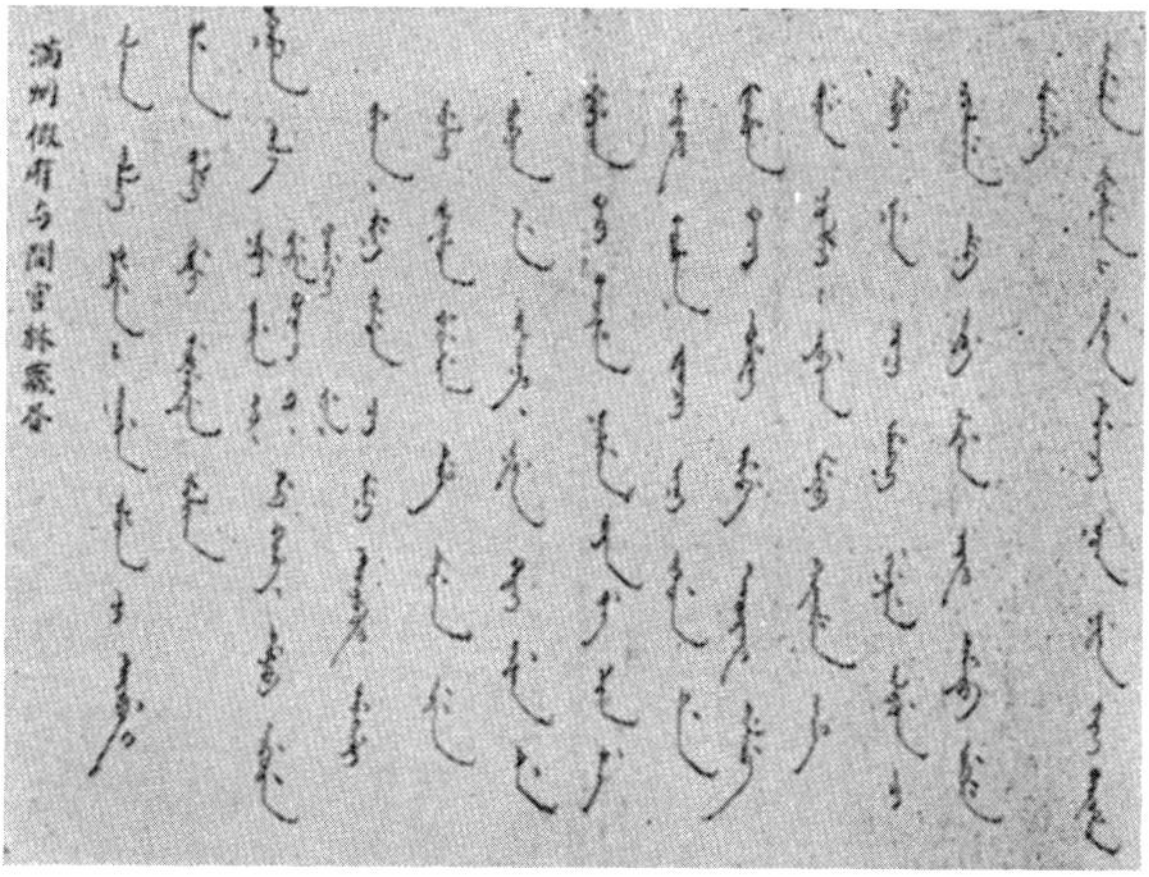

満州仮府官人書翰写　（満文）（小宮山楓軒『珠塵』）

由《より》ニ松江《の》水路一坐レ船《に》順《したがって》レ流《に》而下、至三黒摺《ヘジエン》地方徳楞《デレン》爾《ル》噶《ガ》山《サン》一、迎三着斉《ギ》
哩《レミ》等一、向ニ　進貢人一
賞ニ賜花紅一。七月初七日有、貴
処差《つかわし》三来《らしむ》間宮林蔵《を》一。令《しむ》三面向《して》(問カ)ニ其
来由《を》一、伊《かれ》称《す》ニ特令(命カ)使《と》一。特《に》修《して》ニ数字《を》一、
以作《なし》ニ憑具《ひょうぐと》一、為《めに》レ此《れがとくしす》特咨。
嘉慶拾肆《よ》年柒《しち》月十五日

林蔵は後年、古賀侗庵《こがとうあん》に招かれて東韃靼《だったん》の話をしているが、その談話を筆録した『窮髪紀譚《きゅうはつきたん》』（宮内庁書陵部蔵）には、官人との応接に関して、『東韃地方紀行』に見えない事実がいろいろ記されてい

るので、それを紹介しておきたい〔参一二〕。

満州の官人林蔵に、其方《そのほう》朝鮮の暦にては不自由なるべしとて、時憲暦《じけんれき》を贈りたることあり。朝鮮人とおもひしなるべし。（もっとも『東韃地方紀行』によれば、酋長コーニはデレン到着と同時に、シャモ（日本人）を同道したことを清国の官人にとどけ出ている。）満州の役人林蔵に、其方此地に留りたくおもはゞ、随分不自由無レ之様いたし遣すべし、壱人や弐人養ひ置《く》は容易の事のよし申《し》けれども、かたく辞して帰りき。土地の風俗、人をむだに遊《ば》し置《く》事なし。若此地に住著すれば、金山《かなやま》を掘り、人参《にんじん》を掘等《る》の事に使ふなるべしとぞ。

清国とカラフト

また清国とカラフトとの関係については、「清朝も近年は漸《く》衰微と見へて、辺《へん》塞《さい》の処置行届《きか》ざる事ども多し。已前は唐太《からふと》辺迄、毎年一度づつ程も役人必《ず》巡見して、彼是取〆《かれこれとりしま》りの事ども申渡せし事なるに、近年にいたり其事も全くたえ」とか「満洲人は何となく大国の風あり。……其後、段々うちとけし上にて、我国より唐太え出張の人数出せし事も有《あり》のまま咄《はな》せし時にも何も騒ぐ気色《けしき》なく、只うなづいて挨拶せしのみなり。大国の風おもひやりてすさまじ」といったような記事も見られる。

デレンよりなお遡航

これまで林蔵の黒竜江上における到達点はデレンであったと考えられている。『東韃地方紀行』に問題になるような記述が見られないのであるから、それは当然であったといえる。ところがここに従来、研究者の注意をひかなかったもので、林蔵がデレンに滞在中、おそらく日がえりで、さらに黒竜江を遡航《そこう》したことを示す一資料がある。それは北海道庁に収蔵されている『間宮林造満江分図書《まんこうぶんずしょ》』と仮題《かだい》する、東韃探検の全行程にわたる野帳《のちょう》である。この野帳によれば、林蔵は仮府の前面から少なくとも一里二四町まで上流に遡ったことは事実である（口絵参照）。

東韃踏査の野帳

それはともかく、この野帳は、大陸に渡ってからそこをはなれるまで、その全行程にわたって、船上からの見取図を描き、地点間の舟行距離とその方位を図記し、さらに『東韃地方紀行』には見られない地名もこくめいに記入したものであって、林蔵の東韃探検がけっして単なる冒険行ではなく、それは科学的な地理調査を目的としたものであり、しかも彼が単独よくその目的を完遂し得たことを示すところの、貴重な科学的資料である。この一冊の野帳を見るにつけても、林蔵が日々、地理的事項を書きしるした里程記が、今は失われてしまっていることをはなはだ残念に思う。

デレンより帰途につく

デレンにとどまること七日、コーニは進貢も交易もおえたので、十七日、一行八人はこの地を後に帰途についた。黒竜江を下航すること二〇里（実際はその倍くらいか）、翌日にははやくもキチー（旧木城所在地）に着いた。

露営

往路は住民の家に宿るとき以外は、海浜あるいは河岸に、樺木皮で覆う仮小屋を設けて露営したが、帰路は仮屋を設けるそなえがなく、ただ河岸に柴や柳の枝などを敷き、その上に皮をのべて寝るだけであった。雨がふれば、樺木皮や魚皮

黒竜江口まで下航

は荷物を覆わなければならないので、身にかぶるものは何ひとつなく、それでも林蔵は呉座《ござ》一枚を貯えて、わずかに雨中の具にしたという。

往路にしたがえば、ここから黒竜江にわかれてキチー湖へ入ることになるが、林蔵はこんどは黒竜江を河口まで下って、未見の地理をうかがい、河流の曲直をも知りたいと考えたので、そのことをコーニに相談すると、コーニも里程はたいして違わないから、そうしようと同意してくれた。

それで、二十日にキチーを発ち、途中カタカー（カダ。旧木城所在地）・アヲレー（アウレ）・ホル（プル。旧木城所在地。これより下流はスメレングル人（ギリャーク）の居住地域）・サンタンコヱ・カルメー（カルム）・テホコー（テバフ）・ワーシ等の地を経て、八月二日に江口のヒロケー（ブロンゲ岬）に到着した。

『東韃地方紀行』の七月二十三日にホルを発《た》って下航したことを記した条に、「此日経《へ》し処にサンタンコヱと名づく地あり。……此処の河岸高き処に、黄土色の石碑二頭を立《つ》。林蔵船中よりの遠望なれば、文字は彫刻せるや否《や》をしらず。衆夷此処に至りぬる時は、もたらす処の米粟・草実抔《など》、川中に散じ此碑を遙拝す。其意如何をしらず」とある。サンタンコヱは今のチル（アムグン河口対岸）で、ここには元《げん》代に東征元帥府《とうせいげんすいふ》が、また明《みん》代には奴児干都司《ヌルカンとし》が置かれ、その下流半マイルばかりにある高さ一〇丈ほどの断崖上へ明代に永寧寺《えいねいじ》が建てられた。林蔵が江上から仰ぎ見た二基の石碑は、永寧寺趾に残っていた永楽《えいらく》十一年（一四一三）の勅修奴児干永寧寺碑と宣徳《せんとく》八年（一四三三）の重建永寧寺碑とであった。この二碑は光緒《こうしょ》十一年（一八八五）における曹廷杰《そうていけつ》の発見によってはじめて学界の注意をひいたが、それより八〇年前すでに林蔵はその存在を知っていたわけである。ただし望見しただけで、碑記を読むことができなかったことは残念である。

永寧寺碑を望見

ヒロケーからは海峡を大陸ぞいに南に下り、ワッカン（ワルケ）・チョーメン（チヨーム）・チャカガヱバーハ等で泊《とまり》を重ねて、六日にはカラフトへの渡り口のハカルハーハ（ラザレフ岬か）へ着いた。

サンタンコエ附近絵図（『東韃地方紀行』）

海峡を再横断しノテトに帰る

翌七日には、いよいよ海峡の最も狭い水域を横断してワゲー（ウァンギ。北緯五二度一〇分）に渡った。その日のうちにラッカ岬まで南下して一泊し、翌八日、ようやくノテトに帰りつくことができた。六月にこの地へ残していったトンナイのアイヌも出迎えて、たがいに無事だったことを喜びあった。

ノテト出発

　ノテトに留まること三日、幸いに南方へ猟に赴こうとして船よそいしていた住民があったので、十一日、その舟に便乗して帰国の途につき、翌九月十五日にシラヌシの番所へ到着した。その二十八日にソウヤへ渡り、十一月、無事松前《まつまえ》に帰着して、一ヵ年半にわたる長い苦難にみちた探検の旅をおえた。

松前帰着

海峡を確認しカラフト半島説打破

林蔵のカラフト探検の成果は、ブロートンとクルーゼンシュテルンとの探航に残されていた、日欧人とも未踏の海峡水域一〇〇マイルを突破して、日本をふくめ世界中の地理学者がカラフトを韃靼《だったん》大陸につらねる地峡であると考えていたところがじつは一筋の水道であったこと、したがってカラフトは島であり、しかもこのカラフトはヨーロッパではやくから知られていたサハリンと同一の島であることを証明したものであった。世界地図の上で、両極をのぞいてはただ一つ残る不明確地点であったカラフト北部の地理を明確にしたことは、これだけでも地理学上の大発見であったが、林蔵はさらに対岸の韃靼大陸に渡って、黒竜江の下流域すなわち山靼《さんたん》貿易でつとに日本人のあいだに喧伝《けんでん》されていた山靼の地域を踏査し、かつ黒竜江口とカラフトとの関係を闡明《せんめい》したのである。

三　探検報告書の作成

直ちに帰府せず報告書を作成

林蔵は文化六年（一八〇九）十一月、無事、松前《まつまえ》に帰着したが、すぐに江戸へ出ようとはしなかった。一五ヵ月の長期にわたる苦しい調査旅行に、さすがの林蔵もつかれきっていたであろうし、彼にはまた、その前に報告書を作成する大きな仕事がのこされていた。

北蝦夷図説

彼は自らの筆記になる大部の探検日誌を作っていた。が、これとは別に、翌七年中に村上貞助《ていすけ》の助力で『北蝦夷図説《きたえぞ》』と『東韃《とうだつ》地方紀行』の二書を著述した。『北蝦夷図説』は、北蝦夷（カラフト）の地誌・民族誌であって、この種の文献としてはまさに劃期的なものであり、その後もこれほどすぐれた内容の著作は出ていないといっても褒《ほ》めすぎにはなるまい。この図説は、ほかに『北夷分界余話《ほくいぶんかいよわ》』・

『北蝦夷地部《ちぶ》』・『北蝦夷島新説』・『北蝦夷新図説』・『北夷紀行』・『北夷見聞録』・『銅柱《どうちゅう》余録』など、いろいろの書名でつたえられているが、ロシアの遣日使節プゥチャーチン(Putiatin, Euphimius)の来航によって、再び北辺の領土問題が面倒になってきた安政二年(一八五五)に、際物《きわもの》的に翻印された最初の版本の書名が『北蝦夷図説(一名銅柱余録)』だったので、いまでは普通この名で知られている。幕府の楓山《もみじやま》文庫や昌平《しょうへい》校の書物をうけいれた内閣文庫には、『北夷分界余話』と題する非常に立派な写本が収蔵されているが、この一本はおそらく幕府に呈出した報告の原本であろうから、書名としては『北夷分界余話』を正名とすべきであろう。もっとも、この本の内容からいえば、むしろ『北蝦夷図説』の方がふさわしいように思う。

刊本北蝦夷図説の誤脱

利用者のために附記しておくが、刊本『北蝦夷図説』は、記事・絵図ともに誤りが多く、また地図その他、図数枚を省略している。その後の翻刻はいずれもこの安政版によっているので、内閣文庫本ないし国会図書館収蔵の善本『北蝦夷地部』を底本とする決定版の刊行が期待される(三三八ページ＊参照)。

北蝦夷図説の凡例

『北蝦夷図説』の巻頭には、「常陸間宮倫宗口述　備中秦貞廉編」とあり、編者秦貞廉《はたさだきよ》はその凡例で、「一、凡《およそ》倫宗演話《えんわ》するところのことは悉く是を識《しる》すといへども、其人素《もと》より多言ならず、且つ貞廉が下鈍《かどん》なる、其蘊意《うんい》を探り尽すことあたはざれば、猶《なお》遺漏するところの事少からざるべき歟《か》。一、倫宗の性、言苟《ことといやしく》もせざる者なれば、其自《みずから》見分せざるのことは総て演話することとなし、故に闕如《けつじょ》のことも又少なからず」と言っている。刊本によれば本書は四巻よりなっていて、巻一に総説部、巻二に南方初島部、巻三に南方初島部(つづき)・ヲロッコ夷部、巻四にスメレンクル夷部・附録をおさめている。挿図の数は六五－六におよぶ。なお、清野謙次《きよのけんじ》博士旧蔵の一写本『北夷見聞録』には林蔵の跋文が附されているというが、私はまだその種の写本を見ていない。

『東韃地方紀行』は、二度目のカラフト踏査と、黒竜江下流域探検の紀行をまとめたものである。これは簡単に『東韃紀行』という書名でもつたえられている。前書同様、巻頭に「常陸間宮林蔵口述　備中村上貞助編纂」とある。「文化七庚《こう》午季《ごのとし》秋七月　秦貞廉謹誌」と記しているその凡例には、「一、凡カラフト島中のことは前編中既に記し出《いだ》せば、紀行にあづかることと言へども、此巻略して記すことなし。一、里程を記すこと紀行の主とする所と云へども、別に林蔵が編《あ》む所の里程紀あるを以て、此巻徒《いたずら》に其大概を記すのみ」と見えている。村上貞助と秦貞廉とはもちろん同一人である。また凡例にいう前編の語は『北蝦夷図説』をさすものと思われる。この巻頭の記と凡例とを欠く写本もある。本書は三巻からなり、巻上に本蝦夷地ソウヤ（宗谷）を発して東韃靼《だつたん》の徳楞《デレン》にいたる紀行を、巻中にデレンにおける満州仮府《かふ》のくわしい記述を、巻下に帰路の紀行と附記「渾沌江《こんとんこう》」（黒竜江）をおさめ、二〇枚ばかりの図を加えている。

助編者村上貞助

『北蝦夷図説』と『東韃地方紀行』とは、いずれも林蔵の口述にもとづいて村上貞助（秦貞廉）が編纂したものである。貞助は林蔵が師事した村上島之允（秦檍丸）の養子となった人。貞助が林蔵の仕事をたすけたのは文化七年（一八一〇）であるが、その翌八年に、例のゴロヴニン（Golovnin, Vasilij Mikhajlovich）がクナシリ島から松前に護送されてきた。貞助は彼についてロシア語を学んだが、ゴロヴニンは貞助の進歩のはやさに驚いている〔参三九〕。このとき貞助は二四―五歳だったというから林蔵より一一―二歳年下だったことになる。貞助は文化四年（一八〇七）に前年カラフトでおこなわれたロシア軍艦の狼藉に関する番人たちの供述を書きとって『赤賊寇《せきぞくこう》辺実記《へんじつき》』を著わしており〔参二三〕、また後に『魯西亜《ロシヤ》人モウル存寄書《ぞんじよりしょ》』（ゴロヴニンの部下ムールの提出した意見書）を翻訳し、別に南海漂流者の口述によって『享和三癸亥漂流台湾チョプラン島之記』を編してもいる（新装版付記⑤参照）。

東韃探検の紀行原本

林蔵は、貞助が協力して『東韃地方紀行』を編纂した際の原本になった、詳細な探検日誌を所持していたらしい。斎藤拙堂《せつどう》がその『鉄研斎輶軒書目《てつけんさいゆうけんしょもく》』で、「世此の書（東韃地方紀行）を以て倫宗の手録する所と為す。余倫宗を識《し》る。嘗て之を挙げて之を問ふ。倫宗曰く、是《これ》奉行所の書吏《しょり》の吾が話説を筆録する者にして、吾が著す所にあらざる也。吾は別に自ら著す所の書、十五巻あり、これを篋底《きょうてい》に秘せりと」（原漢文）と言っている、その一五巻の「自著」がそれだと思われる。奉行所の書吏とはいうまでもなく村上貞助のことである。この一五巻本の紀行原本については、古賀侗庵《こがとうあん》も、「書《す》二満俗図略《の》後《に》一」（『侗庵全集』三集巻八収録）で、「林蔵又北に在つて見聞する所を録して、書十余巻と為して官に上《たてまつ》る。秘して出さず。其の鈔して一巻と為して東韃紀行と名づくる者、世或はこれを伝ふ。予謄写して家に蔵《おさ》む」（原漢文）と記している。官に上ったという、この十余巻の自筆見聞記が、林蔵の正式の報告だったのであろう。なお、水戸の小宮山楓軒《こみやまふうけん》は、「其紀行を幕府に上《たてまつ》りし時、諸有司の議にて、故障あるべきことは多く削らせたりと云ふ」（国会図書館蔵『懐宝日札』二）と言っているが、これは一五巻の探検記原本と三巻の『東韃地方紀行』との関係を誤りつたえたものであろう。それはともかく拙堂と侗庵の言うところによって、林蔵自記の一五巻の報告書は、幕府に奉ったもののほかに林蔵の手許にも一部秘蔵されていたことが知られる。林蔵の歿後、その所持品はいっさい勘定所へおさめているので〔参六〕、そのうちには当然、手許本もあったにちがいない。だが、幕府に帰した二本とも、いまは内閣文庫にも収蔵されていないし、ほかにもその所在をきかない。残念ながら、林蔵の紀行原本はすでに失われてしまった模様である。

満江分図書

ところが、幸いにも、右の紀行原本の附図とも見らるべき『間宮林蔵満江分図《まんこうぶんず》書《しょ》』と題する写本があって、北海道庁の収蔵となっている。写本は二部あって、いずれも上記の書名が附されているが、もちろん後人《こうじん》の仮題である。これは、林蔵がカラフトから大陸へ渡って、黒竜江上のデレンにいたり、そこから引きかえして、カラフトに帰着するまでの全行程を図記した、完全な見取図である。これ

満俗図略

については、さきにくわしく紹介したが、この一冊のフィールド・ノートを見るにつけても、詳細な探検記原本の失われてしまったことをはなはだ残念に思う。

さて、侗庵のいう『満俗図略』であるが、これは、彼の岳父《がくふ》にあたる鈴木白藤《はくとう》（成恭、岩次郎）が所持していた『東韃地方紀行』の図と同じもの二〇枚を、画工にうつさせて一帖に仕立てたものに与えた仮名《かめい》である。

窮髪紀譚

なお、侗庵はこれとは別に文政九年の春、門生に命じ林蔵の満州に関する口話を筆録させて『窮髪紀譚《きゅうはつきたん》』一巻をつくっている。窮髪とは極北不毛の地のことで『荘子《そうじ》』に見えている語である。彼は林蔵の話しぶりのおもしろさを、「予嘗《かつ》て林蔵を家に招致して、膝《ひざ》を接してともに語る。談鋒纚々《だんぽうしし》として窮《きわま》らず、人をして倦《けん》を忘れしむ」（原漢文）（『書満俗図略後』）と言っている。林蔵の話上手については、水戸の小宮《こみ》山楓軒《やまふうけん》あて天保《てんぽう》六年六月四日づけの友部好正の手紙にも、「噺《はなし》のおもしろき男にて御座候」（国会図書館蔵『楓軒年録』第四四冊）と見え、また斎藤拙堂《せつどう》も、「酔ひきたれば、談屑《だんせつ》飛びて霏々《ひひ》たり、満座耳を傾けて倦《あ》かず」(原漢文)(『摂東七家詩鈔』巻五)と記している。『窮髪紀譚』は原本が宮内庁書陵部に架蔵されており、北海道庁も一本を収蔵している。なお、本書の成立年次については、第七節第四項を参照せられたい。

カラフト図の作成

林蔵は村上貞助の助力で『北夷分界余話』や『東韃地方紀行』の編述にあたる一方、彼みずからの手でカラフト図を作成する仕事に力をそそいだ。最初に、一緯度を四寸二分に縮尺した小図をつくったが、さらに三万六千分一縮尺の五丈にあまる大図(帖七)を仕あげた。大図は海岸線の描写が詳細をきわめている。この地図の原本はいま内閣文庫の所蔵となっているが、その凡例に「文化七年庚午《こうご》秋間宮林蔵識《す》」とあるので、完成はその頃であったと考えられる。カラフトの形はだいたい整っているが、前にも述べたように、林蔵は当時まだ緯度の天文測定法を心得なかったので、その設定がいいかげんで、カラフトは実際には北緯四五度五三分から五四度二六分のあいだに存在するのに、それを四五度五一分から五〇度四一分としていると。この地図には「凡例・附里程記」が添付されている。

こうして、ようやく報告書類もととのったので、林蔵は文化七年十一月に松前《まつまえ》を立って、翌八年正月に江戸へ着いた（『春波楼筆記』）。その途中、二本松どまりの際、彼は二本松藩士で最上《さいじょう》流算学の祖会田安明《あいだやすあき》の高弟として名のきこえていた渡辺治右衛門を訪問している。治右衛門は、文化五年十二月二十八日発の安明の書翰によって、半年前におこなわれた林蔵のカラフト探検（第二次）のことを知り、翌年二月七日、安明に「右間宮林蔵と申仁《ひと》は何役相勤御座候哉《や》、当地御通行之砌《みぎり》にても、御知るべ罷成度奉レ存候」と書きおくって、林蔵と知りあいになりたいと、二年間も邂逅《かいこう》の機会を待ちわびていたのであるが、文化八年正月帰府の途中、林蔵の方から治右衛門に面談を申込んできたのであった（皆川新作「会田安明の村上檍丸か伝」―『伝記』八巻九号）。

林蔵の第一回カラフト探検のことは、翌年の正月にははやくも二本松辺の人士までが聞き知っていたのであるから、第二回目の探検でカラフトから東韃靼《だったん》までも踏査したという噂《うわさ》は、文化七年中には奥州街道一帯にひろまっていたにちがいない。名声さくさくたる中を凱旋将軍のように颯爽《さっそう》と江戸へ帰ってきた林蔵の雄《ゆう》姿《し》が想像されてはなはだ愉快である。

奥州街道における林蔵の評判

江戸に帰った林蔵は、さっそく上記諸書の清書にかかり、功をおえると、それに地図を添えて幕府へ呈した。内閣文庫所蔵の『北夷分界余話』一〇帖と、『東韃地方紀行』三帖は、そのときの献上本であると思われる。二本はいずれも「文化八年辛未《しんび》春三月」の記をもっているが、これは完成した時期ではなしに、清書がおわって献上された時日を示すものであろう。

報告書呈出

林蔵の報告書には、これらのほかに、第一次カラフト探検の際、ソウヤで松前奉行に差出した『カラフト島見分《みわけ》仕候趣申上候書付』と添附のカラフト図がある。これらについてはすでに前節第四項で紹介しておいたのでここでは触れない。

第一次カラフト探検報告書

林蔵はその後、著述をしていない模様で、彼の著作は以上につきると思われるが、島田《しまだ》

一〇巻本北夷考証

好《このむ》氏は満鉄刊本『東韃紀行』の解説で、『北夷考証《ほくいこうしょう》』一〇巻を彼の著書としてあげている。同名の一巻本は高橋景保《かげやす》の手になる有名な書物である。この本は文化六年中にできたもので、当然それを知っていたはずの林蔵が、同一書名の著作をするということは、どうも不審である。私は一〇巻本『北夷考証』の所在を知らない。

蝦夷生計図説増補

自らの著作とはいえないが、『蝦夷《えぞ》生計図説《せいけいずせつ》』も村上島之允の編著を林蔵が増補したものである。本書はアイヌのイナオ・船舶・衣服・住居・耕耘《こううん》などを図説したもので、はじめはきまった書名とてなく、『蝦夷産業図説』・『蝦夷国図説』などいろいろの名で呼ばれていたが、文政六年、遠山左衛門尉《ざえもんのじょう》(景晋)の命で、島之允の養嗣子村上貞助がこれに『蝦夷生計図説』と名づけている。東京大学人類学教室収蔵の『蝦夷生計図説』は、巻頭に「伊勢秦檍丸《はたあはぎまろ》撰　常陸間宮倫宗増補」とあり、左の文政六年三月、村上貞助秦一貞の序をもっている。

蝦夷生計図説の序

家翁村上島之允秦檍丸、蝦夷の風俗・言語・飲食・居家・器械を写し、是が説を作りて不朽《ふきゅう》に伝へ、百年の後、天下後生《こうせい》をして、蝦夷の古態を見る事を得せしめんと欲し、此図説を草創《そうそう》せり。其後、間宮林蔵倫宗、是を潤色《じゅんしょく》し、遂に八巻をなすといへども、其後、檜丸早く死し、倫宗は地図を撰するの忙しき、遂に篇を全くする事あたはず、僅に木幣・造船・衣服・耕耘《こううん》の類四－五条にして業を廃す。然も八巻の書、亦《また》其作業の大概を閲するに足れるを以て、世往々是を貴重すといへども、此書従来無名にして、唯一帖二帖を以て行はる。茲《この》年、左衛門尉遠山景晋《かげくに》君、予が輩に命じ、写して蔵本一部を作らしめらるゝに至て、是が名を施し、且檜丸・倫宗が著述せる本志を誌すべしとの令に依て、名づくるに蝦夷生計図説を以てし、且其旨を題することしかり。

この図説の資料の蒐集地域は東蝦夷地・クナシリ島辺にかぎられている。この点から見て、島之允が本書を編纂したのは寛政十二年頃であり、林蔵がこれを増補したのも文化初年のことであったと推測される。

島之允は寛政十一年の越年中、『奥州駅路図』をつくっている。これは蝦夷地に向うときの採集資料を整理・編纂したもので、随行した林蔵もその手だすけをしたものらしく、筑波大学図書館に収蔵する『東山道駅路図』の巻頭には「常陸州門人間宮倫宗校合」とあり、東洋文庫所蔵の『陸奥州《むつのくに》駅路図』巻五にも「常陸州間宮倫宗参補」とある〔参二九〕。

林蔵は文化から文政にかけて、勢力的に蝦夷地を測量し、多くの地図を作成したが、こ

奥州駅路図参補

海瀕航行図は林蔵の成作か

れとはまた別系統の地図が、生家の間宮家に、林蔵の遺品として保存されている。それは『海瀕《かいひん》航行図』という三帖仕立ての写図で、瀬戸内海の海路図である。林蔵は蝦夷地へ渡る以前、各地を巡廻したようであるし、また幕府の隠密《おんみつ》となってからは、何回も西国方面へ赴いているので、この地図はそのいずれかの際に作成されたものであると考えられなくもない。しかし、林蔵の歿後、その手許にあった資料は全部幕府におさめられており、生前も彼はそれらの資料を秘蔵していたので、その一部が外部に洩出するということはあり得なかったように思われ、それに間宮家の遺品は明治の中頃以後に蒐集したものが多いとのことであるから、この地図もはたして彼の作成になるものかどうかは、まだ検討の余地があろう。

四書講義の整版作成

なお、旧満鉄大連図書館所蔵の『東韃紀行』の表紙裏に書入れられている林蔵の略伝には、次のような、彼が木版本の板木を彫刻したという変った話が載っている。

此人書は善《よく》、画も大概、数学は善、地理に委敷《くわしく》、天文にも通じ、彫刻は元より数寄《すき》にて上手なりといふ。清朝近刻の四書講義、近《ころ》来渡、林蔵一人の手にて彫刻したりといふ。

ここに言われている整版《せいはん》の『四書講義』は、文政十一年に刊行された陸隴其《りくろうき》の『松陽《しょうよう》講義』一二巻のことであろう。これは五冊本であるが、その板木全部を林蔵ひとりの手で彫ったというのである。真偽ははかりしれぬが、とにかく林蔵の生活の一面を示す興味ある話である（新装版付記⑥参照）。

四　第二次探検と高橋景保

林蔵の帰府を待ちわびる高橋景保

林蔵がカラフトの北端から、黒竜江下流域までを踏査して、松前《まつまえ》に帰ってきたことは、文化七年（一八一〇）のはじめには、江戸へも伝えられたであろう。林蔵の来着をいちばん待ちわびていたのは、高橋景保《かげやす》であった。が、林蔵はながいこと報告書類の作成にかかっていて、なかなか江戸へやってこなかった。彼が江戸に着いたのは八年の正月であった。ここでまた清書がはじまり、それが完成して幕府に呈出されたのは三月にはいってであった。

林蔵の性格からいって、幕府に報告するまでは、相手が景保であろうと、その調査資料を易々《やすやす》と見せようとはしなかったであろうから、景保が林蔵の調製した精細なカラフト・東韃靼《だったん》図に接したのは、おそらく献上本によってであったと思われる。

先ず日本辺界略図と新鐫総界全図を刊行

景保は文化六年に田善《でんぜん》の彫刻で『日本辺界略図』・『新鐫《しんせん》総界全図』と名づけた二種の小銅版地図を刊行した。これらの図に示されているカラフトの島形は、外国地図に見えるサハリン島図に、林蔵の第一回カラフト探検の中間報告に添えられたカラフト図を接合したものであった。このことは前に述べたとおりである。

新訂万国全図の作成

景保は、幕府から世界図の新修を命ぜられていたので、それを作成するための手習いとして、これらの小図を刊行したのである。それで、小図ができあがるとさっそく大世界図の調製にとりかかり、翌文化七年の三月にははやくも、両半球の直径三尺ほどの大地図を完成して幕府に献上した。これが『新訂万国全図』である。その献納図とおぼしき筆写図がいま内閣文庫に収蔵されていて、その識語に「文化七年春三月　測量所臣高橋景保識《す》」と見えている。景保は、このときはまだ林蔵の第二回探検の結果を知らなかったのであるから、いうまでもなく、同図中のカラフト図は前年の小図同様の島形である。

林蔵の帰府を待って刊行の意図

こうして、筆写図はいちおう出来あがったが、景保はこの原図からすぐ刊図をつくろうとはしなかった。彼は林蔵の帰府を待ち、その再検分の成果をとり入れた上で、銅版に附するつもりでいたらしい。『新鐫総界全図』の文化六年六月の序に、「丁卯《ていぼう》冬、奉㆑命補㆓訂万国全図㆒……今別撰㆓本邦辺界略図㆒附㆑之。若《ごときは》㆓北夷地方《の》多未㆑審《つまびらかなら》、姑《しばらく》存㆑疑、俟《まつ》㆓後考《に》㆒。」と記し、また同年成稿の『北夷考証』に、「思フニ彼レ前年到リシハ、ラッカ或ハホコベノ辺マデ往テ、其尽頭《じんとう》ヲ詳《つまびらか》ニセザルナラン。其ノ地形・方位・道路・村落・土俗ノ詳ノ如キハ、間宮生帰府ノ時ヲ期スルノミ」と言っているところを見ても、その間の事情がうかがわれる。

新訂万国全図の刊行

やがて景保は『新訂万国全図』の銅版図を刊行した。これも田善《でんぜん》の彫刻になる

林蔵の第二次探検成果を採用

ものであるが、刊行の時期は明確でない。刊図にも筆写図同様、文化七年三月の識語《しきご》があり、凡例の文も両者同一である。それで、一般に銅版図は文化七年にできあがったもののように言われている。しかし、この刊図を子細に検討してみると、カラフトの島形や黒竜江下流の水路の描図において、これを七年のはじめに作成されたものとはうけとれない点が種々発見される。カラフトの島形は筆写図のもとの姿が消えて、林蔵のそれに改められている。また黒竜江の水路も、ダンヴィル図や中国の『皇輿《こうよ》全覧図』にしたがった筆写図の描図はすてられて、林蔵の第二回探検図の図形が採用されている。なお、林蔵が第二次探検の際に到った黒竜江上における満州仮府の所在地デレンの名も新たに記入されている。デレンは『皇輿全覧図』には見えていない地名である。これらの事実は、刊図が林蔵の第二次探検の知識によって補正されたものであることを明確に示している。とすれば、刊図の銅版彫刻がおこなわれたのは、林蔵が調査報告類を幕府に呈出した文化八年三月以後ということになる。

赤羽壮造氏の考証

以上の事実は、最近、赤羽《あかば》壮造氏が筆写図と刊図を比較精査された結果、はじめて明らかになったもので、氏は「新訂万国全図（筆写図、銅版図とも）は日本における世界全図作製史上、一エポックを画する傑作である。そして筆写図の成つたのは文化七年三月であるが、銅版図の出来上つたのは文化八年秋以後と推定するのが妥当であらう」と結論されている〔参二七〕（新装版付記⑦参照）。

景保なお意に満たず

景保は、林蔵の探検結果をとりいれた『新訂万国全図』の刊行によって、世界図新修の使命を完うすることができた。最も新しく最も正確な大世界図として、この『新訂万国全図』を完成したことに対する、景保の誇りと喜びは一方ならぬものがあったと思う。が、この新図は探求心の強い景保には、なお意に満たないものがあったにちがいない。それは、島形が小さいため、カラフト島の全沿岸はいちおう実線で示されているが、林蔵の未踏査地域である東北岸と西岸の北端とは想像によって描かれていたからである。もしも景保に『日本辺界略図』の新版を出す機会があったとすれば、旧図に点線で示された沿岸線のうち、林蔵が第二次の探検で踏破した海峡地域一〇〇マイルだけが実線化され、西岸における林蔵の到達点から北上して北端をまわり、さらに東岸を南下して北シレトコ岬にいたる海岸線は依然点線として残されたであろう。先にも触れたように、景保のカラフトに対する異常なまでの関心が、後年いたましくも、一身をほろぼすシーボルト事件を引き起したのであった。

シーボルト事件の契機

第六　再び蝦夷地へ

一　帰府後の一年

凍傷で手指腐壊痂結す

林蔵はなれない極寒の地で、苦難の越冬生活をしたので、その指はことごとく凍傷にかかって、形をかえていた。それについて、久坂通武《くさかみちたけ》（玄瑞）の『俟采択録《いさいたくろく》』に、「我が清末船越《きよすえふなこし》翁、嘗て江戸に游《あそ》びて倫蔵を見る。手指尽く腐壊痂結《ふかいかけつ》す。その苦楚《くそ》想ふべき也」（原漢文）（『松下村塾之偉人久坂玄瑞』）と見えている

凍傷をふせぐためには、種々の方法を講じたであろう。林蔵の第一次カラフト探検に同道した松田伝十郎は、その『北夷談』（第二）の、文化元年にエトロフ島在勤中、ウルップ島への渡り口アトイヤまで出張したときのことを述べた記事に、

手足は焼けても苦しからず

「此時、雪中といひ、殊に極寒の砌《みぎり》ゆへ、雪焼《ゆきやけ》と云事有り、耳幷《ならびに》陰嚢《いんのう》をよく手当《てあて》して、焼ざる様いたすなり。たとへ手足は焼けても苦からず、陰嚢・耳を焼けば命に拘《かかわ》ると、乙名《おとな》夷《い》教て云。是に依て、真綿《まわた》或は狐の尾を以《て》よく包み、頭は頭巾《ずきん》二重にして眼斗《ばかり》を出し旅行す」と述べている。「手足は焼けても苦からず」とは、雪焼でひらかなくなってしまった手足の指に熊の胆《い》をといて塗ったところ、三〇日ばかりで、指の皮がむけて治癒した経験から、こう言っているのであろうが、「苦からず」は強がりで、命に別状はなくとも、手足の凍傷は大へんな苦痛だったにちがいない。治癒したとしても「腐《ふ》壊《かい》痂《か》結《けつ》」の状態になり、動きも悪くなったことはいうまでもなかろう。

林蔵の防寒頭巾と毛布

『北夷談』には、防寒具として、「頭巾《ずきん》二重にして眼斗《ばかり》を出し旅行す」とあるが、やはり眼ばかり出るようになっている頭巾がひとつ、林蔵の生家にあって、彼が使用したものであるとつたえられている。が、これはいかにも薄いもので、はたして極寒地でつかわれた防寒具かどうかあやぶまれる。同家にはほかに一枚の毛布が保存されている。この毛布はもと林蔵の養父飯沼甚兵衛（あるいは次代の甚兵衛）の娘が林蔵からもらって所持していたものであることが明らかなので、それは林蔵の北地探検に使用したものと見てまちがいない。

祖母を失い帰郷

林蔵は不自由な手で報告書の清書をはじめたが、二月十九日に祖母を失って帰郷したことも手つだってか、その完成には、正月から三月まで四ヵ月もかかっている。

祖先の墓碑

郷里上平柳《かみひらやなぎ》村の菩提《ぼだい》所専称寺にある林蔵の墓碑の右側面には、祖父母とおぼしき男女の戒名《かいみょう》と命日《めいにち》が刻まれている。命日は信士《しんじ》が明和三年一月十七日、信女《しんにょ》が文化八年二月十九日である。

なお、林蔵の墓碑にはただ「間宮林蔵之墓」とだけあって、その命日が刻まれていないことや、父母は曾祖父母とひとつの墓碑になっているのに（命日は、父文化十四年四月十五日、母文政七年八月四日、曾祖父享和元年十二月二日、曾祖母寛政九年十一月十八日）、上述のとおり、祖父母は林蔵の墓碑の右側面にその戒名が刻まれているところを見ると、林蔵は祖母の葬式に帰郷した際、自らその墓碑を建てて、それに祖父母の戒名・命白をも

生前の墓

同刻したのであろう。蝦夷地へ渡るにあたって、自分の墓をつくったという郷里の伝えは事実であると思われる（新装版付記⑧参照）。

論功

報告書が呈出されると、老中牧野備前守忠精《ただきよ》から、林蔵の功労に対して格別の御沙汰《おさた》があり、また褒美や特別手当金などが与えられた〔参六〕（新装版付記⑨参照）。

病臥

報告書の呈出がすむと、さすがに頑健《がんけん》な林蔵も、一時にどっと疲れが出たのか病の床についてしまったようである。さきに紹介した旧大連図書館所蔵の『東韃紀行』の表紙裏に書入れられている林蔵の略伝には、病気になってからの林蔵について、他の資料には見られない事実が記されているので、それをわかりやすく書きなおして紹介してみよう。

生前の略伝の記事は疑わしい

林蔵は報告書類を清書して幕府に献上してから、病気にかかって長く引きこもらなければならなかった。それで、とても勤めはできかねるといって、永のお暇《いとま》を仰せつけられたいと願いでた。公儀ではそれをききいれず、典薬頭《てんやくのかみ》に林蔵の治療を命じた。典薬頭が病状を報告したところ、林蔵を同心組頭格《どうしんくみがしらかく》に任じて、七〇俵五人扶持《ぶち》を給し、生涯役目は御免、もっとも自然快気におよんで、諸国に出張できるようになれば、改めて申付けることもあろうということになった。この年十月、異国船海岸御用係を仰せつけられて勘定奉行《かんじょうぶぎょう》にぞくした。江戸の住居は芝の正覚寺《しょうがくじ》表《おもて》川尻《かわじり》新築地《しんつきじ》である。

雇から支配調役下役格へ

病気になったことは事実であろうが、この略伝の記述には疑わしいところがいろいろとある。林蔵の歿後、勘定奉行が出したその跡目《あとめ》相続に関する伺書《うかがいしょ》によれば、林蔵はこの年はまだ松前《まつまえ》奉行にぞくしていて、その四月には、これまでの雇から支配調役下役格《しはいしらべやくしたやくかく》に任ぜられ、三〇俵三人扶持を与えられている。略伝にこの年、同心組頭格にされて七〇俵五人扶持を給せられたとか、またまもなくその十月に、異国船海岸御用係を命ぜられたとかいっているのは、いずれも間違いのようである。文化八年十月の異国船海岸御用係任命は、文政七年の房総御備場手《おそなえばて》附《つき》任命を誤ったのではなかろうか。島田好《このむ》氏は、略伝が書かれたのは文化七－八年頃のこととされているが〔大連図書館本刊本解説〕、上記の解釈や、記中に見える林蔵の四国・九州巡廻が天保《てんぽう》中頃の事実と考えられることなどから、それは林蔵の歿年にちかいころ書かれたものと推定される。

司馬江漢を訪問

林蔵の病気も五月頃には全快したものらしく、六月二日には司馬《しば》江漢《こうかん》の家を訪れて、満州の話などをしている〔『春波楼筆記』〕。

山田聯のカラフト・サハリン本来別島説

時日はやや遡るが、まだ報告書を清書していた閏《うるう》二月に、林蔵は『北裔《ほくえい》図説集覧』の著者である山田聯《つらね》にも遇っている。『北裔図説集覧』は、高橋景保の『北夷考証』や『日本辺界略図』とほとんど時を同じくして文化六年六月に成稿し、大学頭林述斎の認めるところとなって、八年秋、幕府の地誌備用典籍に加えられたものである。聯は林蔵と会談後、さらに「問《うの》二間宮生《に》一書」を寄せ、林蔵もこれに答えている。聯はこの問書《もんしょ》で、カラフト島は南北の中間に低湿の沙州地帯があり、時にそこが浅い海峡となって、南北の二島となり、時に南北合して一島となる関係にあったので、百年前、中国側でサハリン図を描いた当時は二島となっていたが、現在は一島に連《つらな》っているのではなかろうか、と言って、林蔵の意見を求めている。聯の説はなかなかおもしろいが、これは机上の研究にもとづく想像説にすぎなかった。

千百年前は別島かと答う

ところが、二回も実地踏査をした林蔵が、どうしたわけか、この想像説にころりと参ってしまっている。林蔵は、西海岸はほとんど全岸、東海岸は南半を踏査しているが、内陸は南カラフトの最短地峡を山越えしたにすぎない。それなのに彼は、西岸のフウヤクトーから東岸のメサのあいだは、地形が聯のいうところに合っているので、自分もかねて千百年の前は、ここが浅い海峡ではなかったかと「疑心時に胸間にせまること」もなくはなかったと言っている〔参六〕。これはまことに解《げ》せないことである。林蔵は後年にいたっても、まだこの説に迷わされていたものらしく、川路聖謨《かわじとしあきら》に「唐太《からふと》とサハリンもと二島にて、後年、一島に成たる

伊能忠敬に緯度測定法を学ぶ

か」〔『川路聖謨関係文書』〕と語っている。

この年、林蔵は伊能忠敬《いのうただたか》について天文測量術を習得している。カラフト探検の際の林蔵は、まだ天文観測による緯度の測定法を心得ていなかった。幕府へ呈出した『北蝦夷地図』にも緯度は示されているが、これは忠敬にしたがって、二八里二分を一度の距離として定《き》めたまでである〔参一六〕。

ところが、文化九年二月、松前で幽囚《ゆうしゅう》中のゴロヴニンに会ったとき、すでに林蔵は、イギリス製の銅の六分儀《ろくぶんぎ》・コンパス附きの古風な観測儀・作図用具・人工水準用の水銀などを所持していて、六分儀を使い、天然水準によって太陽の高さを測定する術を心得、真南の太陽の高さによって土地の緯度をはかる方法を知っていた。そのため彼は太陽の傾斜表とそれに関する修正表を使っていた〔参四一〕。しかし、彼はまだ経度の測定法は知らなかった。林蔵が天文観測による緯度の測定法を知ったのは、忠敬の教えによるものであることはいうまでもない。上にあげ

林蔵の天文測量術学習と忠敬の全国沿岸実測

た観測器具も忠敬から譲りうけたものであろう。

林蔵が忠敬から進んだ測地法を学んだのは、もちろん彼みずからの希望に出たもので、それはこれまでの測地方法に不満足な点が多いことを反省したからである。が、ひとつには、それは松前奉行の了解のもとに、その支配調役下役格の資格のまま、忠敬が仕残していた蝦夷地の沿岸測量を林蔵に依頼するという話あいがついたので、そのための準備であったと考えられないこともない。文化五年、林蔵がカラフト探検に赴く直前、そのことをも報じた忠敬あての松前奉行支配吟味役高橋三平の年賀状に、「扨《さて》、貴君にも何卒《なにとぞ》、近年之内御下り、地形《ちぎょう》御十分ニ御仕立、後世之鑑《かがみ》と仕度《したき》事ニ御座候。其節は林蔵なども貴下へ属させ、働らかせ申度候」〔参三六〕と言っていることからも、右の事情が推測される。

忠敬全国沿岸実測に邁進

伊能忠敬の江戸の屋敷は深川の黒江《くろえ》町にあった。この年五月、九州から江戸に帰ってきた忠敬は、休む暇もなく、既往三ヵ年にわたる測量の資料を整理して、その地図を作成する仕事にかかった。そして、十一月に地図三種が完成すると、その二十五日には、はやくも第二次九州測量のための旅に立っていった。それは全国沿岸の実測と、その実測材料にもとづく日本全図の作成という大事業を、身ひとつに背負った老学者の初志貫徹に邁進《まいしん》する尊い姿であった。

忠敬林蔵を高く評価

こうして、忠敬の江戸滞在は地図作成に明けくれた忙《せわ》しい生活であったが、その間に彼は林蔵に対して、むずかしい高等測量術を教授しているのである。忠敬は林蔵を高く買っていた。そのことは、この年十一月六日、忠敬がその子景敬《かげたか》に与えた書翰で、次のように言っているところからもうかがわれよう。

　間宮林蔵も蝦夷地出立相延《し》、当廿日頃ニ相成、是も三治郎（景敬の子）ニ対面致度、佐原《さはら》江態々《わざわざ》立寄申度候得共、年内余日も少《く》、年内松前着ニ日限も無レ之候得バ、佐原立寄覚束《おぼつか》なく候様子ニモ相見《え》候。左候得バ、三治郎儀もおりて（景敬の妻）一同ニ御登《のぼ》させ成さるべく候。日本ニ稀なる大剛者《たいごうのもの》ノ間宮ニ候得者《ば》、三治郎対面致させ候も宜候。

師弟東西に別る幾百里

忠敬の手紙によれば、林蔵は蝦夷地へ向かって十一月二十日頃に、また忠敬は九州指《さ》してその二十五日に、それぞれ出立することになっていた。親子のような師弟は、あわただしくも時を同じくして、東西幾百里、日本の東の端《はし》と西の端に別れ去らなければならなかったのである。このとき忠敬は林蔵のもとめに応じて左の贈序《そうじょ》〔参六・三六〕を書き与えている。

贈間宮倫宗序

間宮倫宗に贈くる序

非常の人

古人言ふあり、曰く、世に非常の人ありて後、非常の功あり。蓋《けだ》し、非常の功は成り難くして、非常の人もっとも得難し。その非常の人を得るに及べば、すなはち非常の功就《な》るべきに庶幾《ちか》からん。寛政の末、覇府《はふ》群吏をして大いに蝦夷地を開かしむ。是において、これを海に航し、これを田に墾《ひら》き、これを指方に教育す。各奇人才士あり、以てこれを慮《おもんぱか》る。しかして蝦夷の地たる東北隅に僻在《へきざい》し、北狄《ほくてき》と相接す。層氷《そうひょう》凝寒《ぎょうかん》、粒《りゅう》食《しょく》なく居室なし。開闢《かいびゃく》より以来、教条存する所を見ず。これを撫育《ぶいく》せんと欲するに由なく、躬《みずか》らこれに臨む。土地の広袤《こうぼう》その方を詳《つまびらか》にせず、夷俗の多少その実を知るなし。

清人の都護府を訪ぬ

相親しむこと師父のごとし

故に群吏の慮るところ、率《おおむ》ねその帰を得ざるもの、蓋しこれに由《よ》るか。間宮倫宗なる者あり。嘗て群吏と倶《とも》に夷地を往来する年あり。しかして後、孤剣単身、窮厄《きゅうやく》を厭《いと》はず、地の盤旋《ばんせん》する所、島嶼の向背する所、悉くその方を窮《きわ》め、以てその風容を詳《つまびらか》にし、以てその態状を察す。遂に北狄満州の地に到り、清人《しんじん》の都護府《とごふ》を訪ねて帰る。具《つぶさ》に以て有《ゆう》司《し》に献ず。是において夷地の詳略指して慮るべきなり。覇府《はふ》その功を偉としてこれを職に命じ、さらに夷地に入りて、その方を慮らしめ、今茲《ここ》に辛未《しんび》の冬、将《まさ》に発せんとす。余に就て測極量地の術を問ふ。是より先、寛政庚申《こうしん》の歳、余また命を稟《う》けて蝦夷地を測《はか》り、中路、倫宗と相見《まみ》ゆ。是より相親しむこと師父の如し。今や余、量地に職たり、将《まさ》に九州に赴《おもむ》かんとす。倫宗曰く、君応《まさ》に西岸に赴き、吾すなはち北狄に入らんとす。地の相去ること数千里、相別る年数あり。願くば乞ふ、一言以て会期の符と為さんと。余曰く、偉なるかな倫宗。政府大いに非常の役《えき》を起す、其人無きに非ざるも、しかも子《し》の履歴するところの如きは、豈啻《あにただ》に櫛風沐雨《しっぷうもくう》と云ふのみならんや。粒食を絶し、凝寒《ぎょうかん》を犯《おか》し、能く人外獣内の俗をして、吾に従つて逆《さから》はざらしめて、終《つい》にその根実《こんじつ》を極むれば、また幾何かあらんや。行け倫宗、能くその職を修め、以て政府非常の功を稗益《ひえき》せんか。これを贈言の別と為す。（原漢文）

文化辛未《しんび》仲冬　伊　能　忠　敬

蝦夷地出立延期

林蔵の江戸出立は、最初十一月二十日ころと予定されていたが、これがおくれて、実際に蝦夷地へ旅立ったのは十二月の晦日《みそか》であった。これは、松前《まつまえ》に幽閉《ゆうへい》されていたゴロヴニンの処置の決定に何か関係があったように考えられる。

ゴロヴニン捕擒

この年五月、クナシリ島の守備隊が、南千島測量の目的でこの島に立ち寄ったロシアの軍艦ディアナ号の艦長ゴロヴニン少佐その他を捕えた。これは数年前におこなわれたフヴォストフ大尉のカラフト・エトロフ侵掠事件に対する報復措置《そち》であった。ゴロヴニンらは八月二十五日に松前へ護送され、奉行荒尾但馬守成章《しげあや》の取調べをうけた。これに対してゴロヴニンは、フヴォストフらの遠征は私利をはかるより出た海賊的行為であって、ロシア国政府の命令によるものではなく、したがって、彼のカラフト島占領は無効であり、遠征に参加した兵員全部は逮捕投獄されている、と答えている。この陳述をだいたい事実と認めた但馬守は、十

ゴロヴニンの処置に関し意見を徴せらる

月晦日、陳述書の翻訳を申達するにあたり、ゴロヴニンらを釈放すべきであるとの意見を上申した。

この陳述書と意見書は、林蔵が発《た》とうとしていた直前に、江戸へ到着したものと思われる。このため林蔵は足どめされて、出立が延びたのであろう。彼は下っぱ役人ではあったが、フヴォストフ事件の体験者であり、そのときの勇名がきこえていた人物だったので、ゴロヴニンに対する処置に関して意見を徴せられたものにちがいない。幕府当局者はその処置をなかなか決定しなかったが、強硬派が

松前護送中のゴロヴニン（早大図書館蔵『ゴロヴニン拘囚図巻』）

幕府の意向に関する情報

優勢で、荒尾奉行の意見はいれられそうになかった。その情報は翌九年の正月頃には松前にも伝えられ、通訳にあたっていた村上貞助はゴロヴニンに対して、

当松前の役人は勿論、当地の全住民まで、御一同のお言葉を真実と思つて居ますが、幕府の閣僚がたは当地のお奉行と意見が違ひ、御一同が嘘を云つてゐると思ひ、熊次郎殿は御返答や御記述の文書を正しく翻訳するだけのロシア語の素養がないと考へてゐるのです。殊にその文書の方には、日本側から見て甚だ判り難いところが数箇所あるので、そんな風に考へてゐるのです。〔参四〕

林蔵は強硬意見

と告げている。林蔵の意見が江戸詰《づめ》の松前《まつまえ》奉行や老中にどれだけ影響力をもっていたかは疑問であるが、彼が強硬論者であって、荒尾の意見に強く反対したであろうことは想像に難くない。そのことは、蝦夷地に帰った後の彼の動勢からもじゅうぶんに推測される。

強硬策に一決

林蔵が八年十二月晦日に江戸を発った頃、幕府の意向は強硬策に一決して、九年正月二十六日、松前奉行に対して、ロシア人共はすぐ返すに及ばないから、こ

れまでどおり拘置《こうち》しておくこと、また蝦夷地のうちどこでも、ロシア船が来航したならば、たとえ漂流船であっても、容赦《ようしゃ》なく打ち払い、けっして上陸させてはならないこと、という指令を発した。

二　ゴロヴニンとの邂逅

蝦夷地にかえる

文化九年二月上旬に、林蔵は松前に到着した。その任務が、蝦夷地の測量を完成するにあったことはいうまでもない。が、彼は当面の問題として、ゴロヴニン事件に重大な関心をもち、そのためにいろいろな動きをしたようである。それらのことは、ゴロヴニンがその『日本幽囚記《ゆうしゆうき》』〔参四一〕に、通訳村上貞助から得た情報によって詳しく書いている。なお、同書の林蔵との会見記はなかなか精彩のある記述で、林蔵の面魂《つらだましい》が躍如としている。それで、ゴロヴニンが知っていた林蔵を紹介して、彼の一面をうかがってみることにしよう。もっとも、林蔵がゴロヴ

日本幽囚記

ニンにエトロフ事件の手柄話《てがらばなし》をしたことや、彼が緯度の天測法を知っていたことなどについては、すでに紹介したから、これらに関しては、先行の二節を参照してほしい。

ゴロヴニン訪問

林蔵は二月のはじめ頃、ゴロヴニンを訪問した。それは伊能忠敬《いのうただたか》からは教えられなかった天文観測による経度の計測法をゴロヴニンに学び、またあわよくば、秘されているロシア側の情報をききだそうとするにあったようである。

ゴロヴニンは、林蔵がはじめて彼を訪問して、天測量地法を教えてくれと申込んできたときのことを、次のように伝えている。

壊血病予防薬を土産に

そのうちに一人新顔がやってきた。それは日本の首府から派遣されてきた、間宮林蔵といふ測量天文家であつた。初めて来た時には係りの通詞がついて来て、「この方は最近江戸からお出《いで》になつたのです。江戸の幕府では、蘭法医の勧告に従つて、この辺で大いに猖獗《しょうけつ》し、甚だ危険な壊血《かいけつ》病の予防薬を少しばかり、この方にことづけて寄越《よこ》しました」と云つた。

その薬品といふのはレモン汁二瓶と、レモンと蜜柑数十箇と、それに非常に匂ひのよい何かの干草《ほしくさ》少量で、この草の方は少しづつ召上るがよいといふ日本側のすすめであつた。そのうへ奉行からと云つて一緒に粉砂糖を三－四斤と、日本人の大好物の蕃椒《とうがらし》の砂糖煮を一函届けて来た。

経度測定法の伝授を頼む

しかしこの土産物は、この日本の測量家にわが陸岸測量法や天体観測法を四の五の云はずに伝授させるための、云はば鼻薬のやうなものだと、われわれはすぐに感づいた。彼はそのために早速ながら、自分の器具類をわれわれのところへ持つて来た。例へばイギリス製の銅の六分儀、コムパス附きの古風な観測儀、作図用具、人工水準用の水銀などで、「この品々の西洋風の使用法を教へて頂きたい」といふ頼みであつた。

間宮林蔵は、太陽の高さで、土地の緯度を発見する方法は会得《えとく》していた。そして太陽と月または星との距離によつて、経度をも探知出来ると聞いて来て、どうしたらよいか教へてくれと云つた。しかしそれは手のつけやうのないことであった。われわれの手許には必要な表もなく、天文カレンダーもなく、そのうへ係りの通詞たちと来たら、どんな簡単なことでも、一苦労しなければ理解出来ない位に、ロシヤ語の理解力がないのであつた。こちらでそれをことわると、この日本人は非常に不機嫌になつて、次のやうに威嚇《いかく》した。

ゴロヴニンを威嚇

「近い中に江戸から蘭語通詞と学者が当地に派遣されて、学術関係の事項について説明を求める筈だが、その時は文句も云はせず、否応《いやおう》なしに返事させますぞ。」

このニュースは余り気持のよいものではなかつた。それは日本側が力づくで、物を教へさせようと、われわれに強制することを意味するからであつた。ムール君は進んでその仕事を引受けた。ただ数学だけは知らないからと辞退して、「フレーヴニコフ君は数学が得意だから、同君を使つたがよいでせう」と推薦した。

自慢話

経度の測定法を教わることには失敗したが、林蔵はその後も毎日のようにゴロヴニンを訪れて、カラフトや千島を探検したときの自慢話をしたり、フヴォストフのエトロフ攻撃のときの体験談をして、負けおしみに大言壮語してみたり、またときには、政治問題をもち出して議論に花をさかせたりした。ゴロヴニンも林

大旅行家

ロシアの対日敵意

蔵の頑固さには閉口した模様である。

彼は毎日通つて来て、殆んど朝から晩まで詰めきりで、自分の旅行の話をしたり、彼が描いて来た各地の要図や風景などを見せてくれた。それはわれわれから見て極めて珍しいものであつた。彼は日本人の仲間では大旅行家と認められ、日本人たちはいつも彼の言を傾聴し、どうしてそんな大旅行を思ひ立たれましたか、と驚嘆してゐた。といふのは彼は千島諸島中第十七島まで行き、サハリンにも行き、そのうへ満洲領のアムール河に達したからであつた。彼の虚栄心は大したもので、絶えず自分の壮挙や、その間になめた苦労を物語り、その最上の証明として旅行中に炊事用に使つた鍋を持つて来ては、獄舎の炉で何や彼《か》や煮炊きして、自分でも食べ、われわれにも御馳走してくれた。それから彼は米飯で火酒を蒸溜する器を持つてゐて、いつも傍の炉にかけてゐた。出来た酒は自分も飲み、われわれにも御馳走したが、水兵たちが大好きだつた。

この学者はわれわれの大敵となつたが、年から年中議論をしたり、喧嘩をしたわけではなく、時にはいろいろな問題について仲よく話をすることもあつた。そのうちで政治問題が最も注目に価ひするのであつた。間宮林蔵は、「日本側としてはロシヤの対日敵

オランダ人の悪宣伝

意を疑ふべき確たる理由を持つてゐる。又欧洲各宮廷の陰謀を伝へたオランダ人の言は本当です」と断言した。

しかし貞助はさうは思はないで、次のやうに考へてゐた。

「オランダ人は腹に一物《いちもつ》あつて、露英両国に対する猜疑《さいぎ》心を、日本政府に吹き込んだのですよ。だから露英両国は同盟してフランス及びその同盟国と戦争しつつ、東洋に膨《ぼう》脹《ちょう》し、ロシヤは陸路を取り、イギリス人は海路によつて進み、その間お互に助け合ひ、やがて支那と日本をも両国で分割する約束だと、日本政府に吹きこんだのです。オランダ人はその証拠として、ロシヤがシベリヤやアリューシャン諸島や千島諸島を併呑《へいどん》し、イギリスの方はインドに支配権を及ぼした事実を挙げて、この両強国が如何に仲よく、日本に迫つて来たかを明示したのです。周知の通り、イギリスのブロートン艦長が二年間日本沿岸を航海し、二度も寄港して、住民と交渉したことがありましたが、そのとき恰度《あたかも》英露両国が同盟して仏蘭西と戦争中だつたので、オランダ側ではイギリスが将来日本を襲撃する肚《はら》があつて、日本の港湾を視察したのだと、日本側に説明これ努めたのです」といふのが貞助の意見であつた。

オランダ側の意見を反駁

われわれはそのオランダ側の意見を反駁し、努めてブロートン艦長の日本沿岸航海の真意を説明して、「この航海目的は当のオランダ人も非常によく承知してゐたのです。しかしオランダ人の度はづれた貪欲《どんよく》と羨望《せんぼう》が、日本をしてロシヤとイギリスに交易を許容せしめなかつたのです。なぜかと云へば英露両国に交易を許せば、オランダ人はもう日本を欺《あざむ》いて、西洋の屑物を高い値段で、いや不当な値段で売れなくなり、多大の利益を失ふからです。」

貞助はわれわれの説にすつかり賛成し、「オランダ人の貪欲と狡猾《こうかつ》がそんなことを云はせたのだ」と信じたが、間宮林蔵はこれに賛成しようとしなかつた。

ロシア人に対する先入観

林蔵は腹をさらけ、自分をまるだしにして、ゴロヴニンと話しあった風であるが、彼にはロシア人に対する先入観があったので、相手を正しく理解することはできなかったらしい。むしろ談笑のあいだにも、相手の非を探ろうとだけ心がけていたかのようである。

幕府の強硬策が松前に伝えられて、いつまたロシアとのあいだに戦争が起ると

釈放反対運動

もしれない情勢になった。このことをゴロヴニンに報《しら》せた貞助は、交替の奉行が着任して、ゴロヴニンの処置について荒尾但馬守と同意見を抱き、ロシア人にとって有利な報告を提出させたら、同役たる荒尾奉行の個人的斡旋と相まって、事件も好転するであろう、と告げた。が、林蔵は荒尾や貞助とはちがい、ますます硬化して、釈放反対運動をつづけた。その間の事情について、『日本幽囚記』には、次のように書かれている。

林蔵は大敵

そのとき貞助からこんな話も聞いた。新任の奉行は、これまでわれわれに見せてゐなかつた、例のフヴォストフから日本側に送つた秘密の文書を携行して来るといふのであつた。そしてこの文書を待ちながら、日本側では絶えずいろいろな新しい質問を持ちかけて来た。これは間宮林蔵の指金《さしがね》であつた。といふのは林蔵は（貞助の話によると）前述の通りわれわれの大敵となり、当地では奉行に進言した上、江戸へも報告書を送つて「あのヲロシャ人どもは必定《ひつじょう》日本を欺いてゐると思ふ。彼等は偶然に来たのではなく、間者《かんじゃ》として参つたのである」と断言し、沢山の証拠を挙げたさうである。

間宮林蔵がこの意見を作り上げた論拠といふのは、全然こちらには判らなかつた。しかし貞助の話した論拠は、笑止千万《しょうしせんばん》で、愚劣極まるものであつた。少くともヨーロッパではさう思はれるものばかりであつた。例へばわれわれは広東《カントン》の某イギリス商人宛の額面五千ピアストルの信用状を持つてゐた。ところが間宮林蔵にはそれが胡散臭《うさんくさ》く思はれ

林蔵の疑い

「外国人が君等に金を渡す筈はないし、君等は必要品は何でも持つて歩くべきではありませんか」と云つた。だから彼は、その商人は何といふ名前か、ロシヤへ行つたことがあるのか、ロシヤ語が出来るのか、などとたづねるのであつた。それはとにかく、貞助はこんなことを告白した。

林蔵の建白

「間宮氏は皆さんに対するお奉行の好意を動かす力はありませんが、江戸では政府ばかりでなく、一般輿論までが皆さんに対してさなきだに非常な先入観を持つてゐますので、間宮氏の建白は大きな力があるでせう。」

林蔵と奉行の意見相違

林蔵は奉行に建言したり、江戸へ意見書を奉ったりして、ゴロヴニンらを帰国させることの危険を説いた。しかし、荒尾但馬守はこれに動かされず、ゴロヴニンらがフヴォストフの侵掠と関係ないことを老中に諒解させるための努力をつづ

けた。その結果であろうか、幕府は、文化十年のはじめには、フヴォストフらの掠奪はロシア政府の関知しないところである旨のロシア国当局の声明書を提出させることを条件に、ゴロヴニンらを釈放する方針を決した。かくて、高田屋嘉兵衛の斡旋もあって、ゴロヴニンは同年九月二十九日、リコルド海軍中佐に迎えられ、ディアナ船に乗って帰国の途につくことができたのである(新装版付記⑩参照)。

ゴロヴニン釈放

この処置に対しては、林蔵は大いに不満であったと思われるが、フヴォストフ事件いらいの日露関係の危機がこれによって解消され、その後、日本の北辺が半世紀にわたる平穏な時代を迎えることができたことは、日本にとってもロシアにとっても幸いなことであった。

日露間の危機去る

三　蝦夷地の実測

林蔵は文化九年(一八一二)に再び渡島してから、引きつづき文政四年(一八二一)まで足

再渡海

かけ一〇年間、蝦夷地で任務についていた。彼が主として従事したのは蝦夷地の実測であった。この間、林蔵は文化九年八月から翌九月までと、同十四年中ごろから八月までと、二度、江戸に帰っている（新装版付記⑩⑪参照）。

伊能忠敬未測量地域の実測が任務

　蝦夷地沿岸の正確な実測は、伊能忠敬《いのうただたか》が全国沿岸実測の手はじめとして、寛政十二年（一八〇〇）に着手したが、その際の実測区域は松前《まつまえ》からニシベツ（西別）にいたる蝦夷本島の東南岸にかぎられ、その後、忠敬は再び渡島することがなかった。忠敬の未測量地域の海岸を実測し、さらに内陸を踏査測量して、その材料を忠敬に提供するのが、林蔵再渡島の主任務であったと推測される。林蔵は松前奉行の手《て》附《つき》であったが、天文方からの申入れで、この仕事が松前奉行の了解のもとにおこなわれたであろうことは、すでに第一項で述べておいた。現に国会図書館には、「天文方手附出役間宮林蔵」と、林蔵は天文方の手附で松前奉行に出役となっていたように記している蝦夷図さえ収蔵されている。

文化十三年ころ一応の測量終る

文化十四年帰府

林蔵の蝦夷地実測に関しては、その経過を知るべき資料は皆無と言ってよい。が、測量は文化十三年（一八一六）ころにはおおよそ終ったもののようである。文化十二年以後にしたためたものと認められる忠敬の手翰草案に、「間宮林蔵儀も今以《て》蝦夷地ニ罷在候。東韃紀行《とうだつきこう》御書写之由、愚老は一覧も不ㇾ致候。御賢知之通、年来ノ門人ニ候得共、偏人《へんじん》ニ而《て》文通も無ㇾ之候」という語があるところを見ると、このころはまだ蝦夷地にいたことが知られる。赤羽壮造氏は、拠りどころを示さないが、文化十三年八月十七日、林蔵はアッケシに止宿していたと言われる〔参二五〕。ところが、文化十四年十月二十六日附けで忠敬から佐原《さはら》にいる女《むすめ》の妙薫《みようくん》に与えた書翰には、「玉子六十五慥《たしか》ニ落手申候。間宮林蔵より三十五宛、再度ニ七十貫申候間、玉子十分ニ相成申候」と見えていて、林蔵は文化十四年の秋にはすでに江戸にあって、しばしば忠敬の門に出入りしていたことが知られる〔参三六〕。林蔵が蝦夷地沿海実測の野帳《のちよう》を携えて帰府したのは、おそらく文化十四年の中ごろ以後のことであったと思われる。林蔵はこの年四月十五日、父をうしなっている。

伊能日本図作成に対する寄与

忠敬は林蔵の提供した材料を整理し、自ら寛政十二年に測量したときの材料と綜合して蝦夷地の図を作成し、さらにこれを他の地方図と綜合して『大日本沿海輿地《よち》全図』に仕上げることができたのである。

林蔵の実測野帳は、忠敬の測量原簿とともに、忠敬の親しい友人であり、また製図の手だすけなどもした久保木《くぼき》竹窓《ちくそう》（清淵）の家（下総国香取郡津宮村）に収蔵されていたが、明治の中ごろ以後に、忠敬の野帳ともども散逸し、残余も火災で失われて、今はその一片さえ残っていない。しかし、忠敬の『大日本沿海輿地全図』作成における林蔵の寄与は、この地図に添えて上呈された『大日本沿海実測録』に、「大凡《おおよそ》六十八州之駅路沿海、至《るまで》二回周島嶼《に》一、無レ有二遺漏一、更取二間宮林蔵所レ測参二補地図一、七《たび》更《あらためて》二裘葛《きゅうかつを》一而始《めて》成《る》」（その凡例にも「蝦夷地方測量未レ完備一、故今間宮林蔵所レ測以参二補之一」とある）と銘記されて、その功業をつたえている（新装版付記⑪参照）。

本島沿岸の実測地域

忠敬の実測録には、重要地点の緯度が記入され、また各地点間の距離が明細に記載されているが、蝦夷地に関しては、忠敬の実測部分をのぞいた残り全部は林蔵の測量資料を採録したものと見なされる。なお、忠敬が自ら実測した松前からニシベツにいたる東南海岸でも、その間に点々と未測量地域が残っていたので、林蔵はこれらの欠《けつ》をも補ったのである〔参六二〕。

属島の実測

蝦夷地の測量は、本島の沿岸ばかりでなくその属島にまで及んでいる。実測録によれば、ヤンゲシリ島・テウレ島・弁天島・クナシリ島・カーネシトクル島・チンネイルリ島・キークップ島・クネボク島・モシリカ島・チケレブ島・簗島の一一島は実測され、リーシリ島・レンブンシリ島・シコタン島その他、計五九島は遠測されている。

千島の実測

クナシリ島はその西半分が実測されただけで、エトロフ島については記載がない。これは忠敬の『大日本沿海輿地全図』が、東はクナシリ島の西半分までを描き、エトロフ島を除いているのと一致する。林蔵はクナシリ島だけでなくエトロフ島をも測量しているが、赤羽氏は、林蔵がこれらの地域を実測したのは、文化五年のカラフト探検以前のこととされる。私もまた千島の測量については、氏の考説にしたがって第三節第一項で述べておいた。なお、赤羽氏は、蝦夷本島の東南岸における忠敬の未測量地点を実測したのも、文化三年以前であったと推定されている〔参二六〕。忠敬の実測録にシコタン島が遠測地となっていることは、先に紹介したとおりである。ところが、跡目《あとめ》相続に関する伺書には、林蔵はクナシリ・エトロフばかりでなく、シコタンをも測量したと書かれている〔参六〕。これも赤羽氏にしたがって、林蔵はシコタン島には渡らなかったものと考えるべきであろう〔参二七〕。

シコタン島実測の有無

本島内陸の測量

林蔵の蝦夷地測量は、たんにその沿岸だけでなく、前人未踏の内地奥ふかくにまでおよんでいる。松浦武四郎《まつうらたけしろう》は林蔵に半世紀おくれて蝦夷地にわたり、ほとんど隈《くま》なくその内部を踏破しているが、彼は各所で林蔵がそれらの地に到ったこと

石狩川筋
天塩川筋
ニイカップ川筋
シブチャリ川筋

を直接・間接に知っていた老人たちに遇《あ》っている。武四郎によれば、林蔵の踏査は、石狩川筋ではカムイコタンから三〇余里上流のサンゲソマナイまで、天塩《てしお》川筋では大雪山麓の水源地ナイタイベまでおよんでいる〔『石狩日誌』『天塩日誌』〕。また彼は東蝦夷地では、日高《ひだか》の国のニイカップ(新冠)川下流のアネイサラで、かつて林蔵を案内したという老乙名《おとな》サンケヌンクルに会っているし、その東のシブチャリ(染退)川の上流、ヘテウコヒから一里ばかり、山いよいよ嶮《けわ》しく、水勢疾《はや》く、丸木船もそれ以上は上られないところまで行ったときにも、この場所でかつて林蔵が遭難した話を案内のアイヌ人から聞いている〔『東蝦夷日誌』四篇〕。

土人の曰《く》、従《より》レ是《これ》奥は我等も知らずと、只堅雪の時、山通り猟に入斗《ばかり》也。往昔文化六年間宮様も爰《ここ》にて船を岩間に挾《はさ》み圧《おし》て、荷物も刀も流し、漸々命を助ク、土人大勢を頼み探されしが、終《つい》に大小は無かりし也。其時に教導に出《いで》しイタクチントウフツ村と云て今に残れりと。其後ます〱従レ是奥へ行ことを恐れける由申《す》に依て船を上《のぼ》す能わず。

アハシリ川筋

またクスリ（釧路）からアハシリ（網走）へ出る途中、アハシリ川上流のカミックで、林蔵のことを記憶している一老婆に会っている。

こゝにてチャカッケと云老婆に逢しが、行年《ぎょうねん》何程ともしらず。久摺《クスリ》のセンタワケ乙名は当年八十三才なるが、未だ渾《レバ》をも結ざる時に我は子を産り。最上《モンカミ》・近藤《カニカサ》の殿達も同じ位の年也。間宮様は我より余程若し等話せり。推考するに最早百余才と思はる。

伊能蝦夷地方図草稿

伊能忠敬が林蔵の測量材料に自己の実測材料をあわせて蝦夷図を製し、さらにこれを『大日本沿海輿地全図』に綜合したことは、先に述べたとおりである。このとき作成された蝦夷図の完成した図幅は今日すでに失われているが、幸いその草稿図と目すべきものが伊能家に残っている。この蝦夷図や『大日本沿海輿地全図』では、林蔵が作成したカラフト図やエトロフ図は採用されなかったので、これらの地域は描かれていない。ところが、国会図書館には間宮林蔵撰図として蝦夷本島の図形だけはだいたい上記の地図そのままであるが、これにクナシリの東

林蔵の蝦夷全図

半分およびエトロフ・ウルップを新たに補入した、『蝦夷全図』と題する地図が収蔵されている。この地図は、四三万二千分の一の縮尺で描かれ、経緯線は伊能図同様にサンソン・フラムステッド式に従っている。エトロフその他、千島を補入した以外に、描図上、『大日本沿海輿地全図』と異なる点では、伊能図が京都を通過する経線をもって初子午《しご》線とするのに対し、この図では江戸を通ずるものを初子午線としていることがまず注意される。なおこれを伊能図と子細《しさい》に比較してみると、測線・山岳・河川等の記入が著しく増加し、さらに沿海の潮流が矢印で示され、沿岸の地形にもまた若干の改訂が加えられている〔参三六〕。

シーボルトに与えた蝦夷図の原本

この『蝦夷全図』には、その余白に「此図を此儘に写取遣《し》候儀に御座候」という書入れがある。この書入れによって、本図は、天文方の高橋景保《かげやす》がシーボルト(Siebold, Ph. Fr. von) に贈った蝦夷図の原本であって、シーボルト事件が発覚した際、景保の屋敷から没収されたものであることが推測される。シーボルトは事

シーボルト日本陸海図帖に収む

件発覚後、景保から贈られた蝦夷図を秘かに写しとり、後年これを『大日本陸海図帖』(Atlas von land- und seekarten vom Japanischen Reiche, Dai-Nippon. 1851.)中の一図として刊行しているが、この刊図を前記『蝦夷全図』と較べてみれば、後者が前者に拠っていることは一見して明瞭である。この点からしても、国会図書館所蔵の『蝦夷全図』はシーボルト事件の遺品であると断定してまちがいなさそうである。この原図はいつ作成されたものか明らかでないが、その写しがつくられたのは、景保からシーボルトに与えた文政九年十一月三日づけの蘭文書翰に「忠次郎出立之節、蝦夷の地図差送候、最早御入手被ㇾ成候儀と存候」〔参三七〕とあるので、景保がシーボルトに原図を見せた文政九年四月一日から、通事《つうじ》吉雄《よしお》忠次郎が天文方出役《でやく》を退いて長崎にかえった六月までのあいだであったと推定される。

伊能蝦夷地方図との相違

『蝦夷全図』は林蔵の作図といわれているが、はたして彼自身の増補図であるかどうかは疑問である。これは天文方の作図であったかもしれない。いずれにし

文政年間の追加実測結果を採用

ても、問題はこの図がさきに紹介したような諸点で伊能図と異なっていることである。エトロフ島の図形が文化四年に林蔵の作成した『エトロフ島大概図』(内閣文庫蔵)をそのまま補入した点は別として、その他の増補は、林蔵が文化十四年、忠敬に実測材料を提供した後、文政のはじめの数年間さらに実測をつづけて得た新材料によってなされたものであると考えられる。ここでは、特に実測線の記入の増加している点が注目される。これは単なる通路線で、かならずしもそのすべてが林蔵の測量経過線ではないという見方もあるが、少なくとも、伊能図よりも増加している通路線は、林蔵の実測線と見てよいのではなかろうかと思われる。通路線が著しく増加しているのは、文政元年(一八一八)の渡島以後、林蔵の蝦夷島内部の測量がいかに勢力的におこなわれたかを示している。

近藤重蔵の蝦夷図との比較

『蝦夷全図』を「林蔵前半生の努力を捧げた傑作」であるとされる赤羽《あかば》壮造氏は、先蹤《せんしょう》として享和二年(一八〇二)の近藤重蔵名義の蝦夷図のごとき、その形状にお

誤差

天文方の実測蝦夷沿海地図

いて、当時の蝦夷図よりはるかに秀れた地図もあったが、これは、まだ多分に素《しろ》人《うと》の見取図的なところがあるばかりでなく、内部は実地踏査の跡がない（新装版付記⑫参照）。これにくらべて、林蔵の『蝦夷全図』にいたっては、その緯度がきわめて正確であるばかりか、内部もある程度まで明らかにされたのであるから、たとえ多少の誤差はあるにせよ、この図一枚をもってして、林蔵は「日本北方地理学の建設者」の名誉をになうにじゅうぶんであろうと言われている（参六二）。ここにいう誤差とは、北見《きたみ》の国の東北岸、北緯四五度の線が通過する斜内《しやない》附近のトイマキ岬と称する部分が実際より出ばっていること、襟裳《えりも》岬の形状がショヤ（庶野）の辺からぜんじ南々西に垂れてついに岬をなしていること、また花咲《はなさき》半島の海岸線の屈曲が簡略にされ、さらに半島がやや南に垂れ下っていることなどの点である。

　ところが、内閣文庫には、やはり『蝦夷全図』と題されて、上記の誤差が補正され、また経度に多少の訂正を施した地図が収蔵されている。赤羽氏は、伊能図

他の林蔵関係蝦夷図

すなわち間宮図の誤差が正されているところから見て、この図を、林蔵自身の作成ではなく、その後の資料にもとづく幕府天文方の調製になるものであろうと推定される。そして、高橋景保の実弟渋川景佑《しぶかわかげすけ》の『蝦夷経緯度録』の弁言に「其(西書)実測数ヲ探テ辺界略図ニ依リ、伊能勘解由《かげゆ》及《び》其門人間宮林蔵ノ実測ヲ接用シ、島名 并《ならびに》 地名ハ諸国ノ両(?)可ナル者ヲ取テ別ニ図ヲ製シ、実測蝦夷沿海地図ト名《づ》ケ」と見える『実測蝦夷沿海地図』が、この蝦夷図であろうと言われている(参二六)。この景佑の蝦夷図は嘉永七年(一八五四)に幕府へ上呈されたものである。

この地図では、尻沢辺《しりさぶ》から鷲《わし》ノ木にいたる渡島《おしま》半島東岸の一部、オワタラウシ川からノッシャム岬にいたる花咲《はなさき》半島の南岸、またオショロコツからホロベツ川にいたる知床《しれとこ》半島の全岸が未測量となっており、これは『大日本沿海実測録』の記事と一致する。

林蔵関係の蝦夷図には、上記のもののほかに、なお「此絵図御領地之節、天文方手附出役《でやく》間宮林蔵順見有レ之候而図レ之」なる記載があるものと、作成者名の記載はないが、図上貼布《てんぷ》の附箋記載の文字から、林蔵の自筆図と推定されているものとの二種がある。いずれも国会図書館の所蔵図である。

林蔵の名をかりた地図

前図は林蔵の作図と記されているが、赤羽氏はこれを検討して、「この図は余り杜撰《ずさん》なので吾人は林蔵の作となすに躊躇《ちゅうちょ》せざるを得ない。……恐らく当時の人が金儲《かねもう》けか何かの為めに令名高き林蔵の名を藉《か》りて作ったものではなかろうか。その色彩の具合など何となく、旅行案内図の如き感がする」と断定している〔参六一〕。

林蔵の初期蝦夷図

後図を林蔵自ら描いたものと推定されたのも赤羽氏である。氏はこの図を、西蝦夷地の会所《かいしょ》所在地の記入から推して、文化四年以後の作であることは明らかであるが、西海岸の描図がきわめて正確であるに対して、東海岸および南海岸において不正確であることは（東海岸の描図は、むしろ前記の近藤重蔵名義の蝦夷図の方が正しい）、西海岸を実測した後、まだ東海岸の実測に着手しない以前に、ひとまず描きあげたものであろう、と推測されている。赤羽氏のこの蝦夷図に関する推考があたっているとすれば、文化九年に渡島した林蔵の蝦夷地実測は、まず西海岸の測量からはじめられたということになる。

最後に、林蔵の実測方法と、実測結果の精度について述べておく。

実測方法

林蔵の蝦夷地実測の方法は、忠敬が全国沿岸実測に採用した分間法（導線法）を踏襲《とうしゅう》したものと思われるが、同時に今日、大区域の測量に用いられる三角測量法をも併用したもののようである。シーボルトがその著『日本』（第二部）で、林蔵のことを「彼は三角術家にして、画を善くし、又地点測量の天文学的知識をも抱きたり」と言っていること（呉秀三訳『日本交通貿易史』）、また国会図書館収蔵の『蝦夷全図』に、大小いくたの三角網の記入があること（参二六）などは、林蔵が三角測量法をおこなったことの証左《しょうさ》となしえよう。

三角術家

次に緯度・経度の測定であるが、林蔵は文化八年に江戸で忠敬から教えられて

緯度天測

緯度の天測法は心得ていたが、経度の天測法に関する知識はもっていなかった。忠敬は特定地点の緯度を測定するにあたっては、その地点において数多の恒星《こうせい》の方中《ほうちゅう》高度を観測し、それをかねて原点たる江戸の深川黒江《ふかがわくろえ》町において観測した、これら恒星の方中高度と対照して、両地点間の緯度の差を算出し、これを原点の緯度に加減して求める比較測定法を採用している。林蔵もこの方法にしたがった

量地的緯度測定

ものと思われる。もっとも、緯度の決定には量地的に測定した結果をも対照したことはいうまでもない（子午線一度の長さは二八里二分）。『大日本沿海実測録』によれば、蝦夷地における緯度の測定は三〇ヵ所におよび、いずれもきわめて正確である。

量地的経度測定

経度はまったく量地的に測定されたものである。忠敬も天体観測による経度の決定にはほとんど失敗し、各地点の経度はだいたい量地的材料によって決定している。忠敬がみずからの測地材料にもとづいて作成した地方図における経度の誤差は、大きくても二分程度であるが（綜合図では誤差が大きい）、主として林蔵の測

地材料にもとづいて作成した蝦夷地方図（草稿）は経度の誤差がやや大きく、極端な場合は一〇分に達するものもある。大谷亮吉氏が検討した結果によれば、各地点の経度の誤差は小樽《おたる》プラス〇・七分、稚内《わっかない》マイナス一・三分、浦川《うらかわ》マイナス一・二分、襟裳《えりも》岬マイナス七・四分、網走《あばしり》マイナス二・四分、釧路《くしろ》マイナス一〇・六分、根室《ねむろ》マイナス一〇・五分であるという。これらのうち大きな誤差は、林蔵の実測区域の地点よりも、むしろ襟裳岬・釧路など忠敬の実測区域の地点のそれに多いことが注意される。

大谷氏は、忠敬の蝦夷地方図にもとづき、林蔵がおこなった測量の精度を評して、次のように言っている。

> これを忠敬が内地に於て行ひたるものに比すれば、固《もと》より遜色なき能はずと雖も、交通不便にして跋渉《ばっしょう》困難なりし蝦夷地当時の状態を追想すれば、寧ろ其比較的精良なるに驚かざるを得ざるものあり。但し実測上過誤を醸したりと認むべき点なきに非ず。〔参三六〕

測量の精度

なお、林蔵の測量家としての業績を評価するには、忠敬の場合とちがって、彼の実測はまったくその独力によってなされたものであることが見すごされてはならないと思う。

第七　転変の後半生

一　普請役

蝦夷地の幕府直轄廃止

文化十年（一八一三）にゴロヴニン幽囚《ゆうしゅう》事件が解決したことから、文化三年いらいの日露両国間の緊張が緩和して、わが北辺はようやく平穏な時期を迎えることができた。幕府の蝦夷地経営は本来、国防の見地に出たもので、土地の開発をそれほど重視していたわけではなかった。財政的に見て、それは幕府にとってそう大きな負担ではなかったようであるが、警備の責任を負わされた津軽《つがる》（青森県）・南部《なんぶ》（岩手県）両藩にとっては、その困難はひとかたならぬものがあった。それで、緊張が緩和すると、文化十二年にまず両藩の守備隊が廃止された。ついで、蝦夷地経営に関してはだんだん消極的意見がたかまり、文政四年（一八二一）十二月にいたって、幕府は蝦夷地の直轄を廃止して、その地を松前藩の旧領に復することを決定した。

普請役に転任

かくて、文政五年五月、松前奉行は廃止された。このとき林蔵は蝦夷地を引きあげて江戸に帰り、普請役《ふしんやく》に転任、勘定奉行に属した〔跡目相続伺書〕（新装版付記⑬参照）。

房総御備場掛手附

普請役になっても、一両年はたいした仕事もなく、のん気な役人生活をしていたようであるが、文政七年にはいると早々、林蔵は房総（千葉県）御備場掛手《おそなえばがかりて》附《つき》を命ぜられた〔上記伺書〕。最初の仕事は、外国船渡来の風聞を内探することであった。このとき彼は下総《しもうさ》（千葉県）の銚子《ちょうし》港から奥州の江《え》名《な》浜《はま》（福島県いわき市）までの海岸通りを往復している。林蔵の内偵によって、外国船は文政三年頃から引きつづいて、追々船数を増して渡来しており、その渡来の目的は東北の近海で捕鯨をおこなうためであることが明らかになった〔林蔵の届書は川路聖謨の『敬斎叢書』第四冊所収〕。

東北地方沿岸内偵

林蔵が東北地方の沿岸を内偵したのと、時の前後は明らかでないが、同じ年の

近海出没の外国船に近づかんとす

五月二十八日に、常陸《ひたち》(茨城県)の大津浜の沖にイギリス船があらわれ、また七月五日には、イギリス船が薩摩《さつま》(鹿児島県)の宝《たから》島で抄掠《しょうりゃく》をおこなった。それで幕府は翌八年二月にいたり外国船撃攘《うちはらい》の令を下した。しかし、砲台のある港へはいってくる場合ならともかく、相手は捕鯨船のこととて、どこの沖合へでも近づいてくるのであるから、打払《うちはらい》などなかなか実行しえようはずもなかった。その後も、外国捕鯨船の近海出没は予測されたので、これに処するため、林蔵は突拍子《とっぴょうし》もない方法を考えついた。彼は文政九年八月に、「異国船渡来に付廻船幷《ならびに》漁業之人気不穏風聞有レ之候に付、右船相近《へ》候《づき》様取計《とりはからいかた》方御内慮奉レ伺候書付」なる伺書を遠山左衛門尉《えもんのじょう》(景晋)を通じて老中へ呈出した〔この伺書の写しは川路聖謨の『敬斎叢書』第四冊に収められている—参二一参照。〕。林蔵はこの伺書で大要、次のように言っている。

伺書

外国の捕鯨船が数千里の洋中を乗りきってやってくるのは、巨利を目的とするものであるから、利には利をもってしたならば、問題は一時に落着《らくちゃく》するであろう。東北のロシア地方の島々やアメリカの属島附近は、鯨はいうにおよばず海獣そのほか魚類もおびただしく、山猟までもできるところであるが、彼らはその方面へはまだ乗りわたっていない様子であるから、そちらへ漁場をかえるように仕向《しむ》けたならば、彼らの利益はいっそう大きくなるので、追々、日本の近海へは寄りつかなくなるに相違ない。この遠謀を実現する方法としては、我れみずから漁師《りょうし》に姿をかえて外国船に近寄り、彼らの説得にあたりたい。この取計《とりはからい》方は御法度《ごはっと》にも触れることであるが、なにとぞ仰せつけ願いたい。

幕府林蔵の計画を許さず

西洋へ隠密に赴かんと請う

これはいかにも林蔵らしい「遠謀」である。だが、こうした方法で外国人に接触することは、林蔵みずからも言うとおり法度違反である。老中はよりより協議したが、とうとう林蔵の計画を許可しないことに決定して、筆頭老中大久保加賀守忠真《ただざね》からそのことを申渡した。川路聖謨《かわじとしあきら》の後日の日記に「大猷院《だいゆういん》様（三代将軍家光）御代には、七年西洋へ隠密《おんみつ》を遣されたり。このこと二度迄あり。又間宮林蔵も其ことを加賀守殿へ願ひて、御勘定奉行より進達したり。人生百年のものなし、千年の墓なし、かゝることにて命をすつるはいとはぬなり」とあるのは、この時のことを誤りつたえたものであろうか。もっとも、古賀侗庵《こがとうあん》の「書《す》二満俗図略《の》後《に》一」（国会図書館蔵『侗庵全集』二集所収）には、「林蔵又北、俄羅斯《オロシヤ》を窮《きわ》めむと欲す。会《たまたま》之を阻《はば》む者ありて止《や》む」（原漢文）と見えており、林蔵は先年渡った黒竜江の下流域よりさらに北進もしくは西進して、シベリアの奥地まではいりこむ計画を立てて願いでたことがあるようであるから、聖譚が書いているのは、そのときのことかもしれない。

伊豆諸島巡検

跡目《あとめ》相続伺書（参六）によれば、林蔵は文政十一年に代官柑本兵五郎《こうじもとひょうごろう》の差添《さしぞえ》として伊豆諸島の見分に赴いている。この件に関しては、『侗庵日録鈔《とうあんにちろくしょう》』（慶応大学図書館蔵）の文政九年十二月二十四日の条に「間宮林蔵来謁す。来年八丈島巡視之命を蒙り候趣なり」と見えているので、渡海は文政十年のことであって、伺書は一年誤っている。それはともかく、伊豆諸島巡島の主要な目的は、海防の強化を島民に徹底させることにあり、あわせて外国船に関する風聞を探査するにあったと思われる（新装版付記⑭参照）。

シーボルト事件の密告

翌文政十一年の秋、江戸では高橋景保《かげやす》を中心とす国禁違反事件が発覚《はっかく》して、新しい学問を志す学者たちを震《ふる》えあがらせた。いわゆるシーボルト事件がそれで、このとき林蔵は事件の密告者として、一部の人士から指弾《しだん》された。が、事実ははたしてどうであったか。

母を喪う

林蔵は文政七年八月四日、母をうしなっている。

二　シーボルト事件と林蔵

幕府天文方高橋景保

『日本辺界略図《にほんへんかいりやくず》』を公刊してから、やがて一六－七年もすぎた文政九年（一八二六）、すでに四二歳になっていた高橋景保《かげやす》は、職は天文方《てんもんかた》に御書物奉行を兼ね、また天文台内の訳局を主宰して、当時わが国科学界の最高峰として仰がれていた。だが、彼の心にはいつもカラフト東海岸の問題がわだかまっていた。このとき景保の前に立ちあらわれたのが、長崎出島のオランダ商館長の江戸参府に随行してきたド

シーボルト江戸参府

イツ人学者シーボルトである。

ひとりは洋学研究、ひとりは日本研究、学問を愛する以外に他意なかったこの尊敬すべき二人の学者は、しばしば会ってたがいに知識の交換をおこなった。このとき、景保はシーボルトの所持品のうちに、十数年のあいだつねに彼の念頭をはなれなかったところの、カラフト東海岸にかんする懸案を解決すべき一書、すなわち林蔵のカラフト探検にさきだつこと三年、ナデジュダ号によってその東海岸および西海岸の北端を測量したクルーゼンシュテルン（Krusenstern, I. F.）の『世界周航記』（Reise um die welt in den jahren 1803, 1804, 1805, und 1806.

クルーゼンシュテルン世界周航記

シーボルト肖像
（シーボルト『日本』複製版別巻）

1810—13. 3 v. I atlas.）を見いだしたのであった。

世界周航記と伊能日本図・蝦夷図の交換

矢も楯もたまらなくこの航海記を手にいれたくなった景保は、国禁違犯罪のむくいの恐ろしさも忘れて、請われるままに、伊能忠敬《いのうただたか》の『大日本沿海輿地《よち》全図』（蝦夷地を欠く）や、同じ忠敬の蝦夷地方図に南千島とカラフトを加描した蝦夷図の写しを贈る約束で、シーボルトからクルーゼンシュテルンの航海記四冊のほか、蘭領東インドの地図九枚・同図説二枚と某氏地理書四冊とを譲りうけた。なおシーボルトは長崎に帰ってから、蘭印図の不足分二枚と新版の英書より抜萃して翻訳した蝦夷・千島誌一冊とを景保に送っている。

蝦夷大図

景保がシーボルトに贈ることを約束した地図のうち、最初にできあがったのは蝦夷図（縮尺四三万二千分の一）で、これについては、景保が文政九年十一月三日づけで出したシーボルトあての蘭文書翰に、「忠次郎（吉雄永宜）出達之節、蝦夷の地図差送候。最早御入手被ㇾ成候儀と存候。残之分節角《せっかく》被ㇾ認居申候。明春献上便差送候様可ㇾ致候」

蝦夷図残部

と見えている。この図の残部は明春送ると言っているが、シーボルトがそれを入手したのはいつのことか明らかでない。残部というのはおそらく林蔵のカラフト図にあたる箇所と思われる。

伊能日本図

西南地方から奥州にわたる伊能の日本図(縮尺八六万四千分の一)は文政十年六月二十四日づけで景保にあてたシーボルトの書翰によれば、その前々日、彼の手元に着いている。

蝦夷小図と全日本列島図

以上のほかに、シーボルトは景保に対して、文政十年三月づけ書翰で、奥州以南の日本図同様に八六万四千分の一に縮尺した蝦夷図の作成方を依頼し、また同年六月二十四日づけの前記書翰で、西南地方から蝦夷・カラフト・エトロフ・ウルップ辺まで連続した地図を二枚続きに仕立ててほしいと申入れて、いずれも景保の承諾を得ている。これらの図については、シーボルト事件に通訳として関与した中山作三郎のシーボルト尋問書類によれば、景保は十一年春、書状をもって前図をシーボルトに送附したと申立てているが、シーボルトはけっしてこれを受領しなかったと言っており、また景保に対する判決書によれば彼は後図をつくりあげはしたが、長崎へは送らずじまいになったと申立てている。前図に

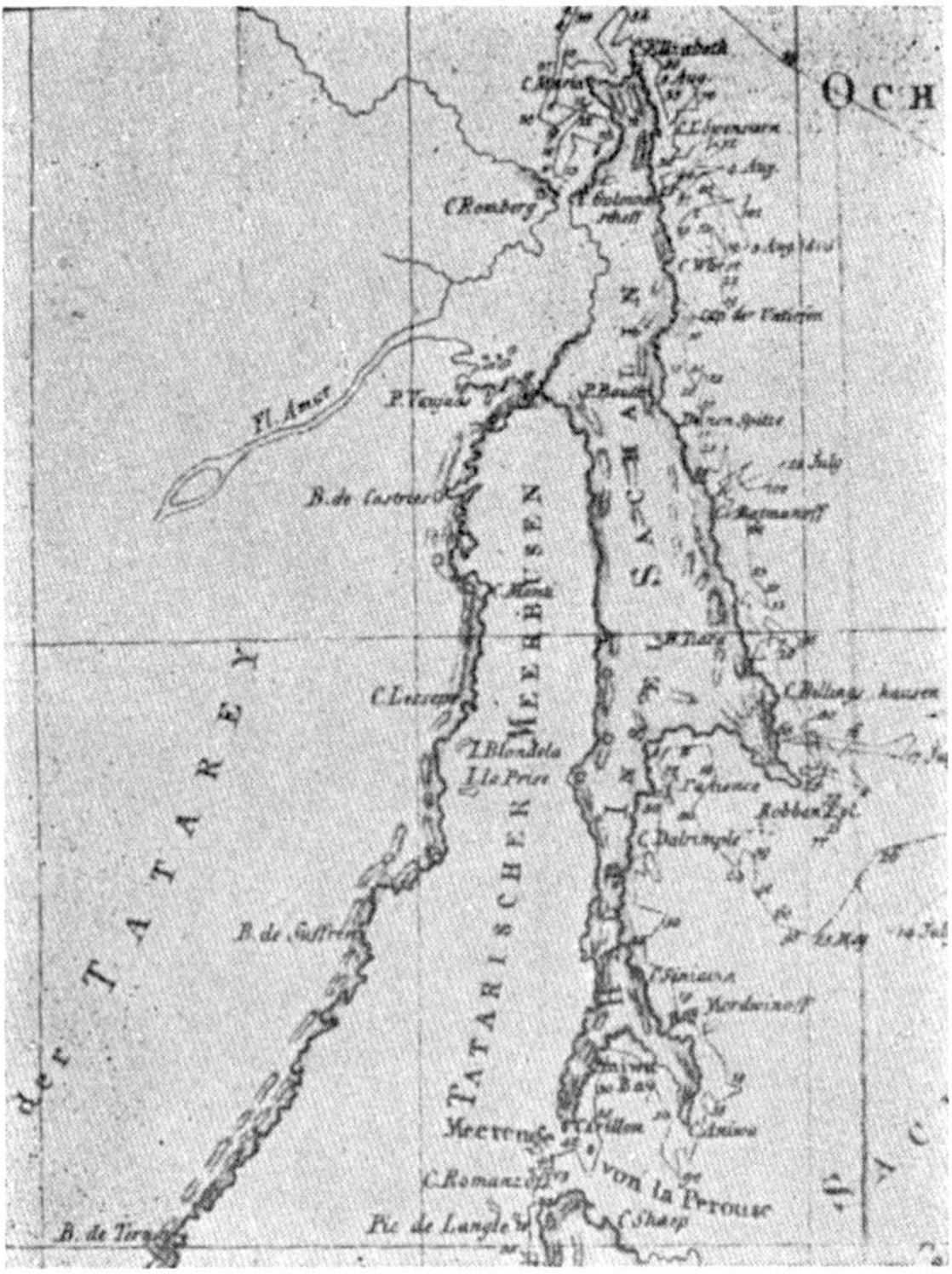

クルーゼンシュテルンのカラフト探航図
(1805年)（テレキ『日本古地図誌』）

高橋景保「日本辺界略図」のカラフト（1809）

対するシーボルトの答弁はあやしく思われるが、後図に対する景保の申立ては事実らしく

シーボルト事件の遺品

その遺品とみられる地図（縮尺八六万四千分の一）がいま国会図書館に収蔵されている。なお国会図書館には、やはりシーボルト事件の遺品として、上記の文政九年十一月三日づけ書翰に見える蝦夷＝千島図の原図（景保所蔵）も収蔵されている。

世界周航記に垂涎

景保がいかにクルーゼンシュテルンの航海記に垂涎《すいえん》したかは、この書に載せられたカラフトの探航図を、彼の『日本辺界略図』と較べてみれば、想いなかばにすぎるものがあろう。彼が、極小図であるにもかかわらず、学術的良心から未踏査区域として点線で描いたカラフトの東岸北部と西岸北端とは、このクルーゼンシュテルンの地図によって、完全に実線化することができるではないか（前頁地図を見よ）。

世界周航記の翻訳

景保は、クルーゼンシュテルンの航海記をうるや、青地《あおち》林宗《りんそう》とともにその翻訳を急ぎ、文政十一年の秋には、はやくも訳稿『奉使《ほうし》日《に》本紀《ほんき》行《こう》』は完成に近づいていた。この年、シーボルトもまた、日本で蒐集した厖大《ぼうだい》な量にのぼる貴重資料を

携えて、帰国の途につこうとしていた。まさにこのとき、林蔵の密訴《みっそ》(?)によって、景保の秘密が発覚した。

シーボルト事件発覚

　十月十日、景保が逮捕され、ひきつづき関係者数十人が投獄された。シーボルトもまた長崎で厳重な審問をうけ、地図その他の貴重資料を没収される憂《う》き目にあった。景保は翌年二月に獄死したが、重罪人であるため亡骸《なきがら》は塩漬けにして判決を待った。刑が確定したのは、その翌十三年の三月(江戸)・閏《うるう》三月(長崎)で、景保に対しては「存命に候得ば死罪被二仰付一候者也」という判決が申渡され、江戸・長崎の事件連累《れんるい》者五〇人も遠島・禁錮・追放・改易《かいえき》等の処分をうけた。シーボルトもまた、これより先、十二年九月に国外退去・再渡来禁止を申渡されて、この年十二月五日、日本を去っている。

　これが世にいうシーボルト事件である。この事件は、当時の学界を震撼《しんかん》させ、新しい学問の発展と日蘭交通に重大な打撃を与えた。

事件発覚の端緒

シーボルト事件が発覚したのは林蔵の密訴によるものであると、当時から噂《うわさ》され、当のシーボルトも、林蔵のことを「日本政府が我に対する取調べを誘致したる人」と言っている。が、林蔵の行為を密訴とまでいっては少し酷かもしれない。

事件発覚の端緒は、文政十一年三月二十八日、江戸浅草の天文台脇に住んでいた景保のもとへ、正月十一日長崎発でシーボルトの送った一箇の荷物が到着したときにある。そのなかに林蔵にあてた小包があったが、彼はこれを景保より受けとると、こと外国人に関するからといって、なか身も改めず包のまま自分の所属する勘定奉行所に届けでた。立合いの上で包をあけてみると、中には進物の更紗《さらさ》一反(もしくは木綿手拭一つ)と蘭文書翰一通とがはいっていた。書翰の内容は、林蔵の北海探検を大いに称揚し、以来懇親をむすびたいと言い、また蝦夷産草木の押葉《おしば》を譲ってもらいたいと依頼したもので、別に疑うべき筋はなかった。が、このことがあってから、景保がひそかに外国人と通信していることに嫌疑がかかり、御庭番・御目付・御小人《おこびと》目付など、その筋のものが内々探偵をはじめた。

景保嫌疑に驚かず

『高橋一件』によれば、身辺を洗われていることに景保も気づいたが、当人はすこしも驚かず、「国之忠心を以、彼《かの》国之事委《くわ》しく記せし者を引寄可レ申存心故、自然、御不審被二仰出一候はゞ、明白に申上、差控伺可レ申のみ」と言っていたという。景保は伊能図をシーボルトに与えた際も、後に紹介する最上徳内《もがみとくない》の場合とはちがって、「是は極密に某より進候事、御他言御無用に候」とは言いながら、「此図銅板に成候はば四－五十部被レ遣候様致度相願候」〔文政十年三月二十四日づけ書翰〕と、その公刊を無条件に許してさえいるほどである。

蘭船難破

景保に対する内偵がすすめられていたとき、事件は意外の方面から暴露するにいたった。文政十一年八月の九日から十日にかけて、一大台風が九州を襲い、死者数万人を数える大惨害を与えたが、このとき長崎に入港していた一オランダ船が稲佐《いなさ》の割石《われいし》に打ちつけられて破損した。シーボルトはこの船に乗ってジャヴァへ帰る予定だったので、日本で蒐集した貴重な研究資料の一部は八一箇の箱に荷造りされて、このときすでに同船へ積みこまれていた。幕府の法規として、外国船が出帆する場合はその積荷を細かに調べなかったが、入港する場合は積荷を厳重に検査することになっていた。それで、今度の難破船を入港船として取りあつかうことにした長崎奉行は、一々その積荷を検査させた。シーボルトの積荷は自然科学的資料を主としたものだったので、地図などははいっていなかったが、それでもその荷物からは海外持ちだし禁止の物品がいろいろと発見された。

景保の逮捕

シーボルトの積荷中に禁制品のあったことが発覚してから、景保に対する嫌疑はいよいよ深まり、ついに彼の逮捕にまで事件は発展した。

地図没収

景保が逮捕されたのは十月十日であったが、十一月のはじめには、はやくも急使が長崎奉行所に到着して、シーボルトから日本図・蝦夷図を没収することを奉行に命じた。蝦夷図や日本図を没収するまでの経緯《いきさつ》は、日本側の記録もまちまち

徹夜で地図を模写

蝦夷小図を隠匿

であり、またそれはシーボルトの日記とも、日時その他で符合しないところがあって、いずれをとるべきか判断に苦しむが、シーボルトが事件発覚を知ってから長崎奉行所に地図を引渡すまでには、数日の余裕があったことは明白である。彼はその間に徹夜までして、地図の模写をおこない、あやうくこれをオランダへ持ちかえることができたのである。

シーボルトは日本図と蝦夷・千島図の原本を役人に引渡しているが、蝦夷・千島図には縮尺のちがう原本が二図あって、大図の方を引渡し、小図の方は隠匿《いんとく》しおうせたのではなかったかとも怪しまれる。前述のとおり景保は時をたがえて蝦夷・千島図をつごう二部与えたと言っているのに、シーボルトは小図の方は受けとっていないと言い張った。これは小図の方だけは救いうると信じたからかもしれない。なお、シーボルトは『日本』の「江戸参府紀行」では、蝦夷・千島図は二分の一に縮写してヨーロッパへ持ちかえったと言っているが、急を要した摸写にそうした操作をなし得たかどうかも疑問である。

カラフト図も模写

つぎに、蝦夷図の一部にあたるカラフト図であるが、シーボルトは、これも、その写しをつくって、オランダに持ちかえることができた。いま内閣文庫には、シーボルトから没収したという付け札がある、間宮林蔵の手になる精細な「カラフト島図」が収蔵されているので、長崎奉行がシーボルトから原図をとりあげたことは明らかであるが、シーボルトは秘かにその模図の作成に成功したわけである。なお、シーボルトの収集品のうちには、最上徳内のカラフト図もあったが、この地図は彼が徳内から直接に譲りうけたものだったので、幕吏はシーボルトの手元にこの図のあることに気づかずにしまった（三六六ページ新装版第二刷付記②参照）。

林蔵の動きと事件発覚

台風が九州を襲わなかったならば、あるいはシーボルト事件は不発におわったかもしれない。が、林蔵のうごきが事件発覚の端緒となったことは事実である。

林蔵は事件そのものの告発者ではなかったかもしれないが、景保の手を通じて受けとったシーボルトの書翰を奉行所に届け出れば、当然、当局の嫌疑が景保にかかるであろうことを意識していたと見てよい。したがって、事件発展の結果から見れば、密告者と考えられても已《や》むを得ないわけである。

林蔵の心事

では、林蔵はなぜこうした動きをしたか。彼は、景保とシーボルトとのあいだに何か秘密があること、それが国禁違反の地図の授受であることを、うすうす感づいていたのかもしれない。林蔵はどちらかといえば、固陋《ころう》といってもよい堅苦《かたぐる》しい人物で、景保の自由な考え方、自己の正しいと信ずるところにつくためには敢えて法を破ることをも辞さないという態度には、とうてい理解を示すことができなかったので、景保の国法違反は許せなかったのであろう。それで、「私交を以て公事を曲げざる正当の行為にして、固《もと》より倫宗の人格を傷くべきものにあらず」〔参四〕という解釈も出てくるわけである。

最上徳内・小関三英のシーボルト

蘭学者小関三英《おぜきさんえい》が天保《てんぽう》六年六月二十六日づけで郷里鶴岡《つるおか》（山形県）にある兄小関仁一

郎におくった書翰には、シーボルト事件と間宮林蔵との関係がやや詳しく伝えられている。この記文は、最上徳内の話にはじまるが、どこまでがそれで、どこからが三英の言うところか判然としない。

偏忠の人

愚忠の人

先達て蝦夷地之地図之義被ニ仰越一候。此間折々最上氏に面会仕候間、相談申候所、蝦夷地図 竝《ならびに》に其説を記候書は先年不レ残官ニ上候間、手許には何も無レ之由申聞候。間宮林蔵と申仁《ひと》は最上が故《もと》同役にて、蝦夷地へは度々罷下り、最上氏よりは委敷《くわしき》人に御座候。此人之手許には、種々珍敷《めずらしき》図竝に書物有レ之候へ共、此人は偏忠《へんちゅう》之人にて、中々人に貸不レ申候。先年和蘭人シーボルトより此人に書翰竝に贈物致候て、蝦夷地之書物懇望《こんもう》申遣候所、右之書翰開封せずして贈物と共に公儀へ差上申候。高橋作左衛門殿を訴へ候も右間宮氏にて御座候。此人当時も蝦夷御用掛にて、尤西洋之説は大に好み候人に御座候へ共、右慰に致候を悪《にく》み、只々公儀之御為めに致候と申《す》、愚忠之人に御座候。此人時々蘭学致候人々之宅に相尋参申候て、もし地図等私《ひそか》に所持致候やを密に相改候ゆへ、何にても右之人参候得ば、和蘭書き物等は隠《かく》し候事に御座候。奇好なる人也。公儀にては大に御信用被レ成候。尤自ら出世を望候抔《など》と申には無レ之、たとへ御旗本に召出され候共、辞退致候存慮之由に御座候。公儀に不忠致候ものをば、殺さないでは置かぬと申事、常に口外致候。高橋氏は右の牙《きば》に触候にて相知れ申候。右間宮年々日本国海辺をカクシ目付に成りて相廻り申候。御地抔《など》にも度々参候由に御座候。右之訳《わけ》にて蝦夷地之真説のものは手に入兼申候。……西洋人も日本・蝦夷地のことは、余り委敷《くわしく》は知不レ申由にて、先年シーボルト日本に渡候は、右等之ことを探《さぐり》得んがためと申事に御座候。〔山川章太郎「小関三英とその書翰」四―『文化』五巻七号〕

三英の判断表明は明哲保身の術

この書翰によれば、シーボルト事件に対する三英の思想判断は、国家主義・幕府万能主義の域を脱していない。シーボルトをスパイと認めており、また高橋景保の行為を是認しようともしていない。だが、これが彼の真意であったかどうかは疑問である。おそらく三英は朴直《ぼくちょく》な田舎武士である兄仁一郎に寄せるために、「自己の真の思想を偽って、故《ことさら》に循吏《じゅんり》伝中の人物をカムフラージュした」〔山川氏論考五〕のであろう。それは三英が四年後に渡辺崋山らの蕃社《ばんしゃ》事件の渦中《かちゅう》に捲きこまれて自《じ》刃《じん》し果てたことを見ても、明らかに推測されるところである。このように、家兄宛ての書翰に見えるシーボルト事件にかんする三英の判断表明は、明哲保身《めいてつほしん》の術であったと解せられるが、それでも景保には同情的であり、蘭学者の共同の敵であった林蔵に対しては、公儀に不忠なものは生かしておけぬという考え方を偏忠・愚忠と評している。

シーボルトとの交渉

シーボルト事件における林蔵の心事を考えるには、いちおう彼とシーボルトとの関係を見ておく必要もあろう。両人の関係については、当時いろいろの噂《うわさ》が伝わっていた。二-三の例をあげてみよう。

交渉なし

間宮に三度迄対面を乞来りしかど断《り》候也。〔『高橋一件』〕

阿蘭人名はシイボルト参府中、林蔵の江戸に在る由を聞て、対面せんことを願けるが、林蔵辞してこれに逢ず。……是林蔵が深き所存ありての事と、後に人々感賞せり。果して翌年の天保元年、天文方高橋作左衛門等シイボルトに馴合《なれあい》、怪《けし》からざる品々を贈与《おくり》へたる一件、御詮議《ごせんぎ》になり、許多《きょた》の人々刑罰せられたれども、林蔵は聊《いささか》故障の事もなかりし也。〔『四方譚』一 参二二〕

懇親

間宮林蔵・最上徳内は、シーボルトにわけて懇《ねんごろ》に交りを結びければ、江戸の発足の時に、シーボルト自身の頭髪一すぢをぬきて、ビイドロの器に入れ紐をつけたるを形見にとて贈りたり。これは格別の知己にのみすることゝいへり。〔『夜談録』〕

これらの記述では、林蔵はシーボルトの面会申入れを拒絶したというものもあれば、林蔵は徳内同様にシーボルトと親交があったというものもある。明治時代に著わされたものであるが、長田偶得《おさだぐうとく》の『間宮林蔵』〔四参〕は、「文政九年シーボルト和蘭貢使《こうし》に従って江戸に覲《きん》しけるとき、林蔵が日本の地図の精良なる者を蔵すと聞き、如何にもして之を手に入れんものと、窃《ひそ》かに人を介して曰《い》はしむるよう、御身もし此地図を与へなば、報ゆるに重貲《じゅうし》を以てして、生涯富裕ならしむべしと。林蔵固く拒みて許さゞりき」とさえ伝えている。しかし、これらはいずれも間違いのようである。林蔵は求められて一度くらいはシーボルトを訪問したものと思われる。シーボルトは『江戸参府紀行』で、自ら「我等は林蔵と相知るこ

利をもって誘わんとす

交渉あり

とを得」と言っているし、また呉秀三博士も言わるるように、一面識もなければ、手紙などおくるはずもないであろう。が、鍋島望城《ぼうじょう》の『夜談録《やだんろく》』にいうように両人が昵懇《じっこん》の間柄だったとも考えられない。（以上、資料的に参三七の呉秀三『シーボルト先生』によるところが甚だ多い）（三六七頁参照）

林蔵に地図を求む

　シーボルトが林蔵と面識があったかどうかはともかく、問題は直接にせよ間接にもせよ、はたしてシーボルトが林蔵に地図を求めたか否かである。シーボルトが利をもって誘ったというような話は、もちろん後世になってのつくりごとであるが、やはりシーボルトが林蔵に直接地図を求めたということが、景保の逮捕から二〇日ばかり後の立原杏所《たちはらきょうしょ》の書翰にも伝えられている。この書翰は文政十一年十月二十九日付友部正助宛てのもので、小《こ》宮山南梁《みやまなんりょう》（介綏）の父楓軒《ふうけん》の『楓軒年録』（国会図書館蔵）第三三冊に収録されていて、事件発覚の端緒にかんする重要な資料である。

立原杏所の書翰

　高橋作左隔日位評定所へ夜中斗《ばかり》出申候。日本地国分一国づゝ図を渡し候由、大抵無《き》レ之蝦夷地迄も遣候所、間宮へ参り候所サガリエン之図斗無レ之ニ付、高橋元来間宮へハ不和ニ付、蘭人より直ニ文通仕候様指図《さしず》仕、書翰・進物遣候所、間宮開封不レ仕、勘定奉行村垣へ指出候より事之始と存候。

地図を求めた事実は疑問

杏所はこの手紙で、シーボルトは景保の指図にしたがって林蔵へ書翰をおくり林蔵作成のカラフト図を求めたと言っているが、これはまちがいのようである。林蔵あてのシーボルトの書翰にそんなことが書かれていなかったことは、前に述べたとおりである。天文方であり、御書物奉行でもあった景保が、林蔵の献上したカラフト図を利用しえなかったはずはない。現に『江戸参府紀行』によれば、彼は文政九年四月一日、シーボルトに蝦夷・カラフトの立派な地図を見せている事実がある。原文ではエドおよびサハリンの地図となっているが、エドはエゾの間違いに相違ない。記文どおり江戸とカラフトの二図であったとしても、問題点には関係がない。なお、この記事に、「薩哈連《サハリン》と黒竜江との間の海峡は間宮の瀬戸 Mamijanoseto と称《との》ふと聞けり」とあるのは、「間宮海峡」が日本人の命名にな

景保と林蔵不和

伊能家のまきぞえを恐る

ることを示すものとして注目される。

杏所の手簡の内容でもっとも注意されることは、林蔵と景保とが不和だったとつたえている点である。両人の不和には、何か直接的原因があったかもしれないが、元来、実行派の林蔵は秀才肌の景保とそりがあわず、そのためいつか両人のあいだが感情的にこじれてしまったのではなかろうか。それにしても、両人の不和から事件が起ったとまで考えては行きすぎかもしれない。

なお、『楓軒年録』(第三冊)には、事件が発覚した直後、楓軒から下総《しもうさ》の国(千葉県)香取郡津宮《つのみや》の久保木竹窻《ちくそう》(清淵)へ出した書翰の返信が抄写されている。それによれば、事件は地図のことに関して起っているので、忠敬《ただたか》なきあとの伊能家がこれにまきぞえになることを恐れた林蔵が、ひそかに伊能家および竹窻を訪れて、注意するところあったことが知られる。その一節に、「混雑之様子も相尋候処、地図之事と申事は更に名目之相立候事は不二相分一候へ共、大抵国図に相拘《かかわ》り候者へ御調御座候へば、先国図之事に相違は有間敷《あるまじく》候。何事も密々之御調に候へば、伊能家に有レ之候地図・諸書物抔外へ洩出《もれいで》無レ之様、心添呉候様にとて被二寄立一候。且私儀も伊能家熟意之事に而、測量之端書抔も可レ有レ之候へば、右抔之物も洩出無レ之様にと被二申置一候」とある。

シーボルト事件は、そもそも当時非常に発達していたわが国の地理学的研究、殊に伊能忠敬の全国沿岸実測や、間宮林蔵のカラフト探検の成果に注意をひかれたシーボルトが、伊能の実測図や林蔵の探検図などを手に入れようとして、高橋景保を誘惑したことに端を発したともいい得るのである。しかし、景保にしてみれば、シーボルトに誘惑されたというよりは、シーボルトの持っていた資料を譲りうけ、林蔵の探検をもってしても、なお不明の箇所を残していたカラフトの地理を正しく理解して、その研究を完成したかったのであり、じつは彼の心に誘惑という言葉によって想像されるような私欲は、毫《ごう》もなかったのである。

命をかけての冒険

林蔵とは別な立場での愛国心

景保がシーボルトに与えた日本地図にしてもすでにその輪廓だけは、縮尺して公刊した『日本辺界略図』に示されていたのであるから、彼はそれらの地図がそれほどわが国の機密《きみつ》にぞくするものとは考えなかったにちがいない。現に彼は、上述のとおり、無条件にその公刊をシーボルトに許しているのである。そうしたものを与えても、そのかわりに、クルーゼンシュテルンの航海記をえて、カラフトの地理を明確にすることができたならば、この方がどれほどわが国の学術に貢献し、かつはカラフト経営の実際に役立つかしれないと考えたことであろう。むしろ景保の心事からすれば、国を愛したればこそ、生命をかけての冒険をあえてしたものに相違ない。

林蔵がひといちばい愛国心の強い熱血漢であることはいうまでもない。が、彼とは別の場に立っての景保の愛国の至情を理解できなかったことは、林蔵のためにも、将来の日本にとっても、はなはだ残念であった。シーボルト事件が、景保にとってと同様、林蔵にとっても悲劇であったことは、彼の後半生がそれを物語っている。

三　林蔵の業績とシーボルト

空前の大著『日本』

シーボルトは、日本滞在中に蒐集したいくた貴重な資料を幕府の役人に没収されたが、かろうじて持ちかえることができた自らの研究と複写地図、弟子たちのつくった蘭文著作と日本文献の翻訳、その他にもとづいて、かの空前にして絶後とまでいわれる日本研究の大著『日本』(Nippon; archiv zur beschreibung von Japan und dessen neben- und schutzländern. 1832—?) を著述することができた。

林蔵の功績を讃う

シーボルトは林蔵を事件の告発者として、もちろん心よくは思わなかったが、「されどその功は功として認めざるべからず」と言い、その『日本』において、林蔵の間宮海峡発見をもって学問上の大功績と讃《たた》えている。彼は同書第一部で林蔵

を紹介して、

此等はすべて日本の北方にある島々の殖民及び防禦の発達・精密なる研究・描写・占拠を催ふし、又促したり。さるにてもそれに最も与《あずか》りたる人、二人あり。彼等が学問の欲望・その勇気・其忍耐は、其本国〔人〕のみならず、我《わが》欧羅巴《ヨーロッパ》人をして、日本の北部にありて黒竜江まで連なる島々、及び此大河が海に注ぐ所にて浸《した》し潤《うるお》す国土自身につきて、精細なる知識を得せしめたるものなり。最上徳内及び間宮林蔵の二人是なり。……今記したると同様の学問上の大功績は間宮林蔵にも認めざるべからず、或は之に過ぎたりともいふべからん。彼は余の日本滞在の終の遭厄《そうやく》の年に於て、日本政府が我に対する取調を誘致したる人にして、余若し自ら救ふの道を知らざりしならば、我《わが》日本記載の最も重要なりし材料は、此奇禍のため皆湮滅《いんめつ》したるならん。されど其功は功として之を認めざるべからず。彼は蝦夷・薩哈連《サハリン》の旅行に我《わが》最上徳内の足跡のみならず、彼は最上の発見の境界をば大に超越したり。

と言い、つづけて林蔵のカラフト・黒竜江下流域探検の大要を紹介した後、この

間宮海峡発見の意義

探検の結果、間宮海峡が発見されたことの意義について、次のように述べている。

余は間宮林蔵が薩哈連《サハリン》の西岸に沿ひてデレンに至り、それより黒竜江上に取りし旅程をば、故意に詳細に述べたり。是によりて薩哈連は島なりや否や、薩哈連と黒竜河口との関係如何、などといふ今日まで長き間の係争問題が一度に解決せられ、又ラペルーズがデ＝カストリー湾よりして如何にせば黒竜江に達すべきやと云ふことにつきての報告が誘ひ起したる誤謬は之により氷釈せらるべき故なり。……最上徳内・間宮林蔵の地図を一瞥《いちべつ》すれば、薩哈連と大陸とを分画する海水連絡の実存するを証明するに十分なり。さればフォン＝クルーゼンステルンはクラプロート Julius Klaproth が之に反する切実なる理由を挙げたるにかゝはらず、彼の意見を頑守《がんしゅ》したれども、余が幸に彼に齎《もた》らせし日本の原図を見し時に「日本人は我を征服せり」,,Les Japonais m'ont Vaincu !" と叫びたり。

日本人は我を征服せり

林蔵や徳内のカラフト図を見せられて、「わしは日本人に負けた」と叫んだというロシアの大水路学者クルーゼンシュテルンは、シーボルトのもとめに応じてシーボルトが景保や徳内から得た日本図に対する詳細な批判を、一八三四年にシーボルトへあてた書翰の形で公表した。クルーゼンシュテルンはカラフト図を批判して次のように言っている。

林蔵らのカラフト図に対する評価

> 甚だ興味あるは薩哈連《サハリン》（又貴君の考へらるゝ通りならば、唐太《カラフト》と称へねばならぬ）の地図に有レ之候。我々は薩哈連の海岸につきては、日本の記せしよりも、精細に之を知り候へ共、而も彼《かの》地図は之に就ても緊要なる欠陥を補足いたし候。それは今日迄、航海家の何人も研究したることなく、又余が黒竜江の注ぎ入る Liman du fleuve Amur と名付けたるものに有レ之、貴君の地図は我々に此河を指示致候。又貴君が語り給ふが如く、我等の夙《つと》に其名を知れる間宮林蔵の近頃なせし研究に本づき候通り、薩哈連と韃靼《だったん》の対岸との間の舟航すべき水道の存在は、我等の之を疑ふは無理ならぬ事ながら、貴君の地図によりて全然氷釈《ひょうしゃく》致候。

カラフト図の刊行を熱望

なお、クルーゼンシュテルンは、自分はいま太平洋地図帖の新版を手がけているが、貴君の提供された日本地図について得た知識は、この地図帖の出版、すくなくとも北半球の新版を出すことを差控えさせたと言い、「私は貴君の地図がな

林蔵の著作を訳載

辺界略図翻訳図刊行は一八三二年

る丈早く出版相成ことを甚だ希望仕る次第に候」と申添えている。クルーゼンシュテルンが切に希望したにもかかわらず、シーボルトは日本図、特にカラフト図をすぐに刊行しようとはしなかった。それは「一定の政治的事情を顧慮し、殊に我《われ》今猶《なお》生存する日本の友人のために謹慎し」ていなければならなかったからであるが、その間の事情については後で触れることにする。〔以上、呉秀三訳『日本交通貿易史』による〕

なお、シーボルトは『日本』の第七部に、林蔵の『東韃紀行《とうだつきこう》』を訳載し、また『北蝦夷図説』中のカラフトの民族誌に関する記述をも紹介している。

シーボルトの『日本』は一八三二年（天保三年）に刊行がはじめられたが、その第一回配本の畳紙《たとう》に景保の『日本辺界略図』の翻訳図が収められている。『日本』は初刊のまま合本されずに残っているものはほとんどないが、幸いに私は戦前、丸善の八木佐吉氏の好意でそれを見る機会に恵まれたので、右の事実を確めることができた。この一八三二年刊行の翻訳図には Str. Mania (seto) 1808 と書

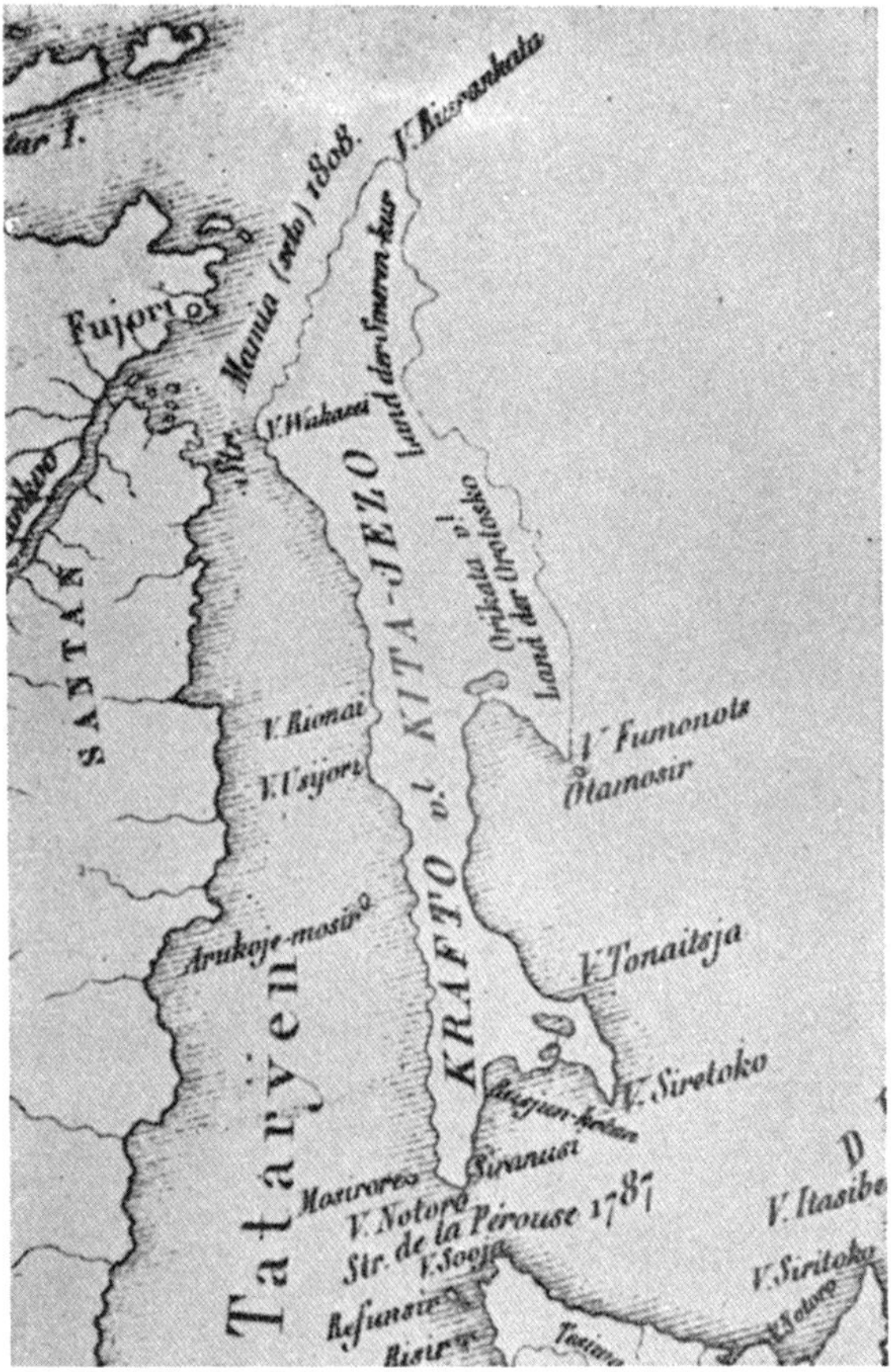

シーボルト『日本』所載「日本辺界略図」のカラフト(1832年)

きいれられている。これこそは間宮海峡の名が最初に世界に示された記念すべき地図である。

林蔵はやくから西欧人に知らる

林蔵の姿を生々と書きのこしているゴロヴニンの手記『日本幽囚記』が一八一六年（文化十三年）に刊行され、それは直ちにヨーロッパ各国語に翻訳されて広く読まれたので、林蔵の名ははやくからヨーロッパ人に知られていたが、探検家としての、また学者としての林蔵の功業を世界に紹介したのは、シーボルトその人であって、林蔵の名はシーボルトによって不朽《ふきゅう》のものとなったのである。

林蔵の名を不朽に

伊能日本図を一八四〇年に刊行

カラフト図を一八五一年に初刊

シーボルトは一八四〇年（天保十一年）に伊能忠敬の日本図（蝦夷地を欠く）を公刊し、また最上徳内と林蔵のカラフト図や、林蔵の実測材料にもとづく幕府天文方の蝦夷・千島図を一八五一年（嘉永四年）に『日本』に収めて刊行したが、カラフト図や蝦夷図がはじめて公にされたのは、同一版の地図多数を収めて同年出版された『大日本陸海図帖』（Atlas von land- und seekarten vom Japanischen Reiche, Dai-

Nippon. 1851.)の方かもしれない。　シーボルトがそれらの地図を入手したのは文政九年（一八二六）なので、一八五一年はそれから数えてちょうど二五年目にあたる。これは、シーボルトが『日本』で、ある種の事情から、これらの地図を「今日よりも早く世に問ふことを得ざりしなり」と言っている、先に紹介した事実と関係がある。シーボルトは、日本人による地理学上の大発見に関する貴重な資料を一刻もはやく公にしたかったが、彼にカラフト図を与えた、当時七二歳の徳内との約束を忠実に守ったので、約束の期限がきれた一八五一年にいたって、はじめてその資料を公刊することができたのである（口絵参照）。

彼は『日本』（第二版）の「江戸参府紀行」では、徳内の蝦夷・カラフト図は一八二六年四月十六日（文政九年三月十日）に、そのことを口外しないという約束で、しばらくのあいだ使用するために借りたものであると記し、しかも日本の洋学者には読解できないようにとの心づかいからか、この記事だけはラテン語を用いて書

貸与にあらず譲与

最上徳内肖像
（シーボルト『日本』複製版別巻）

いている。が、その地図は貸与されたものではなく、じつは二五年以内には出版しないという約束で、徳内から譲りうけたものであった。このことをシーボルトは一八五八年（安政五年）に刊行した『フリースの発見に関する地理学的・人種誌学的説明』(Aardrijks- en volkenkundrige toelichtingen tot de ontdekkingen van Maerten Gerritsz. Vries, met het fluitschap Castricum A°. 1643. 1858.)（『フリース日本北辺探航日誌』と同刊）に明記している。

約束を忠実に履行

彼は徳内の諸地図が一八五二年にいたってはじめて刊行されたのは、右の約束にしたがったからであると言っているが、前記のとおり、徳内のカラフト図を収めた『日本』の分冊と『大日本陸海図帖』は共に一八五一年に刊行されている。

いずれにしても、シーボルトが徳内との約束を堅く守ったことは事実であり、彼の誠実さのほどがしのばれて、床《ゆか》しさひとしおなるものがある。

一世紀以前の国際学界綺譚

この高橋景保・間宮林蔵・最上徳内・シーボルトの四人をめぐる一世紀前の国際学界綺譚《きたん》は、今日なお、われわれ学問の道にたずさわるものの胸奥《きょうおう》に強く訴えるものをもっている。

ロシア人林蔵の海峡発見を知らず

間宮海峡の名称を明示した『日本辺界略図』の翻訳図がすでに一八三二年に刊行され、またロシアの大水路学者クルーゼンシュテルンが、シーボルトの示教によって、はやくも海峡の存在を認めていたにもかかわらず、林蔵や徳内の精細なカラフト図が公刊された一八五一年近くまで、カラフトにいちばん大きな関心を抱いていたはずの極東のロシア人が、それに気づかずにいたことは不思議である。

ネヴェルスコイの間宮海峡発見

ロシア人海峡発見を秘す

というのは、林蔵の海峡発見後四一年めの一八四九年（嘉永二年）のこと、シベリア経略の勇将ムラヴィヨフ＝アムールスキー（Muravief, N. N. Amursky）の部下ネヴェルスコイ（Nevel'skoi, Gennady Ivanovich）が、この海峡を探検して、大船通航可能の航路を発見したことによって、ロシア人ははじめて大陸とサハリンとのあいだに水道の存在することを知ったのである。しかも、当初はネヴェルスコイの海峡測量の報を聞いても、多くは半信半疑で、委員会を開いてその報告を審議した際も、ネヴェルスコイに賛成したものは二、三にすぎなかったという。

なお、ロシアははじめのうち、その発見を秘密にしていたので、イギリスの海将さえこれを知らなかった。それで、一八五五年（安政二年）にクリミア戦争の余波が極東にまでおよび、イギリスの艦隊がロシアの艦隊を日本海の北に追撃して見事これを韃靼《だったん》湾に封じ込んだものとほくそえんだ時、敵艦隊はいつの間にやら海峡を抜けて黒竜江口に出てしまっていたので、あっけにとられたという喜劇があった。このイギリス海軍の失敗以後、間宮海峡の存在がはじめて世界的に知られるようになった。

エリゼ＝ルクリュと間宮海峡

しかし、シーボルトの命名になる間宮海峡という名称がひろく知れわたるようになったのは、一八八一年にフランスの地理学者エリゼ＝ルクリュ（Reclus, J. J. Élisée）の『万国地誌』の第六巻「アジア＝ロシア」（Nouvelle geographie universelle. 1876～94—Tome 6, Asie russe. 1881.）が刊行されてからである。

四　擯斥と知遇

声望一瞬地におつ

シーボルト事件の摘発者・密告者として、林蔵は一部の人士から強い反感を買った。「非常の功を成した非常の人」（伊能忠敬「贈二間宮倫宗一序」）・「日本に稀なる大剛の者」（伊能忠敬の息景敬宛書翰）・「往来陸行、万里の遠を渉《わた》り、両歳の久しきを経《へ》、餓渇窘困《きかつきんこん》、苦楚万状《くそばんじょう》にして未だ嘗《かつ》て少しも心を動かさず。亦偉男子也」（原漢文）（斎藤拙堂『鉄研斎輶軒書目』）・「大旅行家・学者として有名なばかりでなく、卓越した武人として名誉の者」〔ゴロヴニン『日本幽囚記』〕ともてはやされた、北方探検の第一人者としての林蔵の声望は一瞬にして、地におちてしまった。

進歩派白眼視す

進歩派の人々は、おそらくすべてが林蔵を白眼視《はくがんし》したであろうし、これまで親しくしていた知名人、畏敬の念を抱いて仰ぎ近づいていた若い人たちも、あるいは去り、あるいは敬遠し、林蔵の周囲は急に寂漠《せきばく》たるものとなってしまったようである。

一部有力人士の知遇を得

もちろんその後の林蔵とてまったく孤独の人となってしまったわけではない。上司として林蔵を信任した人に川路聖謨《かわじとしあきら》があるし、大名では、徳川斉昭《とくがわなりあき》（烈公）のように、北地に対する関心から、林蔵に特に目をかけた人があり、松浦清《まつうら》（静山侯）なども、次項で紹介するように、林蔵の士としての立派さに感心して、一回は会って見たいと言っている。

川路聖謨林蔵を畏敬す

川路聖謨が林蔵の上司として、勘定吟味役になったのは天保六年十一月で、同九年十一月まで在職した。聖謨はすぐれた人材で、時の筆頭老中であった大久保加賀守忠実《ただざね》の信任があつかった。聖謨は後年の日記に、しばしば林蔵と渡辺崋山《かざん》を併称《へいしょう》し、奇人・先見の明ある人・非凡の人として畏敬している。それで、彼は上司であるにかかわらず、直接に話しかけるときは林蔵を先生と呼んでいる（『寧府日記』弘化三年五月十四日条）。

奇人

先見の明ある人

われに奇を好むの癖あり、奇人を好む也、林蔵・渡辺崋山の類也。

先見の明かなるものは始に気違の如くみゆるものなり。間宮林蔵がいひしことなど実に思ひあたるなり。其頃林蔵・崋山などは世の人を気違ひか盲目の如くに思ひ居《おり》しなり。

間宮林蔵世に在るとき、余に贈るに大刀装具を以てして曰く、蛮人将《ま》さに害を我国に為さんとすること必せり、然れども我は老矣《おいたり》、不レ及レ見レ之也、足下《そっか》尚壮年なれば必ず此変に遇はん、其時之を帯し玉へ、是れは我の遺物として看《み》玉へと云へり。此品予今に愛蔵す。間宮・渡辺の先見、今更思ひ当るなり。林蔵の非凡なることは、予も夙《つと》に之を知りたり。然れども大刀装具を遺物として予に贈られしときは、予すらも余りなる言ひ方と心の中に思ひしなり、嗚呼。

幕僚として遇す

聖謨は林蔵を親愛し、これを幕僚として遇した。『川路聖謨之生涯』は聖謨と林蔵との関係を、次のように説いている。

林蔵と共に蝦夷地を視察せんとす

普請役の中に、間宮林蔵といへる奇士ありけるが、氏は夙に北地を跋渉《ばつしよう》し、此ころ蝦夷の事情を熟知するもの、恐らく氏に如《し》くはなし。聖謨偶《たまたま》氏を見て、其人物の異常なるを識り、延《ひ》いて以て幕僚となし、深く之を親愛せり。氏も亦甚だ聖謨に服し、共に北地の形勢を論じ、満洲辺との関係を語りしこと、殆んど毎日におよびけるときく。……時に幕府の吏員中、海外の事を知るもの殆んど絶無にして、又これを聞くことを厭《いと》ひ、蝦夷地の事情さへ度外に置くの様なりしが、聖謨は夙に白石《はくせき》の著書、其他林子平《しへい》の論篇等に依て、海外の趣を略知《りやくち》し、又近く渡辺華山との親交もありければ、同氏の説を聞き、常に国家の前途を憂ふること、少なからざりしが、最も急なるは満洲幷《ならび》に露西亜の関係ある蝦夷地なりとて、間宮が踏査考定せし地図、又は日本針路図などを頻に研究し、己れ自ら間宮を随へて蝦夷地に行き、之を視察せんと企望《きぼう》し、その許しを当時の閣老に要請せしが、終《つ》ひにこれを得ざりしと云。

林蔵が水戸藩主徳川斉昭《なりあき》に認められて、同家へ出入りするようになったのは、天保五－六年頃からのことのようである。藤田東湖の日記、天保五年七月四日の条に「間宮林蔵の書翰御内々御下ゲ」とあるのが、斉昭と林蔵との交渉に関する資料の初見である。また小宮山南梁《こみやまなんりよう》の『徳川太平記』(第一〇編)によれば、天保の中頃林蔵が水戸家の小石川の上《かみ》屋敷に来て、北国から四国・九州を経《へ》、南海を廻って帰府したと語ったことが見えているが、これは後に紹介する南梁の父楓軒《ふうけん》に宛てた友部好正の書翰によって、天保六年五月の末であったことが知られる。南梁はまた、林蔵は晩年、水戸家から月俸をもらっていたとも言っている。月俸といってても顧問料のようなものであろうが、水戸家がそうしたものを林蔵に与えていたのは、彼が水戸家のために何らかのはたらきをしていたからである。これは、時期の上から考えて、水戸家の蝦夷地経営計画と関係があったにちがいない。

水戸家に出入

水戸家より月俸を受く

水戸藩の蝦夷地経営企図

水戸藩は光圀《みつくに》いらい北方問題に強い関心を抱いていたが、斉昭の治世になると北方問題の急務を唱えて、天保五年十二月・九年四月・十年十月と、しばしば幕府に蝦夷地の経営と警備を水戸藩に許して欲しいと請願した。それが許されないと、十年十一月にはひそかに書を将軍に呈して、開拓のことをねがったが、ついにその希望はいれられなかった。この水戸藩の蝦夷地経営の請願は、それによって藩の財政窮乏を切り抜けようとするのも、その目的の一つであった。林蔵に月俸まで出していたのは、その方面の大ヴェテランであった林蔵の力量を買ってのことであったと考えられる。

林蔵と東湖

斉昭と林蔵との交渉にはいつも東湖があたっていたようである。東湖の日記によれば、斉昭は天保九年五月二十一日に、林蔵を訪問すべきことを東湖に命じている。ただし、日記はこの日の所できれているので、そのとき林蔵が江戸にいて(次項で詳記するように、林蔵は天保七年六月以来、隠密の旅に出ていた)、東湖は彼に会うことができたかどうか明らかでない。

斉昭、病床の林蔵に特効薬を贈る

ついで、この年十二月二十九日、斉昭は再び東湖に書を与えて、林蔵は湿瘡《しっそう》にかかって引籠《ひきこも》り中と聞くが、「有用の人材」であるから早く全快させたいものだ、と言って、湿毒《しつどく》に妙効ある蘭方薬《らんぽうやく》と秘法の神仙丸《しんせんがん》とを携えて林蔵を慰問するよう命じている。この書簡には二伸があって、全快後、直々《じきじき》林蔵に逢って、北方の事情をききたいので、先方と都合をうちあわせよ、と言っている。次にその二伸だけを紹介しておく。

間宮出勤もいたし候ハヾ、公辺御用向手すきの節、庭へなり共招き、年来の話承り度候。兼々《かねがね》申聞《け》候通り、むかしの患《うれい》ハ西海にありて、今の患ハ北方急務と存候処、最早我等も来年ハ初老にも至候へバ、少しも早く志願を達し、霜雪《そうせつ》中に粉骨を尽し、神祖(家康)以来の大恩を報い度、日夜懸念《けねん》いたし居候事故、是非間宮全快後には逢候て、北方の事情承度候へ共、差支可レ有レ之哉、序《ついで》に可レ承候也。

この書翰は『水戸藩史料』(別記上)に収載されているが、同書その他に、このとき

東湖と対話

の東湖の復命書が伝えられていないし、また東湖の日記もこの辺のところが欠けているので、林蔵との会談の模様を知ることはできない。ただひとつ、あるいはこの際に東湖から友人某に与えたものかとも推測される断簡（『水戸藩史料』の編者はそう判定して、この断簡を前掲書翰のあとに紹介している）があって、林蔵との対話を伝えているので、その書簡の一節を掲げておきたい。

尚又間宮林蔵、一昨年より処々微行、三年ぶりにて去る月帰宅。対話の処、一昨年も鄂《がく》虜《りょ》（ロシア人）越後の漂流人を蝦夷地方（久奈智利《クナチリ》）護送、□の書を□、書中不レ可レ知候へ共、追々に鎌府（幕府）よりだまし〳〵置候事故、此度は何と歟《か》返書不レ致候ては不ニ相成一候処、右様の事へ懸念の人、当路に一人なく困り候との説話。其説を究め度候へ共、明《あか》し不レ申候。〔『水戸藩史料』別記〕

この書翰は、紹介を略した箇所の記事から判断して、天保九年中に書かれたものであることは明らかなので、私は『水戸藩史料』にしたがって、これを十二月大晦日に書かれたものと、いちおう推定した。が、上記のとおり、東湖はこの年の五月二十一日にも、斉昭から林蔵を問うべき命令をうけているので、あるいはこれはその際の書翰であるかもしれない。

斉昭に面謁

東湖の見舞いに対して、林蔵は翌天保十年三月二十六日づけで礼状を出している。この書翰は宮崎文書のうちにあって、森銑三氏がその全文を紹介されているが〔参一〕、その一節に「先は本復と相見候《え》。其内罷出御厚礼可二申上一候」とあるから、林蔵が斉昭に面謁したのは四月はじめ頃のことであったと思われる。なお、この書翰に、水戸家で伊能忠敬《いのうただたか》の『大日本沿海輿地《よち》全図』を所望《しょもう》し、林蔵が仲介して伊能家の内諾を得た事実の見えていることが注意される。

西野宣明内命により林蔵を訪問

天保十二年五月一日には、『常陸風土記《ひたちふどき》』を校刊した西野宣明《のぶあき》が、藩の内命で深川冬木《ふゆき》町裏の隠宅に林蔵を訪れ、文化四年におけるロシア人のエトロフ島襲撃いらいの蝦夷地のことを聞いている〔国会図書館蔵宣明自筆『松寓日記』第一冊〕。

斉昭隠居を命ぜらる

幕府は弘化元年(一八四四)五月、斉昭に隠居を命じ、このとき東湖もまた幽閉《ゆうへい》せられた。これは幕府が斉昭の執拗《しつよう》な蝦夷地獲得運動に業《ごう》を煮やしたのが、その理由の一つであった。林蔵はその数ヵ月前に他界しているが、もし存命であれば、彼もまた幕府から罪を得たかもしれない。

古賀侗庵との交際

幕府の儒官、古賀侗庵《こがとうあん》もまた林蔵と親しかった。文化五年(一八〇八)から文政十年(一八二七)にわたる『侗庵日録鈔』(慶応大学図書館蔵)には、林蔵との交渉に関する記事が三ヵ所に見えている。侗庵は文政六年九月朔日《ついたち》と同月二十二日に深川の林蔵宅に赴いて釣をしており、同九年十二月二十四日には林蔵の来訪をうけている。林蔵の来訪については、

間宮林蔵来謁す。来年八丈島巡視之命を蒙り候趣なり。

林蔵の口話を筆録し窮髪紀譚を作る

とある。このとき侗庵はわざわざ林蔵を招いて、文化六年におこなわれた東韃行《とうだつこう》の話を聞いたものらしく、林蔵の口話を門人に筆録せしめた『窮髪紀譚《きゅうはつきたん》』の跋《ばつ》に

「丙戌《へいじゅつ》之暮春十日」と署されている。丙戌は文政九年であり、暮春十日は三月十日のことである。この跋文「書《す》二窮髪紀譚後《のに》一」は国会図書館所蔵の『侗庵全集』五集、侗庵戊戌《ぼじゅつ》文稿巻之上に収録されているが、これは丙戌を戊戌すなわち天保《てんぽう》九年に誤ったものと思われる。宮内庁書陵部所蔵の『窮髪紀譚』の原本にはこの跋文がない。

満俗図略を模写

侗庵は林蔵の『東韃紀行』を謄写して所蔵していたが、それには挿図が欠けていたらしく、鈴木白藤《はくとう》所蔵の挿図だけのものを借りて摸写せしめ、これに『満俗《まんぞく》図略《ずりゃく》』と題した。本画帖の跋文「書《す》二満俗図略後《のに》一」が『侗庵全集』二集、巻之八己卯《きぼう》下に収録されている。この跋文には、林蔵の探検談を筆録して『窮髪紀譚』一巻と成したことが見えているが、この記文が己卯すなわち文政二年の文稿をあつめたところにはいっているのはおかしい。これも全集編者の誤りで、この跋文は文政九年以後に記されたものに相違ない。おそらく『満俗図略』と『窮髪紀譚』

とは、ほとんど同時につくられたものと思われる。

これらの資料によれば、林蔵が蝦夷地から帰って以後、シーボルト事件がおこるまでの数年間、侗庵と林蔵とのあいだには相当交渉のあったことが知られる。

林蔵の功業を称揚

侗庵は「書《す》二満俗図略《の》後《に》一」で、林蔵の人物と功業を称揚して、

予嘗て林蔵を家に招致して膝を接して語る。談鋒《だんぽう》纚《し》々《し》として窮《きわま》らず、人をして倦《うむ》を忘れしむ。又聞く、その孤立して一意を行ふや、絶えて官長に媚《こ》びずと、亦自ら一奇士なり。俄羅斯《オロシヤ》の梗《こう》を為してより、北地の情状を捜究《そうきゅう》するは、実に国家の要務と為す。満洲我と境を接して、亦忽《ゆるがせ》にすべからざる者、而してその民俗地理、世人未だ嘗て夢見せず。今林蔵単身毅然《きぜん》、自ら不測《ふそく》の虜《りよ》に投じ、その要領を得て帰りて、以てこの図を作り、奴《ヌ》児干《ルカン》の土俗をして歴々として眉睫《びしょう》に在らしむ。その功小に非ず。豈《あに》博望侯《はくぼうこう》の功を要して空《くう》を鑿《さく》し、以て漢武大を好むの心を啓《ひら》く者と、同日にして論ぜむや。（原漢文）

と言っている。

俄羅斯紀聞の編者

侗庵は儒者であっても、対外関係や外国事情、特にロシアに強い関心を抱いて

いて、自らロシア関係の文献をあつめて『俄羅斯《オロシヤ》紀聞』四集四〇冊（原本早稲田大学図書館蔵）を編纂したほどの人である。おそらく侗庵は自ら求めて北地通の林蔵に近づいたものであろう。

だが、シーボルト事件がおこって後までも、そのまま両人の交情がつづいたか否か、『侗庵日録鈔』は事件の前年までで抄録がおわっているので、その間の事情は不明である。日記の原本は侗庵の子孫の家に残っていると伝え聞くが、残念ながらその所在を確め得ない。

少数の理解者

これまで見られたとおり、シーボルト事件後も、林蔵の周囲には、何人かの相当の地位にある理解者がいたことは事実である。それらはいずれも、ロシア南下の危険がうすらぎ、幕府の蝦夷地直轄が廃止されて、北方の問題などもち出すと顔をそむけてしまうような人が多くなってしまった時勢にも、なお、ロシアに対

多くは離反

する防備と北地開拓の必要を忘れなかった人たちであった。が、多くの識者は、

まったく林蔵から離れてしまい、彼をただ太平の世にはめずらしい奇人・変人として遇したにすぎなかった。幕府もまた、事件以後は、「愚忠の人」林蔵を終世《しゅうせい》、隠密として用いただけで、これに地位を与えて優遇しようとはしなかった。

斎藤拙堂

江戸へ出てきた地方人のなかには、過去に輝かしい業績をもった人物として、なかば物めずらしさから、林蔵を訪れた人たちもあったようである。『鉄研斎輶《てっけんさいゆう》軒書目《けんしょもく》』の編者である斎藤拙堂《さいとうせつどう》は、一日、安酒席で林蔵に邂逅《かいこう》したが、そのとき席上、左の賦《ふ》を製して彼に贈っている。

（前略）久《しく》聞《き》ニ君《が》名《を》一願《いて》レ識《らんと》面《を》、今日樽前始《めて》相見《ゆ》。可《し》レ憐《む》一剣老《ゆ》ニ風塵《に》一、骯髒空《しく》抱《く》白首《の》嘆。
酔来《れば》談屑《だんせつ》飛《びて》霏々《ひひたり》、満座傾《けて》レ耳《を》聴《きて》不レ倦《うま》。猶見《る》ニ当年《の》意気存《するを》一、爛然《らんぜん》射《る》レ人《を》雙巖電《そうがんのいなずま》。

〔『摂東七家詩鈔』巻五、鉄研斎存稿〕

老残の林蔵

この一詩には、老残《ろうざん》の境涯に朽ちはてながらも、なお気骨を失わない当代奇人の風貌が躍如《やくじょ》としている（新装版付記⑮参照）。

五　幕府隠密

林蔵はシーボルト事件の後は、幕府の隠密《おんみつ》として終始した。これはまことに理解に苦しむ転身である。

打撃から立ち直る

シーボルト事件の意外な発展、彼に対する世評の激変、これらが林蔵に与えた精神的打撃はひとかたならぬものがあったと推測される。だが、彼はけっきょく自分はまちがっていなかったという信念に立ちなおることができたのであろうと思う。

自ら隠密を選ぶ

世間に負けて朽ちはてることを林蔵は潔《いさぎよ》しとしなかったにちがいない。そのとき自らえらんだ道が隠密であり、この仕事に精魂をうちこむことに、精神的活路を見いだそうとしたのではなかったか。この選択はいかにも林蔵らしい。隠密になったのは、世間に対する抵抗でもあったのであろう。彼自身としては、けっして隠密になりさがったとは考えなかったにちがいない。シーボルト事件の結果隠密におとされたとする見方もあるが、幕府当局としては、林蔵のしたことを多とこそすれ、これを左遷する理由はどこにもない。

隠密転落説に対する反論

隠密は人から白眼視された役目であったことは否《いな》めない。それで、「隠密になりさがった」とか、「隠密に転落した」とかいうような極端な評言も出てくるわけである。ところが、これに対して、林蔵の研究家のうちには「一体、隠密は、主として幕府の御庭番《おにわばん》の勤める役で、その祿高は百俵であるから、三十俵三人扶持《ぶち》の林蔵よりは身分が高い。多くは世臣《せしん》の村垣・明楽《あけら》氏などが勤めていた。されば一雇《やとい》より成上った林蔵にとっては誠に名誉の次第で、一部人士の反感を買って転落したどころか、寧ろ隠密を勤めるやうな身分に昇進したわけである」〔参二四〕というような主張をされる向きもある。が、これはまた極端な反論で、そのままにはしたがいかねる。

隠密の種類

隠密にもいろいろあって、御庭番は将軍に直属して隠密をつとめたし、勘定奉行に属する普請役もときには隠密をつとめなければならなかった。御小人《おこびと》目付もまた隠密として諸藩の支配地へ入りこんでいる。後で詳しく紹介するが、林蔵の隠密としての最初の仕事について書きのこしたフィッセルも言うように、隠密は「貴賤共に、此大役を務め」たのであった。林蔵は三〇俵三人扶持《ぶち》で一〇〇俵どりの御庭番がするような隠密を勤めたのであるから、むしろ身分の昇進であるとするのは、少々おかしい。

普請役の裏の職掌

林蔵の職名は文政五年いらい普請役である。普請役は勘定奉行の手に属して、幕府直轄領中の河川の治水・橋梁の営造・灌漑用水施設の整備などにしたがうのが、その職掌であった。だが、この表面の職務のほかに、時には上司の秘密命令を帯《お》びて、各地の事情を探査することも、その役目とされていた〔『川路聖謨之生涯』〕。晩年の林蔵は、老中大久保忠真に信任されて、その特命の穏密でもあったらしい。

隠密はいまの言葉でいえば、国事探偵あるいはスパイのことである。国内政治情勢の秘密調査がその役目であったが、日本をめぐる国際情勢がうるさくなってきたときに、林蔵が幕府の命令でおこなった、国境もきまっていないようなカラフト奥地の探検や、明らかに中国領であった黒竜江下流域の探査も、当然、隠密的仕事であった。事実、当時の人びとは探検を探偵・隠密と同様に考えていた。たとえば、鶴岡《つるおか》（山形県）の歌人池田玄斎《げんさい》はその随筆『病間雑抄《びょうかんざっしょう》』（光丘文庫蔵）の巻六に林蔵について、「此人は三箇年、韃靼《だったん》・女真《じょしん》・満州へ隠密使相勤て、無レ恙《つつが》帰国せし仁《ひと》也」〔参一〕と言っているし、小《こ》宮山南梁《みやまなんりょう》も『徳川太平記』第一〇編で、林蔵のカラフト探検を記して「間宮林蔵の探偵」と題しているという具《ぐ》合《あい》である。そういえば、文政七年に林蔵が東北方面における異国船接近の風評を探査したのも、明らかに隠密の仕事といえる。このように見てくれば、カラフト探検いらいの林蔵の仕事の大半は隠密だったということにもなる。

しかし、隠密という言葉には何か暗い影がつきまとう。外国に対する国事探偵は、成功した場合は国民全体からその功と勇を称讃されるが、国内政治情勢の密探ということになれば、主君に忠節をつくすのが武士の本領だとはいっても、同じ国民でありながら、外部のものはこれを極度に憎んだであろうし、内部のものとても何かうしろぐらいものを感じ、これを賤視《せんし》したであろう。

隠密を嫌忌

隠密こそ男子の本領

林蔵は測量術に長《た》けていたので、普請役としては土木事業に専当するのが適役だったかもしれないが、自身ではそんな技術者としての仕事にあたることを潔《いさぎよ》しとせず、他人からはどんな眼で見られようと、政治に関連した隠密の仕事こそ男子の本領だと考えていたのかもしれない。おそらく、隠密は自らえらんだ道であって、林蔵はその境遇に不平も不満も感じなかったにちがいない。それどころか、この道でも彼はきわめて有能であり、また心魂《しんこん》をなげうって役目にもはげんだ。ことにあたる以上は、何ごとであれ、徹底的にやりとげなければ気のすまないのが林蔵の身上《しんじょう》であった。

それにしても、出世などまったく念頭にない林蔵ではあったが、過去にあれほどの功業を立てた人物を、わずかな増俸を一回与えただけで、犬と呼んで人の嫌う隠密に終始させて、昇進の道を開いてやらなかった幕府の処置には不審が感ぜられる（新装版付記⑯参照）。

最初の隠密は長崎行

林蔵が隠密に出たのは、長崎がはじめだったらしい。そのときのことが、一八二〇年（文政三年）から一八二九年（文政十二年）まで日本に滞在した出島オランダ商館の館員フィッセル（Fisscher, van Overmeer）の『日本国の知識に対する寄与』（Bijdrge tot de kennis van Japanische Rijk. 1833.）を杉田成卿《せいけい》が訳した『日本風俗備考』（巻一）に、次のように語られている。

フィッセルの記述

犬又横目《よこめ》と云へる者は、余も嘗て一たび其監察に逢し事あり。我日本の一友人、余等に給仕して諸事を監察し、又奇珍の品物を購求する方法を為して我等所用を達したり。一日、制禁に係りたる赤色画料の一品を我輩に給し与へんとて、一市店に行きたりし時、店中にて一男子に出逢たり。一瞥《いちべつ》して相互に其面を見たれども姓名は互に通ぜざりし。此男子に出逢し後、遑遽《こうきょ》、我輩の傍に来り、甚だ驚怖せる状ありて曰く、今日、江都《ごうと》の官人、間宮林蔵と云へる者に出会しに、庸常《ようじょう》の旅客の如き装束《しょうぞく》を為せり、此人は江都にて毎度交りを結びたりと云へり。此より前、間宮林蔵犬となりて来れる風評あり。此人に見付らるれば、危難を蒙るべしと云ひあへりしかば、友人も大に怕《おそ》れたりしに、終《つい》に果して不幸を受けたり。蓋し一たび旅客に逢しに、其所行、帝国の法度《はっと》に背き、己が明誓《めいせい》を破りて、正に不忠なりと彼に思はれしかば、此の如き不幸に逢しなり。然るに友人余輩に顕《あら》はしたる交誼は、一とかたならざる事なれば、細砕《さいさい》の品件《ひんけん》を再び彼れに返し与へたるのみにては、其事相済まず、遂に出島への出入を除かれければ、下に挙《あげ》たる一書翰を遺《のこ》して去れり。

これはおそらくシーボルト事件が発覚した年の翌文政十二年のことであったと思われる。フィッセルはさらに、林蔵が隠密として長崎にやってきた事情につい

長崎の役人林蔵を怕る

長崎派遣の事情

て、こんな風にも言っている。

又上に云へる間宮林蔵が長崎に来りしは、和蘭・支那の交易に就て、奉行の処置如何なるや否やを見糺《ただ》さんが為に来れること、固《もと》より拠所《よんどころ》なきには非ず。此人は此より前に官命を奉じて、野作《エソ》・唐太《カラフト》・グュルリ諸島（千島を云ふ）の北部を検査せし人にて、鄂羅斯《オロシャ》の甲《カ》必丹《ピタン》ゴロウニンが遭厄《そうやく》紀事の中にも、此人の事を書載せたり。然るに此人異国人と交りを締《むす》びたる際、上官人に知らるゝを懼《おそ》れ、且つ是を恨むることありければ、此罪を以て又長崎へ行きて、其地の交易の事を監察せしむと風評あり、是も全く謂《い》はれなき談とは思はれず。右の如く罪を得て長崎に到りたれば、其人殊に精厳《せいげん》に諸事を監察して、上官の求むる所よりは、更に委曲《いきょく》に百事を稽察《けいさつ》し、上官の交易の弊を救《すくわ》んと思ふよりは、殊に悪弊を捜し索《もと》むる事綿密なり。此《かく》の如き意思を抱ける間宮が如き人は、己が不首尾を取りなほして、上官の薦達《すいだつ》に逢はんと思ふ心切《せつ》なれば、其伺察《しさつ》至らざる所なきなり。

この訳文は、シーボルト事件に際して、高橋景保《かげやす》に対する遺恨《いこん》でこれを告発しながら、自らはシーボルトに会ったことをかくしていたことから罪を得た林蔵が、

長崎の噂に関する杉田の訳は誤り

譴責《けんせき》処分として長崎隠密を命ぜられ、奉行の貿易に関する処置を検察するために、この地にやってきている、という噂が長崎でおこなわれていたということを示すものかのようである。だが、「此人異国人と交りを締《むす》びたる際」云々《うんぬん》は誤訳で、これは「彼がその政府をして外国人との接触・交際に対して恐怖と猜疑《さいぎ》の念を抱かしめることに成功し、それが彼を長崎に派遣する原因となったことはありうることである。そしてその長崎では政府の権力は必然的にあまりにもきびしく維持されており、彼の派遣によって改良されるような余地は全くなかった。しかし彼れ林蔵のような偽瞞家にとっては、自分の利益を増進し、いっそう高い地位に昇るためには重要なことであったのだ」と訳すべきであろうから、はじめシーボルトとの交渉をかくして申立てなかったので、譴責的に隠密に貶《おと》されたというわけではないと思う。もっとも、杉田は事情を聞知していて、それを織込んで、敷衍《ふえん》して訳したものと考えることもできなくはないかもしれない。それはともかくとして、第二項で述べたように、林蔵が江戸でシーボルトに会っていることは事実であろう。

いずれにしても、林蔵は自ら進んで隠密の道を選んだものと思われる。

林蔵の隠密について記したもので、フィッセルの『日本国の知識に対する寄与』についで古いのは、もと平戸の藩主だった松浦《まつうら》静山の『甲子夜話《かっしやわ》』続篇巻五六の天保《てんぽう》元年（一八三〇）の記載であろう。

甲子夜話の記事

御勘定奉行の密旨を承《うけたまわり》て所々の御用を勤めしかば、在宅することも少く、ただ一人の雇婆《やといばば》ありて留守をなす。今年は甲寅長崎奉行に属して従行せしが、備前《びぜん》国（岡山県）鞆の津に到れるとき、時疫《じえき》をうけて危篤に及ぶ。このとき受持ゐたる書ものは悉く焼捨て、翌日奉行へ直対《じきたい》を請て、官長より承りたる密旨の証文を手渡に返し、帰舎して即ち死せりと。されば斯《この》男は馬革《ばかく》を以て屍《かばね》をつゝみ還葬《かんそう》さると云しにも恥ざるか、悲聴すべし。頃は八月のことなれや、検使として御普請役二人出立して備州に赴けりとぞ。

流行病で急死は誤伝

右にいう、流行病にかかって急死云々《うんぬん》はもとより誤伝である。静山はシーボルト事件でも林蔵びいきの人だったようであるが、この記の前文で、

稀なる志ある者

官の小吏の中に間宮林蔵と云し者あり。予一見したく思ふこと有りて尋ぬるに、是まで値《あ》はざりき。斯《この》人嚮《さき》に蝦夷地に事ありしとき、蝦夷の極に至り、満州の境を踰《こ》へ、清人にも接語せしと聞く。頃《このご》ろ或人に聞くに、林蔵は常陸《ひたち》（茨城県）の人にて、先年蝦夷御用の時、松前《まつまえ》奉行支配下役に召抱へられ勤役せしが、彼地故《もと》の如く松前氏に御返し有りては御普請役となり御勘定所に隷して、其後は天文地理の書を読み、固《もと》より妻子も無く、家には甲冑一領・着替一領外には、常用の武具と兵書などありて、軽賤の者には稀なる志ある者なり。

年金一〇両を支給

とその人物を称揚している。林蔵は天保二年十一月、年一〇両の手当をうけた。

洋学者と林蔵

シーボルト事件が発覚して後は、オランダ人に接触する役人や、蘭学に志向する学者たちが、林蔵をおそれたことは非常なもので、そのことはフィッセルの記文にも見えているが、小関三英《おぜきさんえい》はこれについて、その兄仁一郎にあてた天保六年

（一八三五）六月の書翰に、「此人時々、蘭学致候人々之宅に相尋参申候而《て》、もし地図等私《ひそか》に所持致候やを窃《ひそか》に相改候ゆへ、何方《いずかた》にても右之人参候得ば、和蘭書き物等は匿《かく》し候事に御座候」（山川章太郎「小関三英とその書翰」一四―『文化』五巻七号）と言っている。ただし、蘭学者が林蔵をおそれたことはもっともながら、その当の林蔵が、彼をおそれている蘭学者のところをわざわざ歩き廻って、探査したなどということはおかしな話なので、三英の伝えた噂はそのままには信用しかねる（新装版付記⑰参照）。

薩藩を密探

林蔵の密探でもっとも大きな仕事は、薩摩《さつま》（鹿児島県）へ隠密として乗込んだ一件であろう。幕府の隠密がその直轄領以外で仕事をすることは、それこそ命がけで、フィッセルもこれについて、「小諸侯の領地には、此犬入り来ること能はず、万一其領内に入り来て見出さるゝ時は、厳刑に遇ふ恐れあればなり」と言っている。まして相手が薩摩藩である。命を受けた林蔵は決死の覚悟で西下したにちがいない。林蔵の薩藩探偵について、水戸出の小宮山南梁《こみやまなんりょう》は次のように伝えている。

経師の弟子となる

西国の大藩にて、一切《いっさい》他邦の人を、封内へ立入らしめざるものあり。林蔵これを探らんとて、一策を構《かま》ひ、其隣国のものなりとて、彼の城下なる経師《きょうじ》の弟子となりて、粗《あらあら》その国の虚実を窺ふことを得たり。居ること三年、たま〳〵城内に張付の修理ありければ彼経師に従て入込み、因て城内を一覧して帰れり。後に其藩侯在府の折に、幕府の有司《ゆうし》某をその邸に招くことありしに、談、彼の藩内のことに及び、城内の形状まで詳《つまびらか》にこれを知て語りければ、侯大に恠《あや》しみ、其故を問はれしに、某笑て、不審し給ふも理《ことわ》りなり、帰藩の折に城内某辺なる紙障《ふすま》を剝《はが》て、其下を見給へといふにより、侯、後に其言の如くすれば、下張《したばり》の内に、往々名刺一葉を挿みて、大府《だいふ》（幕府）探偵間宮某とありしに、一藩皆その探偵の妙に驚きしとなり。〔参一〕

記文中にいう西国の大藩はいうまでもなく薩摩藩であるが、林蔵がその内情を探るために三ヵ年を費したとするのは少々誇張であろう。重野《しげの》安繹《やすつぐ》博士の談話によると、薩藩の密探に成功すれば、そうとうに出世したものであるという〔『名家談叢』〕。

功により足高二〇俵増俸

跡目《あとめ》相続伺によれば、林蔵は天保四年十二月に、「年来格別出精相勤候ニ付」といって、足高《たしだか》二〇俵を増給されているので〔参六〕、これが薩藩密偵に対する論功であるとすれば、林蔵の薩摩滞在は天保三－四年のこととみなされぬでもないが、この加俸は天保六年のことらしい（新装版付記⑱参照）。

林蔵の密偵で薩藩のそれについでひろく知られているのは、石見《いわみ》の国（島根県）浜田《はまだ》の密貿易事件を暴露した一件である。主謀者の今津屋《いまずや》（会津屋）八右衛門は浜田松原の船乗りで、はじめは朝鮮側の空島政策で無人島になっていた竹島《たけじま》（鬱陵島）へ渡って、竹木を伐採し、海産物を持ちかえっていたが、やがて日本刀を持ち渡り、中国人や朝鮮人と交易をはじめるようになった。さらに南洋方面にまで進出して密貿易をおこなったともいわれる。八右衛門の竹島密航には、浜田藩の家老岡田頼母《たのも》や年寄松井図書《ずしょ》などが関係し、藩主松平周防守康任《やすとう》もこれを黙許していた模様である。八右衛門の密航は天保の初年からおこなわれていたが、同七年にいたりついに事件が露見《ろけん》して、その六月、連累者の一斉《いっせい》検挙となった。この事件について、

密貿易を勘づく

『浜田町史』は次のように言っている。

秘密が保たれたこと六年ばかり、天保七年になつて、たうとう露見した。どうしてばれたかと云ふに、当時薩摩が密貿易をやるといふ風聞があるので、其の真偽を密偵するため、異国の産物に就いて知見の広い間宮林蔵を遣はされた。どうした都合か道を山陰道にとつて浜田の東一里半の下府《しもこふ》に来た時、休んだ家で偶然支那と印度との間の辺に産する木を見て、「どこで求めたらそんな木があるか」と尋ねたのに、「松原の船乗から買うたが、今頃はあるまい。船が帰ると時々ある」と答へた。「時々ある？　怪しいぞ」と頭をちよつと傾けて見たものの、自分の頼まれた以外の事だから深くも窮めず、松原に少し当つては見たが、地元は用心も深く、厳しい口止めもあると見えて、一品も見当らず、それらしい事も耳に入らぬ。其の儘九州に渡つて、帰りに大阪町奉行矢部駿河守定謙《さだかた》に告げ、浜田地方に気をつけさせた。矢部駿河守は、隠密（探偵）を浜田に遣《や》つて探らせて、確なる証拠を握り、吏を遣つて、八右衛門と三兵衛とを捕縛し、大阪に連れ帰らした。

事件発覚の端緒

これには、林蔵が薩摩の密偵に赴く途中、たまたま浜田城下を通った際に密貿易事件をかぎつけ、薩摩からの帰途、大阪に立寄って、大阪町奉行矢部駿河守にそのことを告げたのが、事件発覚の端緒であるといわれているだけであるが、小宮山南梁は、この件について、

> 天保中、石州浜田の廻船問屋八右衛門といふもの、漁猟に事寄せ、松原浦の沖なる竹島に押渡り、外国人と密商せしこと、粗《あらあら》その風聞ありといへども、未だ其証跡《しようせき》を得ず。因て林蔵を遣《やり》て、これを探らしめしに、林蔵垢面敝衣《くめんへいい》し乞丐《きつかい》（こじき）の姿となりて、浜田に入込、やがて其確証を得て帰り報ぜしかば、幕府因て手を下し、云々《うんぬん》。〔参一〕

北陸から九州四国を廻って帰府

と記している。二つの記述は、竹島事件における林蔵の隠密ぶりを伝えており、この事件の摘発に林蔵が一役買ったことは事実であろう（新装版付記⑲参照）。『浜田町史』のいうように、竹島事件は、林蔵の報告をうけた大阪町奉行矢部駿河守が、さらに探査をつづけた結果、確証をつかんで摘発したものであるとすれば、林蔵が山陰から九州を廻って大阪にやってきたのは、天保六年中のことと

推測される。小宮山南梁の父である楓軒《ようけん》にあてて、江戸の友部好正が天保六年六月四日づけで送った書翰（国会図書館蔵『楓軒年録』第四四冊収録）によれば、そのころ、林蔵は北陸から九州・四国を廻って江戸に帰ってきている。大阪町奉行の竹島事件密探は一年余もかかったことになるわけである。それはともかく、この手紙に見えている林蔵の隠密について紹介してみることにしよう（帰府は三月か、新装版付記⑱参照）。

西国辺窮迫

間宮林蔵北国筋より乗船、四国・九州より南海を乗廻し帰国仕候。西国辺窮迫甚しく候と申事に御座候。まだ関八州の方よろしきと申候。とかく西国筋は紙金通用にて、第一衰弱仕、其上近年打つゞき申候不作にて、一段弱り申候様に見え申候との事に御座候。

代官政事よろしからず

御代官いづ方もよろしからず、大名の政事には大におとり申候と嘆息仕候。林蔵も余程好奇の方にて候へども、豪邁《ごうまい》の気像《(ママ)》有レ之、噺《はなし》のおもしろき男にて御座候。

この手紙には、浜田のことは見えていないが、林蔵がまず北国をまわって九州に往ったと言っているのは、『浜田町史』の記述とだいたい一致する。とすれば同書のいうように、薩摩の隠密もこの際のこととみてよい。もしそうであれば、

薩藩密探は天保六年か

徹底した隠密ぶり

前に述べたとおり、跡目《あとめ》相続伺に天保四年十二月増俸とあるのは、同六年の誤りであろうか。なお、この手紙から、幕府直轄領に講談に出てくるような悪代官の多かったことが知られるのはおもしろい。

天保六年三月の帰府はおそらく年越しの旅からであったと思われるが、彼は翌七年六月にまたまた隠密の旅に出ている。このときも林蔵の隠密ぶりはなかなか徹底したもので、翌八年六月になってもまだ帰ってきていない。上役の河久保《かわくぼ》忠八郎は勘定奉行もしくは同吟味役から何度も林蔵の消息を催促されたらしいが、当人からは梨《なし》のつぶてで音沙汰もないのに弱りはてて、届書を出して、文化五—六年のカラフト探検のことから、文政九年における近海出没の外国捕鯨船との接触計画などを書きならべ、その終りに、「右故、此度抔《など》、孰《いず》れえ迄深入いたし居候哉《や》、何とも難レ計《はかり》奉レ存候儀に御座候」と音《ね》をあげている。このとき、林蔵の消息をしきりに求めたのは、勘定吟味役の川路聖謨《かわじとしあきら》ではなかったであろうか。

三年ぶりに帰府

天保七年に隠密の旅に出た林蔵が、久かたぶりに江戸へ帰ってきたのは、足かけ三年めの同九年であった。このことは、同年に書かれたことの明らかな、友人某に与えた藤田東湖の断簡(前項参照)に、自分は林蔵に会ったが、彼は「一昨年より処々微行、三年ぶりにて去々月帰宅」したところであると見えている。東湖はこの年、五月二十一日と十二月二十九日の二度、藩主徳川斉昭《なりあき》から林蔵を訪うべき命令をうけている。五月の下命のことは東湖の日記に記されているが、日記はこの日以後が欠けているので、訪問の始終は明らかでない。このとき林蔵が在府していて東湖と会見し、その後で東湖が上記の書簡を書いたものとすれば、林蔵の帰府は三月頃ということになる。五月には、林蔵はまだ隠密の旅から帰っていなかったとすれば、右の書簡はその年の大晦日《おおみそか》に書いたことになるので(『水戸藩史料』別記上は、その際のものとして、この書簡を引いている)、林蔵はふた月前の十月に江戸へ帰ったわけである。いずれにしても、足かけ三年とは、随分ながい潜行をしたものである。これでは上司もあきれたはずである。

乞食姿に身をやつす

南梁は、竹島事件の摘発に林蔵が乞食《こじき》の姿になって探索にあたったと述べているが、林蔵がしばしば乞食に変装したことはほんとうで、渡辺崋山の『全楽堂日録《ぜんらくどうにちろく》』の天保二年八月十七日の条に、次のような勘定吟味役中川忠五郎の直話《じきわ》が載っている。

間宮林蔵は予が配下のものなり。……又偵察にいづるには、髪も月代《さかやき》もせで、乞食・非人《ひにん》のごとく仕立、いとだてを負、諸国を廻ると云。我《わが》玄関へ来てものを乞ふに、取次のしらぬものは、真の乞食の狂人となりしやと、とがむるもありとぞ。

滑稽な苦労ばなし

また乞食姿で隠密に出たときの滑稽な苦労話を、林蔵みずから、

探偵は形を変じ、衣を易《か》へ、さまぐ〵の人物となりて、微行することとなれど、尤も困ぜしは乞丐《きっかい》とありし(な)とき、身に着るものは薄く、手荷物などもなきに、常に路費百両ほどは必ず所持せしゆえ、是をかくし持べきやうなくて困じたり。古布《ふるぬの》などに包み、腰にまとひ置くに、物に触れば忽ちにガタリと音する故、人に悟られやせんと、断へず心にか

ゝりし、是には困りし。〔参二〕

と語っている（新装版付記⑳参照）。

六　林蔵の性格と生活

晩年の生活は窮迫していたか

晩年の林蔵は、窮迫《きゅうはく》して悲惨な生活をしていた、ということがよくいわれる。これは世界的探検家から隠密にまで落ちぶれたという、林蔵の生活環境の転変から想像したものであろうが、禄《ろく》な出世はしなかったとしても、晩年の林蔵の生活はその実けっして悲惨なものではなかった。森銑三《せんぞう》氏は、「研究家にも往々事の奇なるを喜ぶ傾向があつて、それが不知不識《しらずしらず》の間に、真相を歪《ゆが》めてしまふことになる」例として、林蔵の晩年の生活をとりあげ、国会図書館所蔵の『楓軒年録《ふうけんねんろく》』第四四冊に収録されている、天保六年六月四日づけの小宮山《こみやま》楓軒あて友部好正の書翰に「林蔵甲冑《かっちゅう》を多く集め申候」とあるところを見れば、林蔵の生活は窮迫ど

甲冑の蒐集

ころか、かえって大いに余裕のあったことが知られると言われている〔参一二〕。『甲《かっ》子夜話《しやわ》』続篇巻五六によれば、天保元年ごろ林蔵は甲冑を一領しか持っていなかったが、数年後にはその蒐集家になっているのであるから、たしかに余裕のある生活だったということが言えよう。

本給三〇俵三人扶持《ぶち》に、年金一〇両（天保二年以降）・足高《たしだか》二〇俵（天保四年以降）の手当があり、しかも晩年には水戸家からも月俸を受けていたのであるから、ぜいたくは何ひとつせず、傭婆《やといばば》と二人だけの生活では、甲冑道楽をやれるくらいの余裕があることは、はじめからわかっていたはずである。林蔵の場合も、森氏の言われるように「真実は却って平凡の裡《うち》に存」したわけである。

生活に窮してのことではないが、林蔵の日常生活はじつに簡素きわまるものであったらしい。松浦静山は前掲の『甲子夜話』続篇天保元年の記事で、甲冑一領のほか武具・兵書などは蓄えているが、着替えといっては一揃いしかなく、隠密

時には洋酒のそなえも

室内には散乱した地図と天球儀地球儀ばかり

着替一着

に出ているときが多いので、一人の僱婆が留守をしている、と述べている。それでも時には、到来物《とうらいもの》でもあろうか、洋酒のそなえなどがあって、わびしい生活のうるおいになったこともあったようで、水戸から笠間《かさま》（茨城県笠間市）へ養子にいった加藤桜老《かとうおうろう》の日記によれば、天保二年十月、彼が深川の木場《きば》に林蔵を訪れた際、林蔵はロシアの酒、フランスの酒などをもちだして、桜老に振舞《ふるま》っている〔参一・二三〕。

家《うち》のなかでの林蔵の生活ぶりについては、幕府の儒官古賀侗庵《こがとうあん》の息謹堂《きんどう》（謹一郎）がそれを伝えている。さきに紹介したように、侗庵は文政九年の暮に林蔵を招いてその探検談を聞いているが、林蔵を迎えるための使に立った時でもあろうか、謹堂が深川蛤《はまぐり》町の林蔵の隠宅《いんたく》を訪れたことがある。謹堂はそのときの模様を、林蔵は褐《ぬのこ》に巻き帯をしたままで謹堂を迎え、室内には地図が散乱し、傍らに天球儀や地球儀があるのを見たばかりだ、と吉田賢輔《けんすけ》に語ったという〔参六〕。

着衣は着替えが一揃いあるだけだ、と静山は言っているが、林蔵は着物のこと

寒中も単一枚

火鉢も蚊帳も不要

などに頓着《とんちゃく》なかったばかりか、元来が寒さ知らずで、安井息軒《やすいそっけん》の『睡余漫筆《すいよまんぴつ》』に「余が江戸に来りし頃は八十許《ばかり》の老人なりしが、寒中も単一《ひとえ》枚にて暮せり」と見えている。こんな風であるから、冬も火を近づけないし、夏も蚊の多い深川に住んで蚊帳《かや》を釣らなかった。戸川《とがわ》播磨守は勘定奉行として林蔵の上司であったが、父が箱館奉行をしていたこともあって、縁故の深い人だったので、林蔵はしばしばその屋敷を訪れた。栗本鋤雲《じょううん》の『独寐寤言《ひとりねごと》』はそんな折の林蔵について、次のように伝えている。

此人老人に及び、深川に住せし由。其旧縁故あるを以て、時々戸川播磨守が家に来り夜《よ》譚《ばなし》し、一酌陶然《とうぜん》の後、家に帰るに懶《ものう》しとて泊する事も度々なりしが、家人に請ひて一片の蒲団を借り、常に帯も解かず其儘座敷の隅に横臥甘睡《かんすい》し、夏も蟵《とばり》せず、冬も炉《いろり》せず、深更と雖も目覚れば告げずして去る、十年一日殆んど仙人《せんにん》の如くなりしと、戸川の親戚なる医官曲直瀬養安院《まなせようあんいん》が直話《じきわ》なり。

夏は跣足で歩く

林蔵は夏も蚊帳《かや》をつらなかったというが、川路聖謨《かわじとしあきら》の『寧府日記《ねいふにっき》』弘化三年五月十四日の条に、聖謨の勘定吟味役時代のことであろうか、林蔵が夏は多く跣足《はだし》で歩いているのを見て、「先生いかなればかくはした給ふぞ」と問うと、「足のうら柔《やわ》に成とこまることある」と答えたという話が出ている。五尺二寸の短軀《たんく》ながら〔参二八〕、林蔵の筋骨は北海の風雪に鋼鉄のごとく錬えられていたが、年老いてもなお鍛錬を怠らなかったことが知られる。一方に、なかなか養生の心がけはあったようで、「醋《す》は酸敗したるものより取るゆえ、これを食へば、必ず害あり」と言って、醋で調理したものをけっして食べず、醋を必要とするときは、柑橘の醋をしぼって用いたという。

養生の心がけ

林蔵が世間ばなれした奇人・変人であったことは『独寐寤言』の話からもうかがわれるが、彼の変人ぶりがいかに徹底したものであったかは、渡辺崋山の『全《ぜん》楽堂日録《らくどう》』に伝えられている、林蔵の上役、勘定吟味役中川忠五郎の直話《じきわ》に髣髴《ほうふつ》している。

徹底した変人ぶり

間宮林蔵は予が配下のものなり。このもの隠密御用相勤候事いと奇特《きとく》なれど、其人となり甚《はなはだ》奇人にて、我まゝなる生れ付なれば制しがたき事なり。ある時、継上下《つぎかみしも》も不レ用登城いたし候てもよろしきやなど申に付、其祿位あるもの其服をわくれば、無服にて出仕いたすべきやうやあるとて、とゞめたり。又屋敷替などするに、いつもいづれへもとゞけし事なし。よりて林蔵が我がかたへ来る方角ちがへば、気を付て其行《ゆき》かたへ人をやるに、果してやしきがえせしなり。よりて早々、此方《こなた》よりとりつくろひ、よきやうに届つかはすに、おのれはやはりしらでおれり。さりとて其事をもて責れば、面倒なりとて直に退身の願を出すとぞ。……されどいと廉直《れんちょく》なる人にて、忰《せがれ》を召出さんといふに固辞して云には、我等はもと百姓なり、かやうなる危難の間に御奉行をいたし候も、我能《わがのう》にて侍れど、忰が幾年生れかえり候とて、我真似《わがまね》は出来侍らざれば、もとより百姓のことなり、なにも子孫の栄を望み候に心なし、と申せしとぞ。

廉直なる人

不羈奔放の野人

林蔵の奇人ぶりは、その晩年について伝えているものが多いが、それは、シーボルト事件以後の、世をすねた振舞《ふるまい》というわけではなく、彼は生れついての野人であったと思われる。伊能忠敬《いのうただたか》も、すでに文化十二年ころの手紙で、蝦夷地に渡ったきり音沙汰もない林蔵について、「年来の門人に候得共、偏人《へんじん》に而《て》文通も無レ之候」〔参二六〕と言っている。

出世の欲望なし

林蔵が不羈《ふき》奔放《ほんぽう》で、勝手な振舞いをして、上役に手を焼かせたことは、忠五郎の話に見えるとおりであるが、彼にはまた上役にとりいって出世をしようというような欲望もまったくなかったらしく、古賀侗庵《とうあん》は文政九年に記したと思われる「書ニ満《す》俗図略《の》後一《に》」〔国会図書館蔵『侗庵全集』二集収録〕に、「其の孤立して一意を行ふや、絶えて官長に媚《こ》びず、亦自ら一奇士なり」〔原漢文〕と言い、また小関《おぜき》三英の天保六年六月の書翰にも、「自ら出世を望候抔《など》と申候には無レ之、たとへ御旗本に召出され候共、辞退致候存慮《ぞんりょ》之由に御座候」〔山川章太郎「小関三英とその書翰」『文化』五巻七号〕と見えている。

妻子なし

中川忠五郎も、林蔵を「いと廉直《れんちょく》なる人」と評し、悴《せがれ》を召出そうといっても、林蔵はこれを断って、自分はもともと百姓であるから子孫の繁栄など望む気持はない、と申したと言っている。林蔵には妻子がなかったので、ここにいう忰は、後に生家を嗣《つ》いだ、叔父の子鉄三郎のことと思われる。このころすでに鉄三郎を養子に決めていたのであろう。

晩年の内妻

林蔵には正式の妻はなかったが、晩年には身のまわりの世話をする内縁の妻があったらしい。『甲子夜話《かっしやわ》』に傭婆《やといばば》と見えるのが、おそらくはその女性であろう。天保十五年二月十九日、林蔵が病気で倒れたとき、郷里の養家にそれを報じた手紙がいま林蔵の生家に保存されている。この手紙の終りには「間宮内　りき」と書かれているので、内妻は「りき」と呼んだことが知られる。りきの素姓《すじよう》はもとより明らかでない。震災前まで、深川にある林蔵の墓碑の傍らに、万葉仮名でマミヤと刻した小さな墓碑があったという。これはおそらくりきの墓であって、林蔵の墓とともに、札差《ふださし》の青柳《あおやぎ》家からはいって士分《しぶん》の間宮家を嗣いだ鉄次郎が建てたものと思われる（新装版付記㉑参照）。

文化三蔵

文化・文政のころ、名前に蔵の一字がつくもので、その豪傑ぶりと奇行で聞えた同臭《どうしゅう》の人物が何人かいた。平山行蔵《こうぞう》・近藤重蔵《じゅうぞう》・清水俊蔵《しゅんぞう》・間宮林蔵などがそれである。行蔵・重蔵に俊蔵をあわせて天下の三蔵と唱えたが、後に俊蔵のかわりに林蔵をくわえて、文化の三蔵と呼んだ。ここにいう文化の三蔵のうちの最年長者は行蔵で、文政十一年（一八二八）に七〇歳で歿し、これにつぐ重蔵は翌十二年に五九歳で死んだ。最年少者の林蔵は文政十二年に五五歳で、それからまだ十五年ばかり長生きしている。三蔵を短評したものはいろいろあるが、幕末・維新の人栗本鋤雲《くりもとじょうん》は、

栗本鋤雲の三蔵評

平山剛蔵（ママ）は近藤重蔵・間宮林蔵等と共に、韜鈐家《とうけんか》（兵法家）の学を修め、太平士気の萎薾《いじ》不振を憤り、競ふて劔を試み、馬を馳せて、各自ら樹立するあらんを思ひ、力《つと》めて世人の耳目を驚かす挙を為し、臭味《しゅうみ》同じき交遊門生、頗る多かりしかば、世之を目して文化の三蔵と為し、寛政の三助に比するに至る。〔『独寐寤言』〕

大谷木醇堂の三蔵評

と総評し、大谷木《おおやぎ》醇堂《じゆんどう》は三人の気質のちがいを、次のように評している。

文化の三蔵と云ふは、平山行蔵・間宮林蔵と近藤重蔵也。何れも難《き》二兄弟《たり》一の豪傑なれども、三人ともにその気質同じからず。行蔵は何処までも文を論じ武を練る一天ばりの人物なるも、重蔵は大なる奸雄《かんゆう》にして由断《ゆだん》ならぬ人物也、然るゆへに終りを全くせず。此三人の事跡あまねく人口に膾炙《かいしや》して嘖々《さくさく》喋々《ちようちよう》言ふ所なれども、重蔵尤も奇異の履行《りこう》多し。林蔵、北地開拓の挙に於て勇征力進《りきしん》の事多きも、其他におもしろと聞く事も無し。〔国会図書館蔵『醇堂見聞手録』一〇〕

醇堂は、林蔵について、北地探検以外には「おもしろと聞く事もなし」と言っている。林蔵の事業としてはたしかに醇堂のいうとおりであろうが、彼が平山行蔵と並《なら》び称される当代の豪傑であったことは事実である。行蔵は七〇歳で死ぬまで、寒中でも畳の上にゴロ寝して、薄い布団を一枚かけただけだったというが、この人はかつて「麾下《きか》八万の子弟、柔軟婦人の如し。其《それ》よく甲冑を担《かつ》ぎ、自在の働きを為すものは、我と林蔵とあるのみ」と嘆じたという。行蔵や林蔵の奇行に

平山行蔵の林蔵評

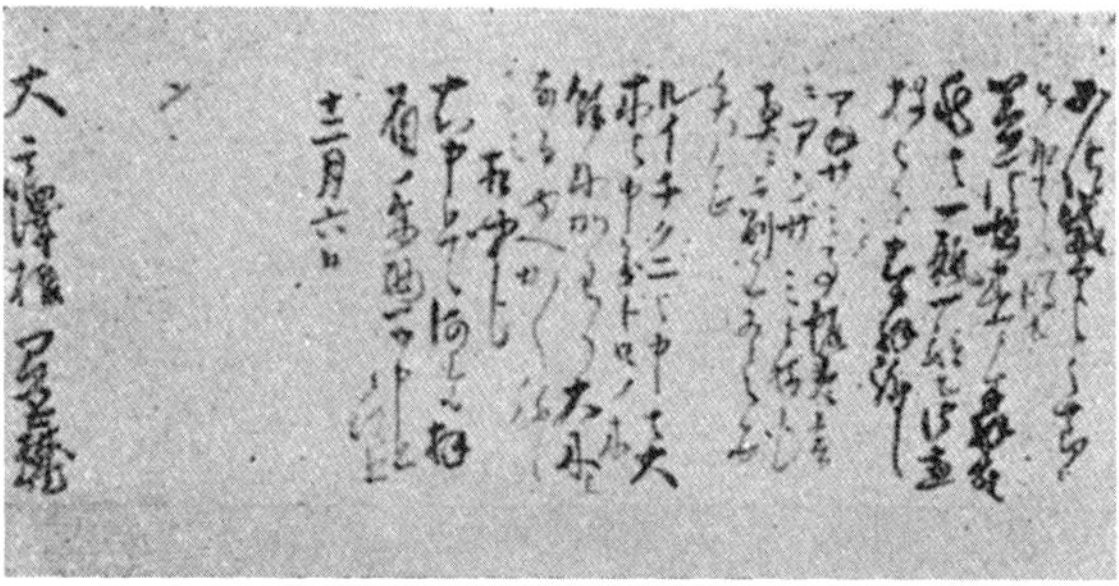

大槻玄沢あて林蔵書翰（早大図書館蔵）

は、長田《おさだ》偶得《ぐうとく》が「蓋《けだ》し深く当時懦弱《だじゃく》の俗に激する所ありて、故《ことさ》らに危矯《ききょう》の行を敢てせしならんか」〔参四〕と評したような一面もあったのではなかろうかと思われる（新装版付記㉒参照）。

天保十年（一八三九）には、林蔵はもはや六五歳であった。寄る年波《としなみ》にさすがの林蔵にも体力のおとろえが見えてきたようで、もう隠密の旅に出ることもなかったらしい。

このころから識者のあいだに、海防論がさかんに論議されるようになって、幕府も十三年八月、海防を厳令するにいたった。このとき幕府は林蔵に対し

カラフト東韃自製図の摸写下命

て、その所持するカラフトから東韃靼《だったん》にわたる地域の自製図を写して差出すよう命じた。これは将軍の御覧に入れ、なお後々までも参考にしようと考えてのことであった。が、このときの林蔵は、もうその体力ばかりか気力にも衰えが見えてきた。病気がちになった林蔵には、地図を摸写する仕事もよういではなく、天保十五年（弘化元年）の正月を迎えても、まだそれは完成にいたらなかった（跡目相続伺―参六）。

病気悪化

二月十九日、病気は急に悪化して、林蔵は病床についたまま、もう動けなくなってしまった。

内妻の急報

このとき内妻のりきは、郷里の養家に病状を急報して出京を求めた。その手紙が林蔵の生家に保存されているので全文を紹介しておこう。

急ぎ候間、仁儀（義）は真平《まっぴら》御免被レ下候。然ば林蔵儀今日七ッ半時頃ヨリふと打ふし、持用ならず候ニ付、色々手当テいたし候得共、宜敷方《よろしきかた》も相見へず誠ニ困入候間、何卒この状参リ次第ニ、此者同道ニて御出被レ下度、偏ニ奉ニ持（待）入一候。尤《もっとも》いし（医師）事（第）中候ニハ、余病出不レ申候ハヾくわ（火）急の事も無ニ御座一候得共、御大切儀ニ候間御手当テ大一と申事ニ候ハ

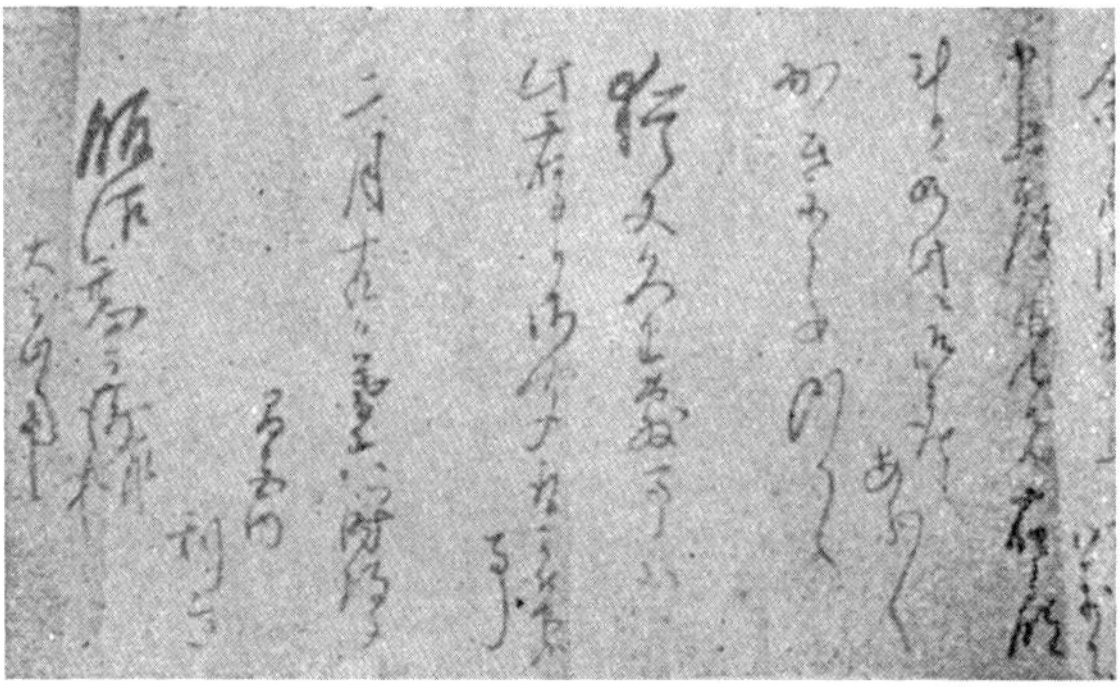

飯沼甚兵衛あて林蔵内妻りき書翰（茨城県，間宮氏蔵）

ゝ、くれ〲御談事《だんじ》事申度事斗《ばか》リ山々御座候間、
御出之程偏ニ〱御まち申上まいらせ候。余は
御出の上ニて万々申上度、先は右之段斗リ如レ此
ニ御座候。あら〱かきとめまいらせ候。
猶又くわ敷事ハ此者ヨリ御聞取可レ被レ下候事。

二月十九日暮六ツ時認メ

間宮内
利き

飯沼甚兵衛様
大急用

りきの報せをうけて、郷里からは飯沼甚兵衛（林蔵の養父甚兵衛はすでに他界して、代がかわっていたであろう。）や、養嗣子の鉄三郎（庄平）が、使いの者とともに江戸へ急行したであろう。二月二十六日、林蔵はりきや郷里の縁者《えんじゃ》にみとられて、淋しく七〇年苦闘の生涯を深川蛤《はまぐり》町（本所外手町ともいう―新装版付記㉓参照）の隠宅でおわった。

林蔵の死は、文化十年（一八一三）ゴロヴニンの幽囚《ゆうしゅう》事件が解決して以来、久しく蝦夷地のことも忘れられがちであった国民の眼が、開国を求めるロシア使節プウチャーチンの来朝とロシア軍のカラフト久春古丹《クシュンコタン》占領によって、再び北方に向かって強くみひらかれた嘉永六年（一八五三）を、八年の後に迎えようとしていたときであった。

所持の資料測器類いっさい公収

シーボルト事件の後、林蔵はその親友に、自分が死ねば、日ごろ秘蔵している地図も外国人のために持ちかえられる恐れがあるから、臨終のときはこれを焼きすててくれと頼んだというが〔四参〕、林蔵の死後、それらの地図草稿や書類・測量器一式等いっさいは勘定奉行に差出させることになった。当時、林蔵の所蔵品のうち勘定所へ納めたものは、内容の明細は明らかでないが、諸書物入櫃《ひつ》三・同柳行李《こうり》一・絵図面《えずめん》入箱一・分間野帳《ぶんけんのちょう》二綴・分間道具入箱一のほか、一〇匁位の筒《つつ》・小筒各一挺であった〔参六〕。森銑三氏によれば、酒田《さかた》市(山形県)の光丘《こうきゅう》文庫に蔵する歌人池田玄斎《げんさい》の随筆『病間雑抄《びょうかんざっしょう》』(巻六一)に、林蔵の歿後、手記類を残らず公収したことについて「公義衆間宮林蔵と云ふ人、当巳《み》年七拾余歳にて死去す。大病に及びしこと達《し》ニ上聞《に》一、銀子若干被《し》ニ下置《か》一候。……執筆の書共御改《あらため》に而《て》、不レ残公収せらる。只絵画一枚はその近親写取候而、原本は公納せり。その図を窃かにかりたりし。庄内《しょうない》(山形県)よりは満州海上酉戌《とりいぬ》の方に当り、少し北に寄る様に見ゆ」と記されているという〔参一二〕。当巳年《みのとし》は弘化二年で、林蔵の死歿を一年誤っている。

絵図一枚のみ摸写

二ヵ所の墓碑

林蔵の墓は、東京都江東《こうとう》区平野《ひらの》一丁目(旧深川区霊岸町)の本立院《ほんりゅういん》の旧墓地(今は林蔵の墓だけが残っている)と茨城県筑波《つくば》郡伊奈《いな》町上平柳《かみひらやなぎ》の専称寺《せんしょうじ》の墓地との二ヵ所にある。本立院の方の墓碑

林蔵の墓
（東京都江東区，本立院）

には、正面に「間宮倫宗蕪崇之墓」、裏面に「天保十五年二月二十六日歿」と刻してあり（現在の墓碑は戦後、戦災にほろんだ旧碑の拓本により再刻して建てたもの）、専称寺の方の墓碑には、正面に「間宮林蔵之墓」とあるだけである。専称寺側では、林蔵が蝦夷地に赴くに際して、郷里に自ら建てておいた墓石があったので、主骨はそこに納め、本立院の墓地には分骨して歯だけを埋めたと伝えている。これに対して、本立院側では、戦前、墓碑に台をつけた際、旧墓を掘ったところ、骨が埋葬されてあったと言っている。本立院の墓碑は士分を嗣いだ間宮鉄次郎が建てたものであろう。

上司の跡目相続伺

死後、林蔵には士分を嗣ぐものがなかった。彼みずからは士分は自分一代かぎりでよいといって、嗣子をきめていなかったが、上司である戸川《とがわ》播磨守・石河土佐守・榊原主計頭《さかきばらかずえのかみ》の三勘定奉行はこれを惜しんで、翌三月、林蔵の死を秘して「右躰異国境迄モ罷越、普通之人物ニ無レ之、勤功モ不《ざる》ニ一ト角《かどなら》一者ノ儀ニ付、存生ノ内何トカ規模相立候様為《らせ》レ仕《つかまつ》度」と、その跡目《あとめ》相続伺を老中に呈出した。これに対して老中から「林蔵儀男子モ無レ之ニ付、跡抱入等ノ願筋無レ之由ニ候得共、勤功モ有レ之候者之儀ニ付、其方共心入ヲ以テ、相応ノ人物相選、抱入候上、家名為《らせ》ニ相名乗一候様可レ被レ致候事」という許しが出た（参六）。かくて、この年八月二十六

青柳鉄次郎士分を嗣ぐ

日、浅草蔵前《くらまえ》の札差《ふださし》、青柳《あおやぎ》家の次男鉄次郎（一五歳）が林蔵の跡をつぎ、間宮孝順《たかより》と名

乗って普請役《ふしんやく》に任ぜられた。常陸《ひたち》の生家の方は、林蔵の生前から叔父治助《じすけ》の二男鉄三郎が相続人に定められていた（新装版付記㉓参照）。

叔父の子鉄三郎生家を嗣ぐ

鉄次郎孝順カラフトを探検

鉄次郎孝順も安政元年（一八五四）、林蔵の衣鉢《いはつ》をついでカラフト探検に従事し、東海岸をタライカまで踏査している。孝順はその年七月、箱館奉行支配調役並《しらべやくなみ》となり、ついで万延元年（一八六〇）十二月、支配調役に昇進した。その後、慶応三年（一八六七）七月に御広敷添番頭《おひろしきそえばんがしら》（高一〇〇俵、足高役料二〇〇俵。御目見以上）に栄進するまで、孝順は一四年間、蝦夷地関係の仕事についていた。

贈位

林蔵の歿後五〇年にあたる明治二十六年十月、東京地学協会から贈位の申請がなされたが、明治三十七年に日露戦争がはじまると、林蔵のカラフト探検の功業が改めて認識され、その四月二十二日に正五位を贈られた。専称寺側の林蔵の法名は「威徳院殿巍誉《ぎよ》光念神祐大居士」であるが、これもそのころにつけられたものと思われる。本立院側の改名は「宗園日成信士」（現在は「顕実院拓北宗園日成大居士」）である。

略年譜

年次	西暦	年齢	事項　○印は参考事項
安永四	一七七五	一	常陸国筑波郡上平柳村の農家に生る（父間宮庄兵衛、母森田クマ）
同七	一七七八	四	○ロシア人北海道のノッカマプに来航し通商を求む。翌年、松前藩これを拒む
天明三	一七八三	九	専称寺（菩提寺）の住職伯栄和尚について学ぶ ○仙台藩士工藤平助『赤蝦夷風説考』を著わし、北辺の防備・開発とロシア貿易開始の必要を論ず
同五	一七八五	一一	○幕府、第一回蝦夷地調査隊をおくる
同六	一七八六	一二	○幕府蝦夷地調査隊の東蝦夷地班にぞくする最上徳内、千島の第三島ウルップにまで渡り、西蝦夷地班の大石逸平、カラフトの西岸クシュンナイまで踏査す○林子平『三国通覧図説』を上梓（地図は前年）して、ロシアの野心を警告し、蝦夷地の経営を力説す○七―八月、フランス航海士ラ＝ペルーズ、沿海州の沿岸およびカラフトの西岸を探航し、間宮海峡の南端に達せるもこれを確認せず
同七	一七八七	一三	深夜、筑波山の立身窟に祈願すという
同八	一七八八	一四	中平柳村の蛯原庄右衛門について算法を習う
寛政元	一七八九	一五	○千島の第一島クナシリのアイヌ、日本人に対する大反乱をおこす

同　二	一七九〇	一六	○松前藩はじめてカラフトの南端シラヌシに交易所を建て、クシュンコタンとトンナイに番屋を設く 隣村岡の堰堤を築成するため出張せる幕府普請役に、その非凡な数理的才能を認められ(年次不詳)、江戸に出る端緒をつかむ。このころ総房方面を巡回中の村上島之允により江戸へ伴われしものと推測される。出府にあたり隣村狸淵の名家飯沼甚兵衛の養子となり倫宗を名とす○以後、島之允に師事す
同　四	一七九二	一八	○九月、第一回ロシア遣日使節ラクスマン、東蝦夷地の根室に来航し通商を求む。翌年、幕府これを拒む○幕府の第二回蝦夷地調査において最上徳内、カラフト西岸をクシュンナイ、東岸をトウフツまで探検す
同　六	一七九四	二〇	○ロシア、ウルップ島に鞏固な植民地を建設す
同　八	一七九六	二二	○大原左金五『北地危言』を著わし、ロシアの恐るべく、松前藩の無力なることを痛言す
同　九	一七九七	二三	○イギリス航海士ブロートン、カラフト西岸を探航し、間宮海峡の南端に達せるもこれを確認せず
同　一〇	一七九八	二四	○四月、幕府、一八〇余名の大調査隊を蝦夷地に派遣す。このとき近藤重蔵・最上徳内、クナシリ・エトロフに渡る。林蔵の師村上島之允も近藤に従いクナシリにいたる ○本多利明『西域物語』を著わす
同　一一	一七九九	二五	○一月、幕府、松平忠明ら五人を蝦夷地御用掛に任命して蝦夷地を巡検せしむ

寛政一二	一八〇〇	二六	四月、蝦夷地御用掛松平忠明に随行の村上島之允に伴われ、はじめて蝦夷地に渡る。途中『奥州駅路図』の作成に島之允を援く○八月、島之允と共に東蝦夷地の巡検から箱館に帰る。島之允一ノ渡に勤務し、林蔵植林に従事す○一一月、幕府、松前藩をして東蝦夷地を上地せしめ、これを仮直轄地となす 八月、蝦夷地御用雇となる○九月、箱館において蝦夷地実測のため渡島中の伊能忠敬に会い師弟の約を結ぶ
享和元	一八〇一	二七	○幕府、エトロフ島を開く。近藤重蔵これに当り、シャナに会所を置き漁場を開き、アイヌ人酋長を乙名に任ず。南部・津軽両藩警備につく ○四―八月、蝦夷地御用掛松平忠明ら東西蝦夷地を巡視す。村上島之允、西蝦夷地巡廻の忠明に従う（推定）○中村小市郎・高橋次太夫、カラフトを探検し、西岸をショウヤ、東岸をナエフツまで探査す○深山宇平太・富山元十郎、ウルップ島のロシア人植民地を訪う
同　二	一八〇二	二八	○二月、蝦夷地奉行を設置し羽太正養・戸川安論を奉行に任ず。ついで五月、箱館奉行と改称す 一〇月、病により職を辞す
同　三	一八〇三	二九	四月、病癒えて復職す。以後、東蝦夷地および南千島の測量に従事す ○七月、東蝦夷地の仮直轄を永久直轄となす
文化元	一八〇四	三〇	○九月、第二回遣日使節レザノフ、ナデジュダ号に乗じて長崎に来港し通商を求む○

			近藤重蔵『辺要分界図考』を著わす
同 二	一八〇五	三一	○三月、レザノフ通商を拒まれカムチャツカに帰る。途中ナデジュダ号船長クルーゼンシュテルン、カラフトの東岸南半を測量す 天文地理御用掛として日高のシツナイにおいて勤務中、御雇医師久保田見達に遇う
同 三	一八〇六	三二	この年、千島のエトロフ島に渡り沿岸実測および新道開鑿に当る ○七—八月、クルーゼンシュテルン再びカラフト東岸の測量を継続し、北上迂廻して間宮海峡の北端に達せるも海峡を確認せず○九月、ロシア軍艦カラフトのクシュンコタンを襲撃す
同 四	一八〇七	三三	○三月、松前氏より西蝦夷地・北蝦夷地および松前を上納せしめ、蝦夷地全域を幕府直轄地となす（一〇月、奉行所を箱館から松前に移す）○四月、ロシア軍艦エトロフ島のシャナ会所を襲撃す 四月、ロシア人のシャナ攻撃に際し林蔵・医師久保田見達ら率先防戦に努めしも敵せず、一同会所を放棄して退去す。林蔵箱館に帰る○六月、シャナ事件に関し箱館奉行の取調べをうく。その際、ロシア行きを出願 ○五月、ロシア軍艦カラフトのオフィトマリ・ルータカを抄掠す○幕府、東北四藩に命じて蝦夷各地を警備せしむ 箱館在所月ノ台その他、城地となるべき要害地の選定に当る ○一〇月、奉行所を松前に移し松前奉行と改称す。河尻春之・村垣定行を奉行に加う

文化 五	一八〇八	三四	○一二月、シャナ事件の責任者ともども江戸に召喚され、林蔵のみ咎なく、直ちに松前に帰る○この年、林蔵、御雇同心格となる、七人扶持・給金一五両 三月一二日、カラフト探検を命ぜられてソウヤに着す○四月一三日、松田伝十郎とともにソウヤを発ちカラフトのシラヌシに渡る○五月二一日、東岸の北シレトコ岬に達し、そこより引返し山越えをして西岸に出で、西岸をさきに北上せる伝十郎の後を追い、六月二〇日、ノテトに相会す。二二日、伝十郎と共にラッカに赴き（伝十郎は二〇日すでにこの地にいたる）カラフトが離島なることを確めて帰る○閏六月二〇日、ソウヤに帰り出張中の松前奉行に探検結果を報告す。この時カラフト再検分を奉行に願い出て許さる○七月一三日、再び単身カラフトにわたり、九月三日、ポロコタンにいたるも北進を断念し、一一月二六日、トンナイに戻り越年す。帰途一一月六日、再び景保に中間報告の書翰を認む ○八月、師村上島之允、江戸に歿す
同 六	一八〇九	三五	一月二九日、再途につき、五月一二日、海峡地域を突破してナニオーに達す。それ以上北進すること能わず、五月一九日、ノテトに戻りこの地に留る ○六月、高橋景保『日本辺界略図』を刊行す。林蔵の第一次探検の成果をとりいれカラフトを一島として描く。景保また『北夷考証』を著わす 六月二六日、ノテトの酋長コーニの満州仮府行に従い、山靼船に乗じて対岸のシベリアに渡る○七月一一日、黒竜江下流の満州仮府所在地デレンにいたる○七月一七日、

同 七	一八一〇	三六	デレンより帰途につき、八月八日、ノテトに着す○帰路九月一五日、シラヌシにて松田伝十郎に再会す○九月二八日、ソウヤに帰着す○一一月、松前に帰る 村上貞助（師島之允の養子）に口授して『東韃紀行』・『北蝦夷図説』を著わし、また北蝦夷島図を製す○一一月、報告のため帰府の途につく。途中、二本松にて渡辺治右衛門を訪う
同 八	一八一一	三七	一月、江戸に帰る○二月、祖母を喪う○閏二月、山田聯、カラフトとサハリンの異同につき林蔵に質疑す○三月、『東韃紀行』等報告書の浄書成り幕府に呈す○四月、松前奉行支配調役下役格に昇進す、三〇俵・三人扶持○六月、司馬江漢を訪う ○六月、ロシア海軍少佐ゴロヴニン、クナシリ島において捕えられ、八月、松前に護送投獄さる 秋ごろ、伊能忠敬に緯度測定法を学ぶ○一二月、江戸を発ち蝦夷地に向う
同 九	一八一二	三八	二月中、しばしばゴロヴニンを松前の獄舎に訪う。ゴロヴニンの処置に関し強硬意見を献策す○八月出府、九月一九日、江戸発、一〇月二九日、松前に帰る。松前で越年
同 一〇	一八一三	三九	○九月、ロシア測の陳謝によりゴロヴニン釈放さる○松前にて越年
同 一二	一八一五	四一	○蝦夷地の守備隊駐屯（津軽・南部両藩）を廃止す
同 一三	一八一六	四二	八月、アッケシに止宿す ○ゴロヴニンの『日本幽囚記』刊行さる。書中に林蔵のことを詳しく伝う
同 一四	一八一七	四三	四月、父を喪う○この年中ごろ蝦夷地沿岸実測をほぼとげ江戸に帰る。資料を伊能忠

			敬に提供す。忠敬宅に同居
文政元	一八一八	四四	○四月、伊能忠敬歿す○九月上旬、蝦夷地内陸部の実測をつづけるため箱館に戻る
同　四	一八二一	四七	六月出府○七月、伊能『大日本沿海輿地全図』完成。その蝦夷地方図は大半林蔵の資料による○一二月、幕府、蝦夷地の直轄を廃止しこれを松前氏に還付す
同　五	一八二二	四八	五月、松前奉行廃止され、林蔵江戸に帰る○七月、勘定奉行にぞくし普請役となる
同　六	一八二三	四九	九月中二回、古賀侗庵釣のため深川の林蔵宅に赴く ○ドイツ人シーボルト、日本研究を目的に長崎オランダ商館医師として来る
同　七	一八二四	五〇	○五月、常陸の大津浜沖にイギリス船現わる○七月、イギリス船薩摩の宝島抄掠 房総御備場掛手附となり、異国船渡来の風聞内探のため東北の海岸通りを往返す○八月、母を喪う
同　八	一八二五	五一	○二月、幕府外国船撃攘令を下す
同　九	一八二六	五二	○三月、シーボルト江戸参府。最上徳内、カラフト図をシーボルトに与う○四月、天文方高橋景保、クルーゼンシュテルンの航海記と交換に伊能の日本図及び林蔵のカラフト図をシーボルトに贈るを約す○一〇月頃、景保、蝦夷図(伊能の蝦夷地方図に南千島を加描)を長崎のシーボルトに送り、残部(林蔵のカラフト図か)を後送すと報ず○八月、近海出没の外国船に近づかんとして伺書を老中に呈出す、許されず○一二月、古賀侗庵を訪う。侗庵、林蔵の口話を筆録せしめて『窮髪紀譚』を作る
同 一〇	一八二七	五三	代官柑本兵五郎に従い伊豆諸島を見分す

同　一一	一八二八	五四	○六月、高橋景保、伊能の日本図（奥州以南）をシーボルトに送る 三月、シーボルトより林蔵におくれる小荷物（書簡在中）着す。開かずしてこれを勘定奉行所に届く ○春、高橋景保、蝦夷図（小図）をシーボルトに送る○八月、シーボルトの帰国荷物の一部を積載せる蘭船、長崎港において難破し、積荷中より禁制品あらわる○秋、景保らによるクルーゼンシュテルン『奉使日本紀行』の訳稿完成に近づく○一〇月、シーボルト事件起り高橋景保ら投獄さる。林蔵の密告によるという○一一月、シーボルトより景保供与の地図類を没収す。シーボルト、没収以前に日本図を急遽摸写し、また蝦夷小図・カラフト図(林蔵・徳内)を秘す○六月一八日、主客として本草会に出席
同　一二	一八二九	五五	林蔵はじめて隠密として長崎に下る ○二月、高橋景保獄死す○一二月、シーボルト日本を追放さる
天保　元	一八三〇	五六	○三月、シーボルト事件の江戸関係者に対する判決下る。高橋景保は斬罪○閏三月、長崎関係者に対する判決下る
同　二	一八三一	五七	八月、長崎に赴く途中、備前国鞆の津において病死すとの虚報江戸にいたる
同　三	一八三二	五八	一〇月、加藤桜老、林蔵を深川木場の宅に訪う○一一月、年一〇両の手当を給せらる シーボルト『日本』の第一回配本に『日本辺界略図』の翻訳図を収め、間宮海峡の名をはじめて世界に紹介す
同　四	一八三三	五九	九月、田畑に果樹等の栽培厳禁の上申書提出

			クルーゼンシュテルン、林蔵のカラフト図その他、シーボルトが日本において得た地図に対する批判を公表す○フィッセル『日本国の知識に対する寄与』を公刊し、林蔵の長崎における隠密のことを伝う
天保五	一八三四	六〇	この頃より林蔵、水戸家に出入す。七月、徳川斉昭、林蔵の書翰を藤田東湖に示す
同　六	一八三五	六一	三月、西国筋の隠密から江戸に帰る○二月、川路聖謨、上司（勘定吟味役）となり林蔵を親愛す○この年、足高二〇俵を増給さる、薩藩密貿易探索の功によるか
同　七	一八三六	六二	六月、石見国浜田の密輸事件検挙、林蔵事件摘発の端緒をつかむという○この月、また隠密の旅に出る○このころ『大学』の彫刻の刷本成る
同　九	一八三八	六四	三月もしくは一〇月、三ヵ年ぶりで江戸に帰る○五月、徳川斉昭、藤田東湖に林蔵を訪うべきことを命ず○一二月、東湖、斉昭の命により病床にある林蔵を慰問す
同一〇	一八三九	六五	三月、藤田東湖に書をおくり病気見舞を謝す ○五月、蛮社の獄起り渡辺崋山・高野長英ら投獄さる
同一一	一八四〇	六六	○シーボルト、伊能の日本図（蝦夷を欠く）を公刊す
同一二	一八四一	六七	五月、水戸藩士西野宣明、内命により林蔵を訪う
同一三	一八四二	六八	○八月、幕府海防を厳令す ○一二月二三日、江川太郎左衛門、林蔵を訪問す 幕府、カラフトより東韃靼にわたる地域の自製図を摸写すべきことを林蔵に命ず
弘化元	一八四四	七〇	二月二六日、林蔵、江戸深川外手町の寓居に歿す ○五月、徳川斉昭、隠居を命ぜらる

			生家の間宮家を叔父の子鉄三郎嗣ぐ 八月二六日、青柳鉄次郎孝順（一五歳）士分の間宮家を嗣ぎ普請役となる○鉄次郎、安政元年(一八五四)七月、館奉箱行支配調役下役となりカラフトを探検す○鉄次郎、安政三年(一八五六)一二月、箱館奉行支配調役並、万延元年(一八六〇)一二月、同調役となる○鉄次郎、慶応三年(一八六七)七月、御広敷添番頭に昇進し、高一〇〇俵・足高二〇〇俵を支給され、御目見以上となる○鉄次郎、明治元年(一八六八)八月、清水湊役、同二年、勤番組頭、同三年閏一〇月、権少属、同八年(一八七五)開拓少典となる○鉄次郎、明治二四年(一八九一)六月一〇日歿す（行年六二歳）
嘉永二	一八四九		○ロシア、ネヴェルスコイの探検によりはじめて間宮海峡の存在を知る
同　四	一八五一		シーボルト『日本陸海図帖』を刊行し、はじめて林蔵・徳内のカラフト図、伊能の蝦夷地方図（南千島を加う）を公表す。同図をこの年配本の『日本』の分冊にも収む
同　五	一八五二		シーボルト『日本陸海図帖』『日本』所収の諸地図の解説を、この年配本の『日本』の分冊に収め（単行本もある）、やがてまた『東韃紀行』・『北蝦夷図説』の翻訳も収載
同　六	一八五三		○六月、アメリカ使節ペリー浦賀に来航、七月、ロシア使節プウチャーチン長崎に来航、各々開国を迫る。翌年、両国と和親条約を締結す
安政二	一八五五		○イギリス艦隊未だ間宮海峡の存在を知らず、「韃靼湾」に封じこめしつもりのロシア艦隊を海峡より逸す。これより間宮海峡の存在ひろく世界に知らる
明治三七	一九〇四		四月二二日、林蔵、カラフト・東韃靼探検の功により正五位を贈らる

間宮林蔵著作刊本

『カラフト島見分仕候趣申上候書付』

東京地学協会編刊の『間宮林蔵樺太幷満洲探検事蹟』(「地学雑誌」第一八九号〔専号〕・明治三七年)に、同行した松田伝十郎の踏査報文とあわせて収録。『犀川会資料』第六にも収められているが、これは北海道で刊行された謄写版本で、なかなか入手しにくい。なお本山桂川氏も『間宮林蔵大陸紀行』(昭和一七年)にこの報告を載せている。地学協会刊本は間宮孝義氏所蔵の抄本(大正震災に亡ぶ)によったもの。犀川会刊本は市立函館図書館所蔵本を底本としたものらしく、本山氏は地学協会刊本によったもののようである。

『東韃地方紀行』*

単行本に北斗社刊本(明治四四年・菊判・七〇頁。帝国図書館〔国会図書館〕所蔵本および地学協会所蔵本を校勘)・満鉄刊本(昭和一三年・和装半紙判・一〇八頁・解説二九頁。満鉄大連図書

館所蔵の文化八年高橋景保書入本を底本とし、諸刊本との異同を頭註）の二種がある。いずれも『東韃紀行』と題す。

右二本の専刊のほか、大学頭林煒編纂の『通航一覧』巻三七（大正二年国書刊行会刊本）、渡辺修二郎の『世界ニ於ケル日本人』（明治二六年）、および前記地学協会編刊本にも収載されている。なお『東韃紀行』にそくして林蔵の探検を詳記したものに、満鉄弘報課の『東韃紀行』（『大陸開拓精神叢書』第二輯・昭和一五年。同叢書第七・八輯の最上徳内・ネヴェリスコイの開拓記とあわせて、同題で昭和一七年再版）や、上記の本山桂川氏の著書がある。

『北蝦夷図説』

安政四年の木版本が初刊。鈴木善教の序と大枝まさ方の跋をもち、橋本玉蘭斎・重探斎の二画工が図を書きなおしている。この木版本には、普通の美濃判（丹表紙）のもののほかに、半紙判（茶褐色表紙）のものもあるという。『樺太庁博物館叢書』本（昭和一八年）・『北門叢書』本（昭和一九年。ほか二種と同刊）はいずれもこの版本によっているが、底本には本文・図ともに誤りが多く、善本による翻刻が望まれる。

『窮髪紀譚』

これは林蔵の談話を古賀侗庵が門生に筆記せしめたもので、森銑三氏が宮内庁書陵部収蔵の原本にもとづいて翻刻している〔「伝記」第二巻第八号〔昭和一〇年八月〕所載。『学芸史上の人々』〔昭和一八年〕に再録〕。本山桂川氏の前掲書にも収載。

＊『東韃地方紀行』は、平凡社東洋文庫四八四（洞富雄・谷沢尚一編注）として一九八八年五月に初版、一九九六年九月に補訂三刷を刊行。『北夷分界余話』・『東韃地方紀行』（いずれも国立公文書館内閣文庫収蔵の献上本を底本）・『窮髪紀譚』（宮内庁書陵部収蔵原本を底本）のほか、これと関係ある資料八種を附録として収録。前二書の献上本を底本とした翻刻は今回がはじめてであり、既往刊本との校異を注記で示した。附録として収録した資料八種のうち、「カラフト嶋（従シラヌシ至ホロコタン）再見分仕候趣申上候書付」（文化五年十一月）と高橋三平あて書翰（文化五年十一月）は新発見のものである。

（一九九〇年八月）

主要参考文献

1 小宮山綏介「間宮林蔵遺事」（「皇典講究所講演」一四一・明治二八年）
　小宮山の『徳川太平記』（明治二七年）中の「間宮林蔵の探偵」という記事は、だいたいこの講演の内容を取捨したもの。

2 同「間宮林蔵遺事追加」（「皇典講究所講演」一四四・明治二八年）

3 栗田　寛「間宮倫宗」（『新編常陸国誌』下巻の内・明治三四年）

4 長田権次郎『間宮林蔵』（『偉人史叢』本）（『伊藤東涯』と同刊・明治三二年）
　同人の『徳川三百年史』上巻（明治三七年）にも「間宮林蔵」の記がある。
　なお長田の著に『樺太占領記念 近藤重蔵、間宮林蔵』（明治三八年）がある。

5 笹川種郎『間宮倫宗』（『少年読本』第二五編）（明治三三年）

6 東京地学協会『間宮林蔵樺太并満洲探検事蹟』（「地学雑誌」一八九号・明治三七年）

7 志賀重昂「間宮林蔵東韃行程考」（『大役小志』の内・明治四二年）

8 同「間宮海峡の発見者は誰」（前同）

9　同　『間宮林蔵東韃行一百年記念』（「大阪毎日新聞」明治四二年七月一一日号）
以上三篇『志賀重昂全集』第二巻（昭和三年）に再録。

10　鳥居竜蔵　「間宮林蔵氏と樺太及び東韃地方との関係に就て」
（『人類学及人種学上より見たる北東亜細亜』の内・大正一三年）
「間宮林蔵と東韃地方」と改題、『黒竜江と北樺太』（昭和一八年）に再録。

11　森　銑三　「当時の諸家の記述を通じて見た間宮林蔵」（「伝記」二巻八号・昭和一〇年）
追記一・二とも『学芸史上の人々』（昭和一八年）に再録。

12　同　「間宮林蔵の晩年」（「伝記」六巻六号・昭和一四年）
『江戸時代の人々』（昭和一七年）に再録。

13　樺太庁博物館　『間宮林蔵の業績』（昭和一三年）

14　赤羽栄一　「村上島之允と間宮林蔵」（「伝記」六巻六〜八〜一〇号・昭和一四年）

15　同　『間宮林蔵（東方地理学の建設者）』（昭和四九年）

16　赤羽壮造　「伊能忠敬と間宮林蔵」（「伝記」七巻二〜五〜七〜一一号・昭和一五年）

17　同　「間宮林蔵の千島測量」（「伝記」八巻四号・昭和一六年）

18 同　「間宮林蔵」（伝記学会編『北進日本の先駆者たち』の内・昭和一六年）
19 同　「最上徳内と間宮林蔵」（「伝記」八巻八＝九号・昭和一六年）
20 同　「深山宇平太と間宮林蔵」（「伝記」九巻九＝一〇号・昭和一七年）
21 同　「山田聯と間宮林蔵」（「伝記」一〇巻四号・昭和一八年）
22 同　「晩年の間宮林蔵」（「伝記」九巻六号・昭和一七年）
23 同　「間宮林蔵のカラフト第一回探検」（「伝記」一〇巻一号・昭和一八年）
24 同　「間宮林蔵の人物」（「伝記」一〇巻三号・昭和一八年）
25 同　「間宮林蔵略年譜」（「伝記」一〇巻三号・昭和一八年）
26 同　「間宮林蔵の蝦夷地測量」（「伝記」一〇巻七号・昭和一八年）
27 同　「高橋景保の新訂万国全図について」（「日本歴史」一三三＝一三三号・昭和三四年）
28 皆川新作　「最上徳内と関係ある主なる人物」（「伝記」三巻九号・昭和一一年）
29 同　「村上島之允の蝦夷地勤務」（「伝記」七巻四―六号・昭和一五年）
30 同　「カラフト周廻見合と最上徳内・間宮林蔵」（「伝記」七巻一〇＝一一号・昭和一五年）
31 同　「カラフト半島説とサガリン半島説」（間宮林蔵のカラフト地図作成まで）

32 洞　富雄「樺太探検とシーボルト事件」（「伝記」一〇巻三号・昭和一八年）

『樺太史研究』（昭和三一年）に収録。（「科学知識」二一巻六＝七号・昭和一六年）

33 同「日本人われを征服せり（間宮林蔵の北辺探検）」

（「特集知性」2〔よみもの日本史〕・昭和三二年）

34 本山桂川『間宮林蔵大陸紀行』（昭和一七年）

35 佐々木千之『間宮林蔵』（小説）（昭和一五年）

○

36 大谷亮吉『伊能忠敬』（大正六年）

37 呉　秀三『シーボルト先生（その生涯と功業）』〔増補再版〕（大正一五年）

38 森　銑三『おらんだ正月』（『富山房文庫』本）（昭和一三年）

39 西鶴定嘉『樺太探検の人々』（『樺太叢書』本）（昭和一四年）

40 洞　富雄『樺太史研究（唐太と山丹）』（昭和三一年）

41 ゴロヴニン著　井上満訳『日本幽囚記』上（『岩波文庫』本）（昭和一八年）

新装版重刷付記

間宮林蔵の研究家として知られている赤羽栄一(壮造)氏は、本書の初版が出たのち、林蔵伝にかんする次の五編の論考を『日本歴史』に寄稿されている。

1 間宮林蔵の隠密について(第一四五号掲載)
2 間宮林蔵の生家(第一四六号掲載)
3 間宮林蔵の家庭(第一五〇号掲載)
4 間宮林蔵の少年時代について(第一五七号掲載)
5 シーボルト・高橋景保と間宮林蔵(第一五九号掲載)

このうち、2と4の二編は別に異とするところもないが、他の三編は、林蔵の晩年における隠密生活、およびこれと関係あるシーボルト事件における林蔵の立場などについての私の考え方、もの言いに、意に満たないところがあっての発表であると思われる。

赤羽氏が1・2・3の三編を発表されたあとをうけて、私は「シーボルトはロシアのスパイか」の一編を、同じ『日本歴史』の第一五四号に載せた。これは氏の批判にこたえたものであるが、どういう編集上の手ちがいからか、私の記文を読まれる前にかかれた赤羽氏の5の論考が、五ヵ月後の第一五九号に、なんらのことわり書きもなく掲載された。論争者としてはまことに不利なあつかいかたをされたわけで、私ははなはだ迷惑した。だが氏の議論は1・3・5の三編を通じてひどく重複しており（しかも、林蔵の隠密については、戦前、雑誌『伝記』に発表の論考でほぼ論議をつくされている）、5の新稿には別に新味はなさそうに思われたので、これに対しては改めてこたえることをしなかった。なお拙稿は、赤羽氏による本書の批判に対して私見を述べるだけにとどまらず、むしろ氏のシーボルト露探説に対する私の側からの批判に紙数の大半をさいたものである。この稿は、隠密に関する赤羽氏の所論を批判した部分を除き、そのシーボルト露探説に関する部分を『北方領土の歴史と将来』（昭和四十八年、新樹社）に再録した（参考文献32の拙稿も収録）。

赤羽氏の「間宮林蔵の家庭」には、本書の記述にもれている林蔵の伝記的事項がいくつか紹介されている。氏のように特に林蔵を敬愛しているわけではないが、その人物にすくなからず魅力を感じている私には、耳新しい事実をいろいろと教えていただけたのは、はなはだ有難いことであった。読者にとってもそれは同様であろうから、それらの事実については、後文で紹介することにした。

○

赤羽栄一氏は、昭和四十九年にいたり、『間宮林蔵——北方地理学の建設者——』(清水書院)を上梓した。これは「人と歴史シリーズ」本の一冊で、本書同様の小冊子であるため、紙数の制約もあってか、全体として記述はやや簡略であるが、さすがに林蔵研究の専門家の手になるものだけあって、教えられるところがすくなくない。

著者としては、論をつくせぬうらみはあろうが、それでも、その旧説にたいする批判の筆鋒はなかなかするどい。本書なども、書中各所で、あるいは名を伏せ、あるいは名をあげて「愚説」「謬説」と攻撃をあびている。これは前記諸論文での論難よりもむしろ手きびしい。名を伏せたところは、とくに問題にするほどのことはないが、洞富雄著『間宮林蔵』云々と言っている個所は、私の説くところをひどく歪曲して紹介したうえでなされた論難であって、はなはだ迷惑した。私としては放っておくわけにもいかないので、『日本歴史』第三二七号に「フィッセル地下で顰めっ面」なる小編を載せて、反批判をこころみた。ここでは、前記の赤羽氏の論文および著作の所論に対する私の反批判の全般を再説する紙幅がないので、赤羽氏の『間宮林蔵』を読まれる方方には、『日本歴史』第一五四号に載せた「シーボルトはロシアのスパイか」ともども、右の新稿を、ぜひ参看していただきたい。

○

以上、少々弁解がましい申し立てをしたが、赤羽氏の著書『間宮林蔵』や、前記の「間宮林蔵の家庭」には、拙著で記述もれの事実や、記述を誤ったところなど、教えられたところが多い（林蔵がカラフトから黒竜江下流域を探検した際につくった「里程記」を探検日誌の原本と誤っている点の指摘など二、三の事項は、本文中で訂正しておいた）。が、その紹介はもうひとつ先にして、ここでは、その後における林蔵伝の深まりについて述べておかなければならない。

赤羽氏の著作が出たあと、荒井庸夫氏の『間宮林蔵』（崙書房、昭和五十四年）や、大谷恒彦氏の『間宮林蔵の再発見』（筑波書房、昭和五十五年）の上梓をみているが、私はまだこれらの書物を手にしていない。ついで、昭和五十七年九月、吉村昭氏の『間宮林蔵』が講談社から刊行されて、氏からこれを頂戴した。さっそくこの小説を読んで、拙著には事実の脱落が多々あり、また記述のまちがいもままあることを知った。だが、吉村氏の著作は小説なので、それらの事実の典拠が示されていないのが残念であった。「あとがき」によれば、そのほとんどは、谷沢尚一氏の示教によるものであるという。谷沢氏は、北方関係文献の渉猟とその厳密な批判に関しては第一人者としてきこえている。私もたまたま谷沢氏の知遇を得て、種々教えをうけることができた。

今回、本書の新装版を出す機会にめぐまれたが、旧版の誤脱をそのままにして重版するのは、怠慢のそしりをまぬがれぬばかりでなく、それではものかきとしての責任にもとるとも思った。しかし、私には補正をまっとうする力がない。幸い谷沢氏が資料を提供して下さると言われる。それに甘えて、私にとっては新事実の数々を質問し示教を仰いだ。以下の記文は、一部赤羽氏の記述によったものをのぞき、もっぱら谷沢氏のご厚志によって成ったものである。このことを銘記して、心からなる感謝を谷沢氏に捧げたい。

谷沢氏の資料教示は、直接関係のある件ばかりか、関連事項にわたって詳細をきわめている。紙幅に制約ある付記では、残念ながら、それらすべてをこなして詳細な記述をこころみることはとうてい許されない。谷沢氏ご自身で、将来、私や赤羽氏のものなど足もとにもよれない、完璧な林蔵伝をものせられて、学界に範をたれて下さることを、切に願っている。

林蔵伝拾遺・補正

① 林蔵の生年については、私は安永四年説をとったが、多くは、筑波の人、妹尾万寿吉の記しているところにしたがって、安永九年十一月説をとっている（本文、四〇〜四一ページ）。この妹尾説について、「いかなる資料にもとづいて十一月とまで、明記したのか不審である」と記

しておいたところ、谷沢尚一氏から、この生年月は石塚豊芥子が述べているとの教示をえた。これは安永九年説の有力な証拠とみなしえよう。

② 林蔵はエトロフ島を脱出して箱館に帰着した後（本文、八二ページ）、六月二十一日、シャナ事件について奉行の取調べをうけている。七月二十六日、蝦夷地巡見のため堀田正敦・中川忠英が箱館へ到着しているが、このときのことであろうか、林蔵は脱走者の汚名をそそごうとして、ロシア潜入を出願している。このことについては、翌文化五年八月七日、箱館に着した本木謙助の『北征秘談』に、次のような聞き書が見られる。

林蔵、大鵬ノ思ヲ起シ、一挙ニ魯西亜ノ都迄イタリ、里数ヲ量リ風土人情ヲモ察シ来ントト、強テ官ヘ上書セシカバ、諸有司召テ戯ナガラ、如何シテ至ヤト問レケレバ、虜テイタルベシトテ、決然タル有様ナリケレバ、人々其志ヲ壮ナリトシ、諸有司議シ玉ル上、サアレバ唐太ヲ究テ来ルベシトテ、此行ヲ許シ玉ケル。

後段の記述は翌年、林蔵が宗谷においてカラフト探索を命ぜられたことを言っているのであろう。

③ 本文九一〜九四ページでは、文化四年、シャナ事件の責任者ともども、林蔵も江戸へ召喚されたといわれている点について、松前奉行支配吟味役の高橋三平の伊能忠敬宛て年賀状には、

林蔵が松前の三平宅に同居していたことが、大谷亮吉の『伊能忠敬』に書かれており、また忠敬の日記にも帰府した林蔵の訪問をうけた記事がないことなどから、右の事実はありえなかったものと推測しておいたが、これは私の誤断であった。『山崎半蔵日記』に、「辰年（文化五年）〔宗谷へ〕下リ、予へ語合ニハ、去年エトロフ敗走ノ中ニ入テ登リ江戸へ着、何方へモ面ヲ向ケベキ様ナク、千悔万辱、エトロフニテ不レ死コソ心ニ心ヲ恨ミ、如何セント悶へ日ヲ立程臍ヲ噛ミ居リシ所へ、当年〔蝦夷地へ〕詰合ヲ蒙リシカバ、是ゾ死所ヲ得タリ永ク詰合ヲ願ヒ、成功ノ形不レ立内ハ死ヲ誓ヒ〔江戸へ〕不レ登ト思ヒ切テ下リシニ、又難レ有モ於二当地一（宗谷）、〔日清〕接壌見分、松田ノ下役ヲ蒙レリ」という林蔵の談が伝えられていて、林蔵は「エトロフ敗走〔者〕ノ中へ入テ登リ、江戸へ着」いたが、敗退のことが恥しくて、忠敬をはじめどこへも顔出しできなかったことが知られる。「エトロフ敗走ノ中ニ入テ登リ」とあるのは、おそらく『私残記』の筆者である南部藩の大砲役大村次五平らと同道したものと思われるが、だとすれば、林蔵の江戸着は文化四年十二月十一日ということになる。林蔵は別にお咎もなく直ちに蝦夷地へ帰ることができた。『山崎半蔵日記』の文化五年正月二十三日の条に、「間宮林蔵カラフト島奥地成丈見分致シ候筈ニテ近々〔宗谷へ〕へ下リ候積リ」と見え、林蔵はこの月の中ごろには松前へ着いていたのであろう。以上は谷沢尚一氏の教示によって記したが、なお氏は、林蔵の松前滞在を述べているので私が不審に思った高橋三平の伊能忠敬宛て年賀状は、忠敬の賀状を受けとったあと、おそらく正月下旬に出状したものであろうと推測されている。そうすると、矛盾はないわけである。

④ 本文九四ページ以下で、林蔵をカラフト探索の担当者として推薦したのは、高橋景保であろうと記しておいたが、これは必ずしも正確な叙述ではなさそうである。林蔵を推薦したのは、松前奉行支配吟味役の高橋三平だったらしい。『山崎半蔵日記』の文化五年四月三日条に引く同年正月の高橋三平御点羽付伺書に、

一、先年両度被レ遣候得ドモ、相遂ゲ不レ申罷帰候。

此度、伝十郎一人ニテハ又候如何可レ有二御座一候哉。随テ御雇同心間宮林蔵儀、天文方心得モ御座候ニ付、下役トシテ差添候ハヾ、手廻シ便利ニ可二相成一候段共申上候トノ趣キナリ。一覧ノミユヘ要文ノ大略計。

御点羽、可レ為二伺通一。

とあり、谷沢氏は、このときの林蔵の推薦について、「松前から江戸への稟申は高橋三平の一存によるものと見受けられる」と推測されている。氏はさらに、「羽太・戸川両奉行の失脚直前であっただけに、林蔵を推薦したのが奉行であると判断しがたい」「林蔵のカラフト派遣に決定権を有したのは、若年寄・堀田摂津守とみられる。ことに正敦が蝦夷地見分で箱館に到着したのは

文化四年七月二十六日であるから、高橋三平の助言があったとも考えられる」とも言われる。三平の推薦で、林蔵カラフト派遣の指令が一月下旬か二月上旬に松前についていたことは、本書九五ページに引いた三平の伊能忠敬宛ての書翰によって知ることができる。

松田伝十郎が仁三郎という名を伝十郎に改めたのは文化五年一月二日であるが、前掲の『山崎半蔵日記』に引かれている伺書には伝十郎と見えているので、高橋三平が松前から江戸へ林蔵推薦の伺いを立てたのは、それ以後ということになるが、高橋三平の年賀状によれば、同月下旬か翌月上旬には、はやくも伺いのとおりなすべしという指令が松前へとどいているようであるから、時間的に不審が感じられぬでもない。あるいは、林蔵の件はあらかじめ高橋三平と堀田正敦のあいだに了解がついていて、指令が到着する前に、三平は忠敬に林蔵のカラフト派遣のことを伝えていたのかもしれない。

事務担当者として林蔵を推薦したのは、たしかに高橋三平であろうが、高橋景保が間接に三平を通じて、もしくは直接に江戸在勤の松前奉行もしくは若年寄堀田正敦に、林蔵を推したであろうことも疑えないであろう。その辺の事情は、本文で詳しく述べた景保をめぐる状況から、じゅうぶん推察できると思う。景保は忠敬を伴って、江戸出立直前の三平を訪ねている（伊能忠敬日記、文化四年四月十九日条）。このとき、すでに三者のあいだで、林蔵のカラフト派遣について、話しあいができていたのかもしれない。

⑤ ゴロヴニンは、村上貞助（一貞）を二四―五歳とみているが（本文、一七七ページ）、谷沢尚一氏によれば、実際は当時三二歳だったという。氏は、「典拠は、弘化二年五月成の『辺策私弁・評』後書に拠れば、一貞六六歳とあり、これを逆算すると安永九年の出生で、同年十一月出生（石塚豊芥子の説）とする林蔵と同年齢だったことになる」と言われる。本文では林蔵の生年を安永四年としてあるが、これは同九年に改むべきであろう（なお、三四七ページ①参照）。

⑥ 林蔵が『四書講義』を彫刻したことが、満鉄本『東韃紀行』書入れ「林蔵略伝」に見えていることを、本文一八六ページで紹介し、そこでは、「彫刻」とあることから、これを整版であろうと記しておいたが、赤羽氏が著書『間宮林蔵』（一九五～一九六ページ）で援引している『山崎半蔵日記』によれば、これは活版であるという。面白い記述なので、一部を抄録引用させていただく。

半蔵の日記によると、天保二（一八三一）年の秋、半蔵が江戸の林蔵をおとずれたとき、ちょうど林蔵は細工物をしていた。何をしているのかと尋ねたら、林蔵の答えは次のようであった。先ごろ『四書続講義』がはじめて渡ってきたからとて送ってきた。活字版にしようと思いたち、自分で彫刻に取りかかった。家内などは根尽しだから止めよというけれども、碁《ご》・

将棋《しょうぎ》で昼夜をすごすのもの好きなら、これもそれと同じであるという。その後、五年目に林蔵を尋ねたときは、ようやく彫刻が終わって試みに摺った『大学』がある、といって半蔵に贈った。まことに見事なできばえである。林蔵がいうには望むものがあれば摺るが、そのときは紙価だけを申し受けたいと語った。

これは、半蔵の日記を赤羽氏がリライトしたものの、そのまた抄録である。赤羽氏のリライトにまちがいはないとしても、半蔵の原記録に、聞きちがい、記憶ちがいがないとも言いきれないと思う。そういう疑念を頭において、林蔵の語ったというところを検討してみよう。前引文で省略した箇所で、林蔵は、彫刻では莫大な費用がかかるが、活字なら大した費用もかからないと言っている。また、話があまり大きすぎて真偽のほどはわかりかねるが、林蔵は水戸家から『康熙字典』の彫刻をたのまれたことがある、とも語っていて、こういう場合なら、林蔵の言うとおりであろう。大部数を印刷する際、全書を小部分にわけ、逐次、解版して旧活字を再使用した新組みによる印刷のすすめ方をしたら、たしかに費用はすくなくてすむはずである。ところが、林蔵は半蔵に、箇々の求めに応じて全巻を摺ってやれる、と語ったという。いくら小さな本でも、活字を多数もった印刷屋ならともかく、素人の仕事としては、それこそ費用がかかってやりきれるものではない。林蔵の『大学』彫刻はやはり整版だったと考えてよいとおもう。

⑦　赤羽氏は、高橋景保の銅版『新訂万国全図』の印行を「文化八年秋以後と推定するのが妥当であろう」と言われているが（本文、一九一ページ）、谷沢尚一氏は、「文化十年春の時点で、未だ刊行されていない（大槻玄沢『婆心秘稿』巻五「寒燈随筆」に言及されている）」と教示された。

⑧　林蔵の墓の右側面には、男女二人の戒名とその死亡日が刻せられている。私はそれを林蔵の祖父母と解したが（本文、一九五〜一九六ページ）、吉村昭氏はその小説『間宮林蔵』の「あとがき」で、女性の方の戒名を「林誉妙慶信女」と読み、専称寺の過去帳にこの戒名の主は「庄兵衛娵」と記されているところから、この女性は「両親が旅に明け暮れて故郷に帰ることのない林蔵の嫁として家に入れた女性」であろうと解しておられる（谷沢氏もこの解釈に同意し、大谷恒彦氏もその説をとっているという）。氏はまた、林蔵の墓の左側の刻名「養誉善生信女」について、これは林蔵晩年の内妻りきで、「林蔵の遺族が、りきを憐れんで戒名をつけ、専称寺の林蔵の墓の左側面に刻んだのではないだろうか」と言われる。左側の戒名はそれでよいとして、右側の戒名を吉村氏のように解すると、祖母の戒名を刻した墓碑がないことになるが、この点はどう考えたらよいのだろうか。なお、専称寺の今の過去帳は、そう古いものではなさそうに思われることを注意しておきたい。

⑨　栗田寛の「間宮倫宗」には、カラフト・東韃踏査の報告が呈出されると、林蔵の功労に対して格別の御沙汰があり、また褒美や特別手当などが与えられた、と見えている（本文一九六ページ参照）。これに関係したことであろうか、赤羽氏によれば、『山崎半蔵日記』に、林蔵は生涯役目御免の恩典にあずかったこと、また、文化八年十二月、蝦夷地に立つ前、路用として金子百両を与えられて感激したことが記されているという（赤羽氏前掲著書、一三〇・一六一ページ）。役目御免のことは、満鉄本『東韃紀行』書入れの林蔵略伝にも見える（本文、一九七ページ）。谷沢氏は、役目御免の件については、「文化十三年『武鑑』に〈調役下役格〉とある事から判断すれば、信憑性はないようです」と言われ、また、路用金百両の件については、「他に所見なく、信じ難い内容です。文化五年一月、御雇同心格七人扶持給金十五両であった御雇給（『誠斎雑記 并雑綴』第一一八冊ノ内）からの判断です」と批判される。

⑩林蔵は、ゴロヴニン事件に関しては奉行とちがって、強硬論を主張し、奉行に建言したり、幕府に意見書を奉ったりしたが（本文、二一四〜二一五ページ）、さらに江戸へ上って、幕府に直接報告しようとしたらしく、奉行にはどう了承をとりつけたものか、文化九年七月五日、松前を立ち（伊達林右衛門日記）、八月江戸に着いている。伊能忠敬の十一月八日付の旅中書翰に、「間宮林蔵隠密に出府のよし、多分魯西亜《ヲロシヤ》の事と察し入候」と見える（『伊能忠敬書状』一七五・

二七四ページ）。林蔵は、九月二十九日、蝦夷地勤務を命ぜられた松前奉行支配吟味役の柑本《こうじもと》兵五郎にしたがって江戸を立ち（『東奥辺陬遺事』『北地実記』）、十月二十九日、松前へ着した（伊達林右衛門日記）。

⑪　文化十四年の中ごろ、林蔵は蝦夷地測量の資料を携えて出府し、伊能忠敬の『大日本沿海輿地全図』の完成に寄与した（本文、二二〇ページ参照）のち、さらに蝦夷地内陸部実測をつづけるため、翌年八月、江戸を立ち、九月上旬、箱館に着いた。この行、八月二十七日、下北半島の北端にある大畑を、象限儀などの測量具を携えて通過している（『原始漫筆風土年表』）。

⑫　近藤図は二種あるが、谷沢氏の示教によれば、初稿とみられる図型は、村上島之允の原図（津軽文書）に類似しているという。

⑬　本文二三六ページで、文政四年十二月、幕府が蝦夷地直轄の廃止を決定し、翌五年五月、松前奉行が廃止されたので、このとき林蔵は〔四年ぶりに〕江戸へ帰った、と記しておいたが、じつは、蝦夷地内陸部の実測を終えた林蔵は、前年の文政四年五月十一日、勤務交替で江戸に帰ることになった奉行高橋三平に随行して、松前を出帆し、六月上旬、帰府していたのであった。

林蔵は六月十二日、津軽藩留守居より祝儀をおくられ、また、林蔵自身、十月三日・八日と重ねて、津軽藩江戸詰の笠原三郎兵衛を訪れている。笠原は林蔵の来訪をいぶかり迷惑がっている様子であるが、林蔵の行動は、津軽藩主を殺害しようとした計画がもれて、江戸に潜伏していた南部藩士相馬大作（下斗米秀之進）の探索と関係がありそうである。松前出立以来の林蔵の消息について、谷沢氏はいくつもの資料を教示されたが、ここでは煩をさけて典拠を記さないことにした。

林蔵が十月の上旬まで江戸に滞在したことは知られるが、その後の動静が明らかでない。この年十二月には、幕府蝦夷地直轄が廃止されたので、けっきょく林蔵は蝦夷地へ帰らずじまいだったらしい。谷沢氏によれば、奉行所の役人たちは、翌年八月に蝦夷地を引きあげているが、その中に林蔵の名は見えないという。

⑭ 文政十年の伊豆諸島巡見のとき（本文、二三九ページ）、林蔵は新島の源七に、なにか特別の任務を与えたようであるが、その内容はよくわからない（『矢部定謙日記』文化十三年閏三月二十六日・二十七日の条）。

⑮ 赤羽氏は、その著で、本文二八七ページの、林蔵が斎藤拙堂と邂逅した件に関する拙文を批判して、こう言っている。

ここで一言しておきたいのは、林蔵のような幕臣と地方の藩士との格式のちがいである。斎藤拙堂は大儒とはいえ、藤堂藩の家臣である。林蔵と面談する場合には同席ができない。しきいをへだてて手をついて、これへと(経済話)、林蔵から声をかけねば、近づくことができなかったのである。某書に「なかば物めずらしさから」からかい半分に「林蔵を安酒席にまねいた地方の人がいた」(洞富雄『間宮林蔵』)とあるが、これは当時における格式のちがいを知らぬ途方もない愚説である。(一九八ページ)

これはひどい拙文の改竄である。私は拙堂が「半ば物めずらしさから、からかい半分に林蔵を安酒席にまねいた」などということはどこにも書いていない。こんなことを書いたと言われては、私の人格を批難されたことになって、はなはだ迷惑である。拙堂が林蔵に「邂逅」(邂逅は遇然に出遇うこと、物めずらしさから会いに行ったのではない)した場所を安酒席としたのは、そのとき、拙堂が林蔵に贈った賦に、「樽前始めて相見ゆ」と言われているからであって、別に小説風にそういう場所を設定したわけではない。

なお、海保青陵の『経済話』による、幕臣と藩士の身分的差異についての説明であるが、これは赤羽氏の読みが足りなかったようである。将軍にとって、直参は旗本・御家人と藩主であって、旗本の家来は陪臣である。一方、藩の場合は、藩士が藩主の直参で、藩士の家来は藩主にとって陪臣である。こうした関係を無視して、陪臣という言葉一つにとらわれた赤羽氏の論はいただきかねる。いずれにしても、幕府の御家人である間宮林蔵に藤堂藩の家臣である大儒斎藤拙堂がはいつくばった図など、とうてい想像することはできない。

⑯　本書の本文で述べた私の隠密論（二八八～二九三ページ）について、赤羽氏は酷烈な批判をしているが、私はこれに対する反批判を、『日本歴史』第一五四号掲載の「シーボルトはロシアのスパイか」と、同第三二七号掲載の「フィッセル地下で顰めっ面」でこころみている。両編をお読みいただけたら幸いである。

⑰　赤羽氏は、シーボルト事件のあとも、それまでと変りなく、林蔵の隠密御用は海防関係の仕事であって、諸地方の海岸を巡視するのが、その役目であったとみている。林蔵が「年々日本海辺をカクシ目付となって廻った」（小関三英書翰）ことは確かであろうが、彼が海辺を廻ったのは、海防のためというよりは、密貿易品の流れや、密貿易に必要とされた国内物資のうごきなどを探るためであったと思われる。

もっとも、林蔵がその後も、異国船の来航に関心を怠らなかったことは事実で、天保五年六月、外国船がしばしば津軽領や箱館に近づき、時には上陸した事実について、林蔵の書いた報告めいた記録が残っている。赤羽氏はこれを、林蔵が幕府から隠密御用を命ぜられた際のものだというが、前段が欠けており、また記述内容があまり簡略なので、はたして出張報告か否か判断しがたい。

ついでに、もう一つ二つこの場をかりて、ふれておきたいことがある。第一は、林蔵が天保二年の末から四年にかけて隠密の旅に出ている、と赤羽氏の著書（二〇三ページ）に記されている点である。富村登『山田三川』によるらしい書きぶりであるが、どうやら推測による記述らしく、「三川雑記」は林蔵の隠密の旅にはふれておらず、天保四年九月十九日の条に、

今度、間宮林蔵、御勘定奉行ヘ上書セリ。曰ク、田地ヲツブシ梨畑トナシ、或ハ花畑、植木ナドスルコト停止アルベシ。ト云ヘリ。尚此類イカホドモ箇状アリシトゾ。

と記しているだけである。

また、谷沢氏によれば、依田次郎佑の『唐太島日記』の嘉永七年七月晦日の条に、

右八九郎は、先年天保六年、御普請役間宮林蔵殿分間之節も附添に参り、

と見えているという。ただし、氏によれば、天保六年正月の蝦夷地回島に関する松前藩の触書はあるが、人名は明記されていない由である。林蔵が天保六年にまたしても、蝦夷島の「分間」に出張したというようなことは信じがたいが、このとき松前藩で独自に回島をおこなったことは事実であろう。引文中に見える八九郎こと、今井八九郎は松前藩の地図学者で、早稲田大学図書館には天保二年の八九郎による蝦夷全島沿岸実測図巻と目されるもの（二巻）が収蔵されている。兄のあとを継いで松前奉行の同心だった八九郎が、林蔵によって、測量製図の手ほどきをうけた

唯一の弟子であることを発見したのは、谷沢氏である。

⑱　林蔵がはたらいた探索では、薩摩藩のさかんな密貿易の実態を明らかにしたのが、いちばんの仕事だったようである（本文、二九九〜三〇一ページ）。山脇悌二郎氏は、『続通航一覧』巻一〇（刊本、第一巻、一六三〜一六四ページ）に収録されている、天保六年三月二十八日に老中加賀守（大久保忠真）より勘定奉行土方出雲守に渡した「風聞書」は、おそらく林蔵が復命した探索書によったものであろうとして、それを忠実に意訳して、その著『抜け荷』（日経新書28、昭和四十年十月）で紹介している（一三四〜一三六ページ）。興味ある資料であるが、やや長文のため援引できかねるのが残念である。天保七年四月、幕府は薩摩藩に対して十万両の上納金を命じているが、山脇氏は、これについて、「林蔵の探索によって、盛んな島津の密貿易の実態が、明らかにされたからであろう」と言っておられる。

⑲　林蔵の密貿易探索として、薩摩藩のそれについで有名なのは竹島事件で、これについては、小宮山南梁の講演筆記「間宮林蔵遺事」中の一文を引いておいたが（本文、三〇三ページ）、同人の著書『徳川太平記』第一〇編には、竹島の領有問題にふれた、次のような注目すべき記述が見られる。

天保中、石見国浜田の松原浦に八右衛門というものありて、竹島に渡り外国人と密商す。此竹島、往古は日本の属島にて、伯州米子の浜のものなど渡り行て魚猟なしたる処なれど、元禄中に朝鮮国へ引渡されし後は渡海を禁ぜられしなり。（後略）

⑳ 林蔵晩年の交友関係については、本文で書きもらした人たちが幾人もいる。たとえば、韮山代官江川太郎左衛門について、赤羽氏は著書『間宮林蔵』（一九八ページ）で、横山健堂の示教によるとして、江川の手紙から彼は林蔵晩年の門人であったことが知られる、と言っている。両人の間に師弟関係があったかどうかは明らかでないが、親しいつきあい同士であったことは確かで、谷沢氏によれば、江戸文書の『参府御用留』の、天保八年九月三日の条に「間宮林蔵方江可《カ》寿《ス》て《テ》以《イ》羅《ラ》一箱被レ進候事、御使者片岡伴六郎相勤候事」と見え、天保十三年十二月十九日の条に「参府ニ付、山葵十五根、間宮林蔵へ」、同月二十三日の条に「江川太郎左衛門、林蔵方へ行」、同月二十四日の条に「見舞として御肴壱篭林蔵へ、林蔵より塩引鮭等返礼あり」とある由。

なおまた、林蔵は平田篤胤にもつきあいがあった。江戸を追放されて秋田に住んでいた平田篤胤が、天保十三年ころ、江戸の鉄胤（養子）に送った手紙の一節で、間宮林蔵ら三人の隠密家の名前をあげ、「是等、何とか我等を随分知りたる人なれば、何とか我等が濡衣を上へ通し、林奴（林述斎）が奸をあらわす手段の用には立つまいか」と言っている。この手紙に言われているところから、赤羽氏は、「隠密の林蔵を格別、賤しみもしなければ嫌ってもゐない。探索される立場にゐなければ当然のことである」という解釈を引きだす（「間宮林蔵の家庭」）。たしかにそのとおりであろうが、篤胤ともあろう人が、三人の隠密家にたよって裏工作をしようとしたとは、少々滑稽の感を禁じえない。

㉑　吉村昭氏は、小説『間宮林蔵』の「あとがき」で、林蔵の内妻りき（本文、三一五ページ）について、伊能忠敬が病臥していたとき、娘の妙薫に送った十二月十一日付の書翰（年次不明）に、「りき女より鮒廿九枚、つる女親元より鯉一本被レ送」と見えるところから（谷沢尚一氏指摘）、この女性はかつて忠敬の家につとめていたことのある人ではなかったか、と説かれている。

また、赤羽氏は、内妻りきについて、前掲「間宮林蔵の家庭」で、次のように述べている。

初めは雇用人であつたのが、いつの間にか妾になつたものと思はれる。素性も生年も明らかでないが、故岡田穀三郎翁の談によると、孝順夫妻（林蔵の役目を襲いだ江戸の養子）は「エチゴ」といってゐたといふ。恐らく越後の出生であらう。この「りき」さん、女丈夫ともいふべきしつかり者で、林蔵の生存中、金を畜え、林蔵の死後、深川で金貸を渡世にしてゐた。広瀬六左衛門雑記に、

「冬木町と蛤町との間、路地の奥ニ間宮林蔵の妾居住す。遺金ヲ以金貸ヲ渡世とする由。」

（森銑三先生示教、丸山季夫先生筆写による。）

とある。然し女手一つでは金貸もうまくゆかず、次第に営業不振に陥り、本所外手町に住む孝順夫妻の許に泣き込んだ。元来「りき」は林蔵の正妻ではないのであるが、孝順夫妻も林蔵の未亡人として出来るだけのことを尽し、引続き面倒をみたばかりでなく（故岡田毅三郎翁談）、「りき」が逝去するや、火葬に附し（本立院の過去帳には火桶とある）、林蔵の墓（深川）の側に葬り、万葉仮名で「まみや」と刻んだ小さい墓碑を建てた。

㉒ 筆者は本文三一八ページで、記述内容とは無関係に、大槻玄沢の十二月十六日付の書翰を掲げておいたが、谷沢氏はこれを文化八年のものと推定している。氏は、静嘉堂文庫収蔵の文化六年に成った『東北韃靼諸国図誌野作雑記訳説』に、玄沢自筆の書入れがあって、「此編、茂質校正ニ与ル、附札ハソノ後、間宮林蔵ニ聞書ス。五巻共ニ浄書スベシ」と見え、そのハマナス・トカプチなどの附札事項が、「十二月六日付書翰の内容、アンザミ・ルイチクニなどと概ね一致、〈何れも拝眉云々……〉に符合」と考証しておられる。林蔵は地理学者であるから、各地の植物に関する知識が豊かであったことは当然であろうが、文化十一年六月二十八日、岩崎灌園の本草会に主客として、ほか一〇名と共に出席している（「本草会出席名簿」）。

㉓ 林蔵の最後の住まいは本所外手町であったという。赤羽氏は、このことと、その養子縁組

について、「間宮林蔵の家庭」で、こう言っている。

故岡田毅三郎翁は生前、孝順夫妻と直接面談、養子縁組についての話を聞いたが、それによると、当時、林蔵は本所外手町に住んでゐて（林蔵は屢〻移転した）、生存中、養子縁組の話が持上っていたといふ。林蔵の健康がすぐれぬため、上司の慫慂があったのであらう。かくて鉄次郎は召使を伴ひ本所外手町の家に養子として入り、林蔵の死後、正式に決定、跡目相続し（弘化元年八月二十六日）（地学雑誌一八九号）、越えて嘉永元年、十四歳の美貌の「とよ」を妻として迎へた。「とよ」は前名を「宇佐美きん」といふ。歌にもなった評判の美人で、幕府御坊主衆取締の女であるといふ。（「とよ」は天保六年十月二十六日出生、大正二年五月八日逝去。間宮馨氏示教。）（「りき」は隠居したのであろう。）

郷里への林蔵重病の通知が、内妻りきの名で出されていることは、本文で述べたとおりであるが、もし赤羽氏の伝える岡田毅三郎翁の語ったように、鉄五郎養子の話が林蔵の生存中すでにきまっていて、同居までしていたとすれば、なぜその名で病気通知の手紙が書かれなかったのか、不審に思われぬでもない。

（一九八六年十月）

〔新装版第二刷付記〕

① 一五三ページでは、『東韃地方紀行』にもとづき、林蔵の文化五年カラフト再見分はトッショカウまで北進したが、そこからトンナイまで引きかえして越年した、と記しておいたが、新資料の発見で、このときの探検行の北限はポロコタン（北緯五〇度強）であったことが明らかになった（三三八ページの＊参照）。トッショカウ（北緯四八度強）は東海岸にある地名なので、『東韃地方紀行』にいうトッショカウはおそらくポロコタンの誤記であろう。もっとも、谷沢尚一氏は新説をたて、林蔵は一端、地峡地帯を山越えして東海岸にまわり、トッショカウシリ（山名）のあるトッソまで北上したが、また南下して、再び西海岸のクシュンナイに出て、ライチンカ・ウショロを経てリヨナイまで北進した、と解している（東洋文庫四八四、『東韃地方紀行』解説、二五六〜二五七ページ）。

② 本文二五二ページでは、シーボルトが入手した林蔵のカラフト図は、長崎奉行によって没収されているから、『日本』所収の間宮カラフト図は、原本が没収される前ひそかに模写したものによったであろうと書いておいたが、この推測の誤っていたことが最近明らかになった。シーボルトは最上徳内から間宮図の別本を入手していたのである。このカラフト図は「黒竜江中之洲并天度」と題され、徳内の蝦夷図五折とともに、いまライデン大学図書館に収

蔵されており、「間宮氏之所筆左精好可レ称矣　最上徳内印」という極書《きわめがき》がある。

（一九九〇年八月）

〔新装版第三刷付記〕

これらの地図は一九八八年、京都・名古屋・東京で開かれた「日本・オランダ修好三八〇年記念　シーボルトと日本」展に出陳された。同展には内閣文庫収蔵のシーボルトから没収した別本の精細なカラフト図（二五二頁参照）も展示され、そのときの図録には右三図（新装版第二刷付記参照）とも収載されている。

このシーボルト展には、シーボルトが間宮林蔵にあてた書翰（二四八頁参照）の原本（ハーグ国立文書館収蔵。幕府がオランダ商館長に返却したもの）も出陳されていた。この書翰については、これまでその内容が正確には知られていなかった。それで、展示品に添えられていた展観主催者による訳文を、ここで紹介しておきたい。

拝啓

江戸滞在中は、あまり貴殿と親交を深め合うことが叶いませんでしたが、その後、貴殿の業績の数々を耳にするにつけ、大変残念に思っております。そこで、今、あなたに対する敬意のささやかな証しを送らないではいられず、ここに贈り物として、花柄入りの布を同封させていただきます。なお、私が無事にオランダに戻れた時には、外国の貴重な地図をあなたにお送りいたします。

敬具

フォン・シーボルト博士

追伸　蝦夷からお持ち帰りになった植物の押花がありましたら、それをお送りいただければ大変光栄です。

江戸　間宮林蔵殿

この手紙から、間宮林蔵もいちどはシーボルトを長崎屋に訪れたことがうかがえそうである。

（一九九六年八月）

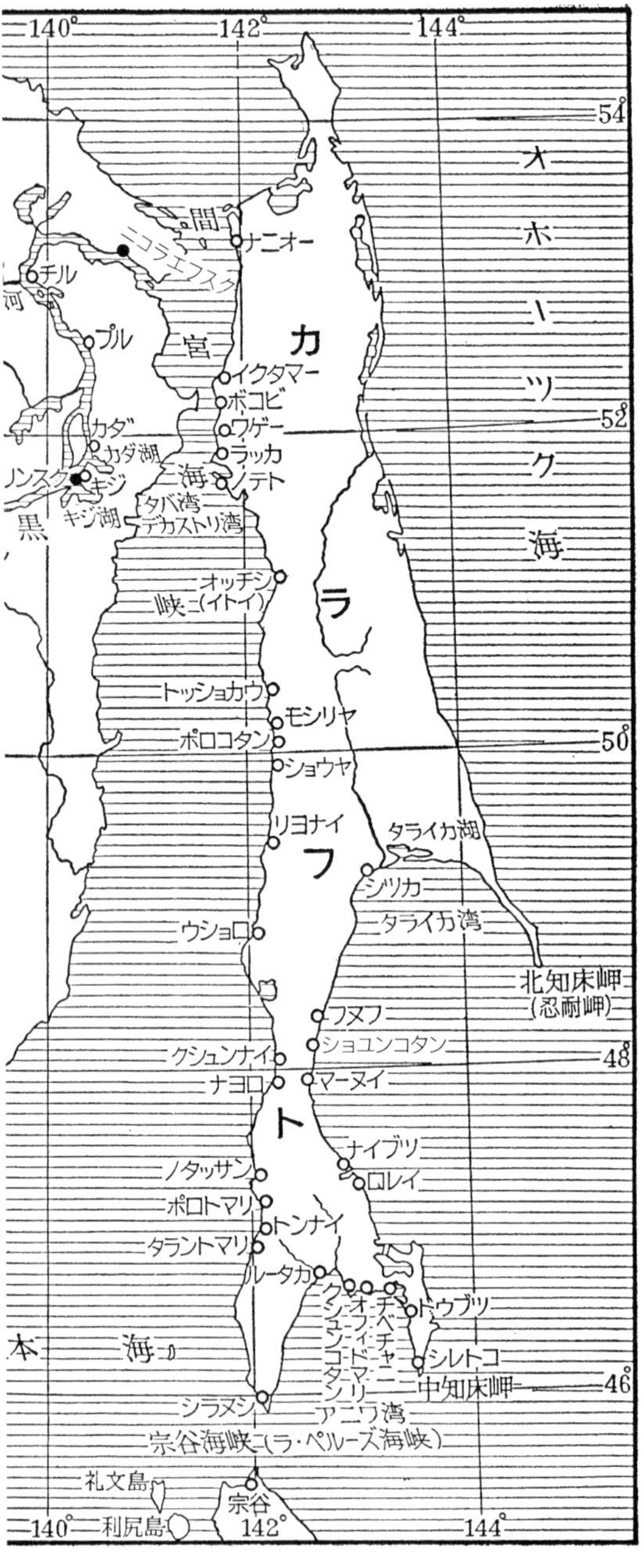

カラフトおよび黒竜江下流域図

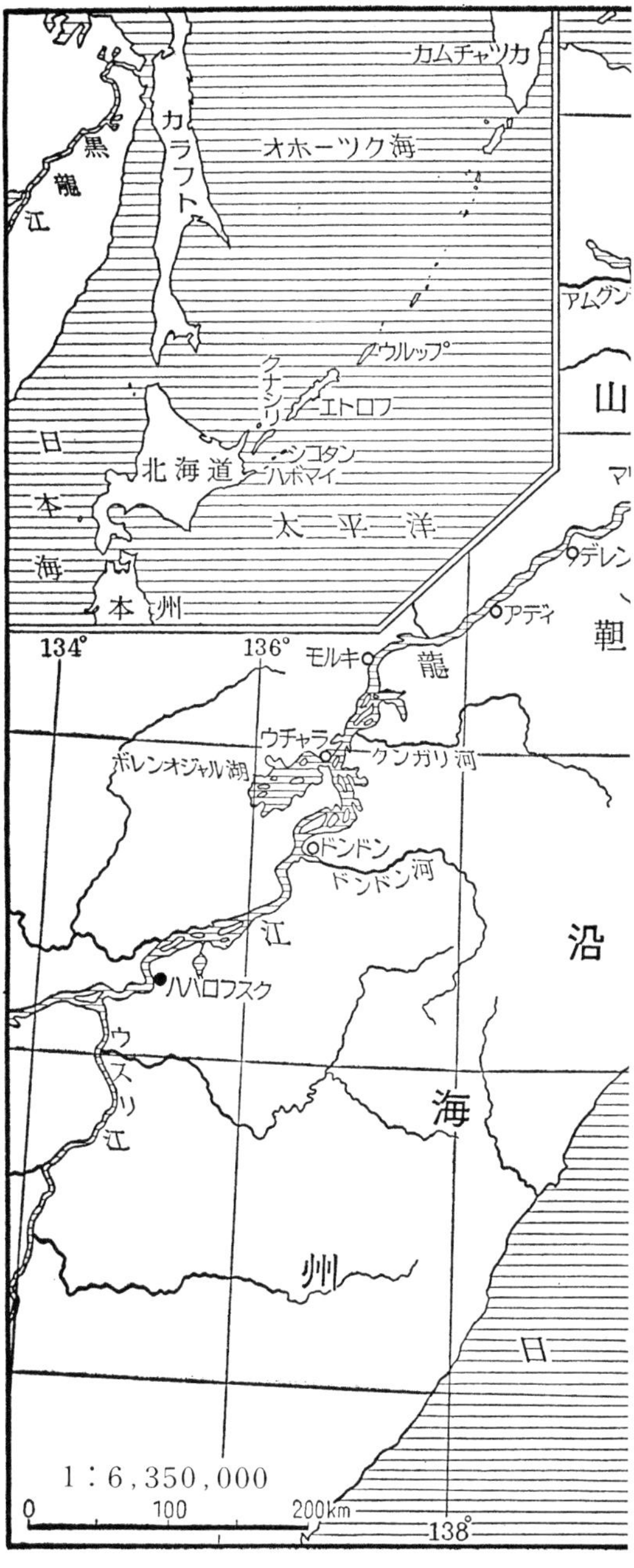

カムチャツカ
カラフト
オホーツク海
黒
龍
江
アムグン
ウルップ
クナシリ
エトロフ
山
シコタン
ハボマイ
北海道
日
本
海
太
平
洋
本
州
デレン
アディ
靼
134°
136°
モルキ
龍
ウチャラ
ボレンオジャル湖
クンガリ河
ドンドン
ドンドン河
沿
江
ハバロフスク
ウ
ス
リ
江
海
州
日
1：6,350,000
0
100
200km
138°

著者略歴

明治三十九年生れ
昭和六年早稲田大学文学部史学科卒業
元早稲田大学教授、文学博士

主要著書
日本母権制社会の成立　天皇不親政の伝統　鉄砲伝来とその影響　幕末維新の外圧と抵抗　北方領土の歴史と将来　南京大虐殺の証明

人物叢書　新装版

間宮林蔵

昭和二十五年　四月　一　日　第一版第一刷発行
昭和六十一年十二月　一　日　新装版第一刷発行
平成　八　年　十月　十　日　新装版第三刷発行

著者　洞《ほら》富《とみ》雄《お》
編集者　日本歴史学会
代表者　児玉幸多
発行者　吉川圭三
発行所　株式会社　吉川弘文館
東京都文京区本郷七丁目二番八号
郵便番号一一三
電話〇三―三八一三―九一五一〈代表〉
振替口座〇〇一〇〇―五―二四四
印刷＝平文社　製本＝ナショナル製本

© Tomio Hora 1960. Printed in Japan

『人物叢書』（新装版）刊行のことば

人物叢書は、個人が埋没された歴史書が盛行した時代に、「歴史を動かすものは人間である。個人の伝記が明らかにされないで、歴史の叙述は完全であり得ない」という信念のもとに、専門学者に執筆を依頼し、日本歴史学会が編集し、吉川弘文館が刊行した一大伝記集である。

幸いに読書界の支持を得て、百冊刊行の折には菊池寛賞を授けられる栄誉に浴した。

しかし発行以来すでに四半世紀を経過し、長期品切れ本が増加し、読書界の要望にそい得ない状態にもなったので、この際既刊本の体裁を一新して再編成し、定期的に配本できるような方策をとることにした。既刊本は一八四冊であるが、まだ未刊である重要人物の伝記についても鋭意刊行を進める方針であり、その体裁も新形式をとることとした。

こうして刊行当初の精神に思いを致し、人物叢書を蘇らせようとするのが、今回の企図である。大方のご支援を得ることができれば幸せである。

昭和六十年五月

日本歴史学会

代表者　坂本太郎

〈オンデマンド版〉
間宮林蔵

人物叢書　新装版

2020年（令和2）11月1日　発行

著　者　洞《ほら》　富《とみ》　雄《お》

編集者　日本歴史学会
代表者　藤田　覚

発行者　吉川道郎

発行所　株式会社　吉川弘文館
〒113-0033　東京都文京区本郷7丁目2番8号
TEL　03-3813-9151〈代表〉
URL　http://www.yoshikawa-k.co.jp/

印刷・製本　大日本印刷株式会社

洞　富雄（1906～2000）
© Keiichi Hora 2020. Printed in Japan
ISBN978-4-642-75061-5

JCOPY 〈出版者著作権管理機構 委託出版物〉
本書の無断複写は著作権法上での例外を除き禁じられています．複写される場合は，そのつど事前に，出版者著作権管理機構（電話 03-5244-5088, FAX 03-5244-5089, e-mail: info@jcopy.or.jp）の許諾を得てください．